チベットの宗教図像と信仰の世界

長野泰彦・森 雅秀 編

風響社

序

　チベットの宗教文化はアジアにおける精神文化を支える柱のひとつとして長く注目を集め、分厚い研究の蓄積がある。しかし、それは主として仏教に関する正統的な教義あるいは哲学及びそこから派生するタンカやマンダラの図像表象にかかる研究であり、人々の宗教実践に関するアプローチは少ない。また、図像に関する研究の多くは仏教論理との関係や美術史的関心から行われてきており、民衆が宗教に何を求めているかという視点は稀薄である。本書は、チベットに広く行われている主として白描による宗教図像と護符に注目し、一般の人々の目線に立って、それらの内容・意味・用途の記述、文献学的裏付け、それらの加持・聖化（パワーの付与）に関する儀礼などを宗教学、文化人類学、仏教学、チベット学、インド学、図像学の方法論、及び、フィールドワークと文献学の手法を組み合わせつつ調査研究し、宗教図像と護符というモノを通じてチベットの宗教実践の有り様と宗教文化基層の一端を明らかにすることを目指した。

　チベットは長く鎖国状態にあり、1985 年に外国人が入領できるようになるまではいわゆる神秘の国であったが、この神秘性とは別に、19 世紀以降世界の眼がチベットに向けられたもう一つの理由はチベット仏教典籍の特徴にある。仏教典籍の漢語訳が大胆な意訳を特徴とするのに対し、チベット語仏典は 9 世紀に確立した欽定文法や語彙集に基づいて訳され、きわめて忠実な直訳を旨としたため、それを用いて、今は散逸したサンスクリットの仏教典籍を再構成できることが認識されたことによる。欧露・日本の探検隊や個人が幾多の危険を冒してチベットに入ろうとしたのは、貴重なチベット仏教経典を求めてのことであった。

　1959 年のチベット動乱を機にチベット研究の動向は大きく変化した。

多くのチベット人がインドに逃れ、貴重な文献類がもたらされたとともに、生きたチベット文化に触れることができるようになった。文献類の中でも蔵外文献（古インド語から訳された大蔵経に含まれない、チベット人の撰述になる文献）は様々の経典の注釈書、図像や儀礼の儀軌書を含み、その後の仏教教学解釈に大きな影響を与えることになるのだが、しかし、学問の主流は依然として仏教であった。一方、動乱を機にポン教の存在が認識されたことはチベット宗教文化の枠組みを考える上で大きな飛躍と言える。ポン教とは、仏教伝来以前からチベットに広く分布し、仏教が政権と結びつくまでは支配的だった宗教で、土着的要素と密接な関連を保ちつつ、独自の高度な教義・論理体系を築き上げてきた。D. スネルグローヴ（Snellgrove）は 1961 年からロンドン大学において、動乱を逃れた 3 名のポン教学僧と共同研究を行い、チベットの宗教文化の基層をなしているのはポン教であるとの主張を明確に打ち出した。本論文集はチベットの宗教文化を貫いているのは何かという関心から発想されたものだが、その着想にはスネルグローヴの主張に刺激された面がある。

　スネルグローヴが「チベットの宗教文化の基層を担っているのはポン教である」と断じたのに対し、我々はチベットの宗教文化の基層が仏教、ポン教、民間信仰のいずれであるのかを問題とするのではなく、そこに通底するものは何かをモノを通じて探究する態度をとる。チベットの精神文化基層においては、超越的な原理（シャマニズム的なもの：憑依）と世俗的な経済原理（集団存続のための経済基盤）の双方が絡み合っており、その二つを有機的に繋ぐための仕掛けとして「呪力観ないし呪物」が働いていると考える。一般民衆が信を寄せて縋る白描による宗教図像や護符はその典型的なモノのひとつである。このような研究態度をとってこそチベット文化の基層に動くダイナミズムをとらえることができると考えるのだが、従前、このような研究態度は伝統的チベット研究では異端視され、成果は少ない。世界のチベット研究がポン教文化にやっと注目しだした現段階でこ

そ、それをさらに一段と幅を広げることにより、高次化され一般性を帯したチベット研究が可能となる。

　我々はこのような発想の下に国立民族学博物館が蔵する「チベット仏画コレクション」の記述的研究を行った。その記述の成果は同館のデータベースとして公開されるが、それと並行して各研究員がそれぞれの専門分野における関心に従い、ひとつの、あるいは複数の図像について詳細な検討を行った結果が本書である。チベット宗教図像群における本コレクションの位置付けや意味に関する概説に続き、仏教学を踏まえた図像解析、チベットにおけるヤントラの意義、宗教学・文化人類学に立脚した宗教実践に関する解釈、が9件の論考として示されている。今後のチベット基層文化研究に資するところがあれば幸甚である。

2019 年春

長 野 泰 彦

目 次

序　　長野泰彦　1

総説

チベットの護符・仏画、その特徴と内容　　森雅秀　11

図像

輪廻の輪を捉える無常大鬼　　立川武蔵　105

チベットの仏教説話画
　　──『アヴァダーナ・カルパラター』を中心として──　　大羽恵美　153

中央に飾り文字を書き入れるタイプの十輻輪の意匠の護符について
　　　　　　　　　　　　　　　　　　　　　　　　　　川﨑一洋　197

実践

チベットにおけるヤントラ受容の一例　　倉西憲一　249

ネワール仏教における護符の実際
　　──チベット仏教の護符との比較を通して──　　スダン・シャキャ　263

信仰

魔除けと護符の「境界性」をめぐって
　　──民間信仰のフィールドから──　　村上大輔　289

真言・事物・護符
　　──疾病の来源と猪の護符について──　　津曲真一　327

雪山で生まれた仏法　　脇嶋孝彦　353

あとがき　381
索引　383
編者・著者紹介　397

装丁＝オーバードライブ・浜岡弘臣

凡 例

1．Hから始まる5桁の数字は国立民族学博物館の標本(資料)番号である。

2．チベット語のローマ字転写は拡張 Wylie 方式による。

3．ゲは軟口蓋鼻音 [ŋe] である。

チベットの宗教図像と信仰の世界

総　説

チベットの護符・仏画、その特徴と内容

森　雅秀

はじめに

　国立民族学博物館（民博）に所蔵されているチベットの木版画コレクションは、1384 点を数える。これに、版木 185 点を加えた 1569 という数は、国内の同種のコレクションの数としては群を抜いている[1]。おそらく世界でも有数のコレクションであろう。

　民博の木版画のコレクションのおよそ 7 割は護符で、残りの 3 割は、仏や祖師などの姿を描いた仏画である。護符は、平易な言葉を用いるならば、お札やお守りに相当する。いずれについても、木版という印刷技術が用いられたのは、基本的に量産を意図していたためであることは明らかであるが、とくに護符は目的や用途に応じて、個々人が入手し所有するという需要のあり方から、ひとつひとつ手作りするよりも、印刷によって大量生産することの方が、チベットに限らず一般的である。それは、わが国の神社仏閣で頒布されるお札やお守りのことを考えれば、容易に想像がつく。

　このような護符の生産のあり方は、護符の持つ作品としての価値に深く関わる。そこに描かれる絵画は概して稚拙で、記された文字も整っていない。類似の作品も多く存在し、中には模倣に模倣を重ねたことで、全体のデザインやバランスが崩れてしまったものもめずらしくない。文字の場合、綴り字の誤りはもちろん、文字の体をなしていないために、解読し得ないこともしばしば起こる。

　大量生産というシステムとそれに伴う質の低下は、護符についてのまと

まった研究を妨げる要因となる。そもそも護符が入手できるのは特定の地域ではなく、さまざまな地域に拡散している。よほど明確な収集の意図と行動力をそなえていなければ、体系的なコレクションを作り出すことは困難である。一方、自国の護符の場合には、それがあまりに身近でありふれた存在であることから、好事家としての収集家を別にして、学問的なレベルにまでそれを引きあげた研究はまれである。たとえば、日本の護符については、日本人研究者のものよりも、海外のベルナール・フランクやアンドレ・ルロワ＝グーランによる研究がよく知られている（フランク2002、2006; Leroi-Gourhan 2004）。あるいは江戸時代のいわゆる「鯰絵」に関するアウエハントの著作も同じ位置づけになるであろう（アウエハント1979）。

　チベットの護符についてチベット人自身がこれまで体系的にとらえてこなかったことも、護符に対するこのような関わり方を考えれば、むしろ当然であろう。ただし、チベット人は、仏教の教理についても、あるいは実践や図像についても、他のどの文化にも見られないような体系化を行ってきた人びとである。そのチベット人でさえも、護符に対しては、本格的に取り組むことは残念ながらなかったのである。

　チベットの護符についても、やはりチベット人以外の研究者によるいくつかの先駆的な研究がある。その第一にあげられるのが、N. ダグラスによる *Tibetan Tantric Charms and Amulets*（Douglas 1978）である。本書はおよそ190点の木版の護符（一部は仏画）を掲載する。後述するように、そのうちの110点は民博のコレクションと同一もしくは類似する作品であることも注目される。

　ダグラスは掲載する護符の一点ずつに解説を加えている。ただし、その内容は概して簡略で、護符の中に記されている文字も十分判別できないまま、断片的に紹介されていることもしばしばである。また、これだけの数の護符を取りあげながらも、その全体像や体系を示すことにはあまり関心

を持っていなかったようである。

　有名な仏教学者で、チベット研究にもすぐれた業績を上げている T. ス
コルプスキーに *Tibetan Amulets*（Skorupski 1983）がある。同書はスコル
プスキーの初期の著作のひとつで、比較的コンパクトなサイズであるが、
約 200 点の護符を収録し、その解説も詳細である。とくに、民博コレクショ
ンにも含まれ、本書で川﨑一洋がとりあげている病気平癒のマントラ輪に
ついて、はじめて明確な解説を与えたことは評価される。その一方で、チ
ベットの護符全体から見ると、収録されている護符はその一領域にしか該
当しないこと、また護符の絵そのものが、現代の絵師による描き起こし図
である点が惜しまれる。

　わが国のチベット研究を牽引する研究者のひとり田中公明による護符の
解説も重要である。『詳解河口慧海コレクション』（1990）には、22 点の護
符についてのまとまった解説が付されている。必要に応じて、典拠となる
文献の記述もあげられており、仏教学者やチベット学者への配慮も行き届
いている。惜しむらくは、同書が河口慧海がチベットからもたらした仏教
美術作品を扱った解説書であるため、対象もそれに限定され、チベットの
護符の全体像を知るには至らない点である。

　これらの先行研究は、いずれもチベットの護符を取りあげた重要な成果
であるが、それだけで民博の 1500 余点にものぼる木版画のコレクション
を理解することは不可能である。これらの成果を十分活用しながらも、そ
の全体像からチベットの木版画の世界を描き出すことが重要と考えられ
る。

　もとより、宗教は高度な教理や洗練された芸術作品のみでできているの
ではない。俗信や現世利益、そして稚拙ではあっても見るものに直接訴え
かけるようなイメージがあるからこそ、人びとをして信仰の道へと駆り立
てるのである。そして、宗教が一般の人びとに浸透するときに威力を発す
るのが印刷術であったことも、洋の東西を問わず広く見られる。グーテン

ベルクによる聖書の活字印刷はあまりに有名であるが、むしろ民衆により大きな影響を与えたのは、木版本や木版画であったことが知られている。わが国でも、江戸時代に木版本の印刷は高度に発達し、世界でも有数の出版文化を生み、人びとの識字率の向上をもたらしたが、その基礎となったのが、仏教の典籍や経本などの印刷であったと言われている。印刷技術には、人びとの意識を変え、社会を変革する力がそなわっているのである。

1. チベットにおける木版印刷

民博が所蔵するチベットの木版画は、いずれも製版印刷である。刷り上がりよりも大きめの木の板に陽刻した版面にインクをのせ、手漉きの紙に摺りあげる。インクはおそらく伝統的な墨を基本とした塗料と考えられるが、近年の作品の場合、製品化された印刷用のインクが用いられたものもあるであろう。一部の護符は朱のインクによる印刷もある。いずれも一色のみの単一製版であり、多色摺りではない。

このような製版印刷の技術は、最も基本的な印刷方法として、古代より世界中のあらゆるところで行われてきた。この方式による現存最古の印刷物として、わが国の百万塔陀羅尼があることもよく知られている。746（天平宝字8）年に称徳天皇の発願により、国家事業としてなされたもので、百万という数には至らないものの、数十万の同一の印刷物が出版されたのは、当時の記録からも明らかである。そこに摺られたのは『無垢浄光大陀羅尼経』から取られた4種の陀羅尼で、これはチベットの護符の大きなジャンルを陀羅尼が占めることと基本的には同じ発想である。

日本ではその後、11世紀から始まる春日版、それより少し遅れて奈良版、そして13世紀以降からの高野版など数多くの開版が行われ、おもに仏教の文献の流通や伝播に大きく貢献した（長澤1976）。その伝統は、明治になって活字印刷が導入されるまで連綿として続き、日本の印刷史の中核を占め

ていた[2]。

　中国における最も古い年紀の入った印刷物は、いわゆる敦煌文書から見つかっている。唐代の 868（咸通 9）年の年紀のある『金剛般若波羅蜜多経』である[3]。それを見ると、巻首の経絵の緻密な表現や書体の整い方など、すでにこの時代には印刷技術が高いレベルにまで発達していたことが推測される。ただし、印刷されたのは敦煌ではなく、長安のような大都市と考えられ、地方にまでその技術が伝わっていたかは定かではない。その他にも、陀羅尼を同心円状に配した護符に、年代は未詳ながら、それよりも古いか、ほぼ同時代の出土品がある（小林 2017: 7-10）。これらはいずれも漢文や漢字が用いられた印刷物で、チベット語文献やチベット文字による同時代の印刷物は知られていない。おそらく、チベット文化圏にはまだ印刷技術が伝わっていなかったか、経典などを印刷することに抵抗があったのであろう。

　中国ではその後の宋代や元代に木版による印刷技術は飛躍的に進歩し、仏典はもとより四書五経をはじめとするさまざまなジャンルの印刷物が流布していった。仏教の大蔵経の開版も北宋の 984 年にはじめて行われ、その後、南宋における宋版や、それに続く元版や明版などがつぎつぎと生まれた（大蔵会編 1964: 34-74）。

　このような中国における旺盛な出版活動の影響下、ようやく明代の 1410 年に、チベット大蔵経の開版がはじめて行われた[4]。明の永楽帝の名によることから永楽版と呼ばれる。チベット語の文献でありながら、中国で開版されたことに注意が必要である。

　チベットにおいても、それまで手書き写本による大蔵経の編纂は行われてきた。14 世紀のはじめにナルタンにおける大蔵経の成立がその嚆矢である。ナルタンの名は、版木による大蔵経の名としてよく知られているが、この大蔵経はそれとは別の手書きの大蔵経であるため、旧ナルタン大蔵経と呼んでそれと区別する。また、チベット大蔵経はカンギュル（仏説部）

とテンギュル（論疏部）とからなるが、このときに編纂されたのはカンギュルの部分のみである。チベットでは仏の言葉を直接書写する行為を重視したため、初期の大蔵経の伝承はもっぱら筆写による。旧ナルタン大蔵経にもとづいて作成されたのがツェルパ本で、永楽版が用いたのもこのツェルパ本である。

その後、1605 年には明の第 14 世万暦帝による万暦版（ただし、基本的には永楽版からの覆刻版）が現れる。そしてほぼ同時期の 1608 年から 1621 年に、チベットにおける最初の版本の大蔵経であるジャン版が開版された。この版は後にリタンにあったジャンパリン寺に収められたため、一般にはリタン版と呼ばれる。これらはいずれもカンギュルのみであった。

テンギュル部がはじめて開版されたのも、チベットではなく中国の中原であった。1684 年から 1702 年にかけて、清朝第 4 世康熙帝が北京版のカンギュルを開版し、それに第 5 世の雍正帝が 1724 年にテンギュル部を加え、はじめて両部がそろった大蔵経が出現した。

大蔵経の開版の歴史は、その後、18 世紀のデルゲ版、新ナルタン版、チョネ版などが続き、20 世紀前半のダライラマ 13 世によるラサ版の開版で終止符を打つ。このうち、ラサ版はカンギュルのみでテンギュルはない。

チベットにおける木版印刷の金字塔的な存在が、これらの大蔵経の印刷であることはまちがいないが、印刷物がこれだけであったはずはない。むしろ、その周囲にある印刷物が、チベットの木版印刷技術の裾野を広げていった。その代表が、チベットの高僧や祖師による著作集や、各宗派の基本的な叢書群である。一般にはこれらはまとめて「蔵外文献」と呼ばれるがその内容はきわめて多彩で、「蔵外」といういわば二次的な名称とはうらはらに、チベットの出版文化の総体を示している。これらのチベットで生み出された文献群が、いつ頃から木版製版によって印刷されたのかは明らかではないが、大蔵経の開版に先駆けてチベットでも行われていたことは確実で、その年代はおそらく 15 世紀前半にまで遡ることが推測されて

いる[5]。

さらに、チベットの多くの僧院は、その内部に印刷所を有している。これらの施設は「パルカン」と呼ばれ、所属する僧侶が必要とする教科書をはじめ、近在の俗人たちが用いるさまざまな印刷物の印刷も請け負っていた。その伝統は今でも続いている。

チベット大蔵経の数ある版の中でも、とくに正確な本文と文字の美しさで名高いのがデルゲ版である。このデルゲ版も、四川省の奥地にあるデルゲ僧院の大規模なパルカンで開版・印刷されてきた。

本稿が対象とする護符や仏画も、このようなパルカンで印刷されたものが大半であろう。その一部は、このような組織的な施設による印刷ではなく、版木を所有する個人、たとえば村の呪術師のような人びとによる個別な印刷物であることも予想されるが（本書所収の脇嶋論文がそのような事例を紹介している）、同一の版から摺られたと考えられる複数の護符や仏画が存在することや、比較的規模の大きな仏画の木版画でも、摺りの状態が良好であることから、専門の職人による組織的かつ大量の印刷が基本であったと考えられる。

デルゲのパルカンの現状を紹介する池田他（2003）は、このような護符や仏画を印刷するための専用のスペースが、パルカンの建物の一部にあることを伝えている。それによると、通常の大蔵経の印刷が、パルカンの近隣に住む労働者たちによって量産体制で行われているのに対し、このような護符や仏画は、通常、熟練の技術を持つ僧侶が担当し、速さよりも丁寧さを心がけて摺りあげられていた[6]。

版木（板木）も大蔵経の版木とは別に、専用の収納場所があり、版木のサイズにあわせて分類され、整理されている。同書の口絵写真には、大規模な書庫を思わせる大蔵経の版木収納庫の他に、護符や仏画の版木を収めた整理棚の写真と、さらに実際に護符を印刷する僧侶の写真も掲載されている。写真の中で印刷されているのは、象のマントラ輪を中心に八吉祥な

どが周囲に描かれた規模の大きな護符で、墨ではなく朱のインクが用いられ、色むらもなく美しく摺りあげられた用紙が、整然と積み上げられている。素人にはなしえない熟達した技術を必要とする作業であることが明瞭に示されている。

2．版木の特徴と制作年代について

　護符や仏画の版木について、おもな特徴をここでまとめておこう。

　民博に185点の版木も所蔵されていることは、冒頭に述べたとおりである。これらの版木のほとんどは護符の版木である（図1）。版木は護符の大きさに合わせて、それよりやや大きめの木材が用いられる。版木の厚さは薄いもので1センチメートル前後で、多くは2センチメートル程度である。素材は明らかではないが、多田・高崎（1960）には、20世紀に開版されたラサ版ではヒマラヤ桜が用いられたことを紹介している。日本でも版木には梓や桜などの堅い木材が用いられることが一般的であったことと同様で

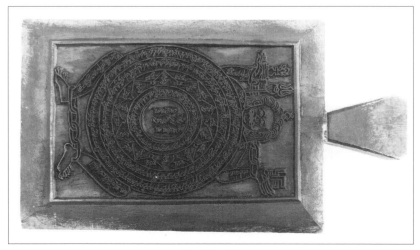

図1　護符の版木

ある。これに類する木質の樹木が選ばれたのであろう。

　彫り面は片面のみで、裏面には何も彫らず、平板であるのが一般的である。これはチベット大蔵経の版木と大きく異なる点である。大蔵経の場合、両面に版面があり、実際に摺りあげるときの紙の表裏に対応する。大蔵経の各葉は、表面と裏面が同じ葉数を持ち、それに「表」（gong あるいはsteng）と「裏」（'og）の別が付されていることは、チベット大蔵経を扱う研究者には常識であるが、これが版木にも対応しているのである。

　チベットの版木の形態として重要なのが、その一辺にしばしば把手をそなえていることである。これは大蔵経の版木でも同様である。版木を準備する時に、わざわざ一辺にこのような把手を残すのである。握りやすいように、外に向かって広がる台形の形、あるいは水滴のような丸みを帯びた形をしている。日本の伝統的な版木の場合、左右の辺には「端食」と呼ばれる添え木を垂直にあてるのが一般的である[7]。チベットの場合、この把手がその代わりをつとめている。ただし、日本の端食の場合、版木の扱いが容易になることの他に、版木の反りや版面の損傷を防ぐ役割があり、さらに、保管する時にはしばしばその外側の面に文字を書き入れ、探しやすさや整理の便が図られている。このような役割はチベットの版木の把手にはない。

　日本の伝統的な版木との相違点としては、この他にも、1枚の版木に片面を左右に2面、両側で4面、袋綴じの本の場合は、頁数にして8頁分を彫るのが一般的であるのに対し、チベットでは原則、一枚の版木に1面（護符などでは1点）のみが彫られていることがあげられる。そのため、サイズや形態がまちまちとなる。デルゲのパルカンの写真には、全体が上下二段からなり、その中をさらにいくつか縦に仕切った棚がうつっている。棚の上には平積みになった版木がうずたかく積まれ、上段の棚には比較的小規模の版木が、下段には大きな版木が、いずれも立てて整理されている。下段の大きな版木の場合、把手ではなく、版木の裏面に細長い木材を2本

平行に渡し、その端が版木よりもやや外に伸びていることから、これが把手の代わりになったのであろう。規模の大きな版木は、複数の板を並べてできていると考えられるため、それを固定し、補強する役割も果たしているのであろう。

　デルゲのパルカンには、現在約 200 点の護符や仏画の版木が所蔵されていると報告されている（池田他　2003）。この数は、民博の木版画や版木のコレクションと比べてもかなり少ない。すでに見たように、民博のコレクションにも、そこで摺られたと考えられる護符が含まれていることから、その流通した範囲は相当広かったのであろう。しかし、民博ですらそれ以外の作品を多数所有していることから、それらのもとになった版木はチベットの各地に存在していたことは想像に難くない。特定の地域と結びついた作品もあったかもしれないが、それを決定づけるような情報は確認できない。むしろ、印刷物という性質上、量産された印刷物がチベット各地、さらにはインド、ネパール、ブータンなどのチベット文化が浸透している周辺地域に拡散していったと考える方が自然である。

　摺り上がった印刷物を版下にして、再度、版木を彫り起こすことも頻繁に行われたであろう。実際、民博のコレクションの中だけでも、同じ図案でありながら、細部の異なる作品がいくつも散見される。また、護符には文字を含むものも多いが、その文字が判読不可能なほどくずれたものも多い。最初の版からこのようなくずれた文字をわざと書いたとは考えにくく、転写し、彫り直す過程で、文字を解読できないものが形だけを真似して彫ったことが推測される。護符の文字はほぼ例外なく、チベット文字の楷書体にあたる「ウチェン」で書かれているが、一般のチベット人はウチェンではなく、草書体である「ウメ」しか読めないことが多い。彫り師に当たる人が、ウチェンに慣れている僧侶階級ではなく、識字率の低い在俗の人びとであったことを示すものであろう。

　これらの版木や版本についての情報を概観すると、護符や仏画の年代を

チベットの木版印刷史の中に正確に位置づけることは困難であることがわかる。チベットで木版製版印刷が本格的にはじめられたとされる 15 世紀をさらに遡ることができないのは確かであるが、はたしてその黎明期にも、このような作品が作られていたかどうかは定かではない。おそらく、もともとは各地の小規模なパルカンで独自に作られていたが、次第に大僧院のパルカンで規模の大きな生産体制のもとで作られるようになり、これにともなって同じ規格やデザインの作品が広まったのであろう。とくに、サイズの大きなマントラ輪の護符や、あるいは長文の陀羅尼を含むような護符は、仏教についての高度な知識を備えた僧侶の存在なしには作り出すことは困難であったであろう。図像学的なきまりにしたがって描かれた仏画も同様である。

　護符に現れる文字の書体や文章から、作品の年代を考察することは困難であるが、絵画作品に見られる様式上の特徴から、一定の上限は推測できる。護符にはしばしば尊像が含まれるし、仏画には当然、尊像が表されている。これらに共通しているのは、チベットの絵画史としては、比較的新しい層に属する様式が見られることである。尊像や人物の表現ももちろん、背景の処理のしかた、蓮台や僧衣の立体感の作り方などの特徴は、はやくても 17 世紀、そのほとんどは 18 世紀以降のチベット絵画の様式を示している[8]。これは、現存する木版画による仏画の作例が、それ以前にはさかのぼれないこととも合致している。たとえば、民博コレクションには含まれないが、初期の著名な木版画の作品に、歴代パンチェンラマの肖像画のセットがあるが、パンチェンラマ 1 世の時代に原画が描かれ、木版画になったのは、それ以降の、おそらくパンチェンラマ 4 世の時代、すなわち 18 世紀後半から 19 世紀はじめと推測されている（森 2011: 234-236）。

　あるいは、木版画によるチベットの尊像集に『三百尊図像集』と『五百尊図像集』がよく知られているが、前者はチャンキャ・ラマ 2 世のロルペー・ドルジェの発案になり、18 世紀後半、後者は上記と同じパンチェンラマ

4世の撰になると考えられるため、その少し後に位置づけられる[9]。これらの尊像集は、護符や大規模な仏画とは異なるが、尊像がシンプルな描線で表され、さらに各尊のマントラが記されているという形態は、護符を特徴づける要素と共通している。また、担当した彫り師は複数いると考えられているが、いずれも洗練された芸術家というよりも、市井で仕事を請け負うレベルのまちまちな職人たちであったと想定され、護符の制作状況との類似性が感じられる。

　これらの作品を視野に入れるならば、護符や仏画の木版画が出現したのは、18世紀以降、その大半はそれよりもさらに下った時代と見るのが妥当であろう。さらに、版木がそこまでさかのぼれたとしても、実際の摺りは、紙質の劣化などを見る限り、近年の制作であると思われる。ただし、仏教的な要素を含まない民間信仰に属するような護符には、このような制約を考える必要はなく、より古い時代に成立し、その図案が受け継がれてきた可能性を否定するものではない。

3．民博の護符コレクションの全体像

　冒頭で述べたように、民博のコレクションは、全体で1384点の版画と185点の版木で構成され、このうち版画は護符と仏画に大別できる。ただし、両者の区別は必ずしも明確ではなく、とくに、尊格や人物を描いた比較的小規模の作品は、いずれとして制作されたか判断しづらい。あるいは、その用途によって護符にも仏画にもなった可能性もある。版木はいずれも護符を印刷するためのものと思われる。

　民博のコレクションのうち、護符に関して注目すべきは、すでに述べたように、ダグラスの著作に含まれるものが相当数、確認できることである。図像が完全に一致もしくは類似するものが少なくとも110点あり、その中には、かすれ具合などから同じ摺りの特徴を示すものもある。民博コ

レクションは、受入時の記録によると、「1971 年から 1978 年に西ヒマラヤ、ラダック、ネパール、東ヒマラヤで Mr. Juan Li から集めたコレクション」とあり、受入年度は 1979 年になっている。ダグラスはその著の中で、同書に掲載した護符が、北東ネパールのドルポ（Dolpo）にあるいくつかの僧院で収集もしくは印刷されたもので、そこにあった版木は、いわゆるチベット動乱の際にチベット各地からもたらされたと述べる。さらに、カトマンドゥ、北東ネパールのソロ・クンブ（Solo Kumbu）地区、シッキム、ダージリン、その他のヒマラヤ国境地帯などから運ばれたものもあるという。

　ダグラスの著作は 1979 年に刊行されているので、同書が執筆されたのはその数年前と考えられ、民博のコレクションが収集された時期と重なる。民博コレクションの収集者であるジョアン・リー氏（Mr. Juan Li）についての詳細は不明であるが、ダグラスが収集した護符のコレクションの一部を譲り受けたか、あるいはすでにダグラスの手から離れた護符の一部を入手したことも推測される。

　民博の護符のコレクション全体から見れば、ダグラスの著作と一致する作品はその一割にも満たないが、同じ意匠や類似の形式のものも加えれば、その割合はさらに増える。ダグラスが集めた護符が、民博コレクションの重要な構成要素であるのは確かである。

　ダグラスは同書のイントロダクションの中で、チベットの護符の一般的な分類を提唱している。もちろん、これは同書に掲載されている約 170 点ほどの護符にもとづくもので、チベットの護符のすべてにあてはまるものではない。しかし、ある程度の普遍性は備えているし、とくにダグラスのコレクションに重なる部分を含む民博のコレクションを概観する時にも参考になる。ただし、それはきわめて大まかなものである。

　ダグラスによる分類は以下の 4 つのカテゴリーである。

(1) 文字列で構成された護符（読解は困難）

(2)吉祥をもたらす護符（吉祥なシンボルや呪句とともに）

(3)除災や魔除けのお守り

(4)マントラ輪やマンダラ

　それぞれの用途についても紹介している。

(1)①折りたたんでお守り用の容器に入れる　②マニコルの中に丸めて入れる　③仏像などを作ったとき、開眼作法のために胎内に入れる

(2)①寺社の中に掲げる　②祈願用の旗として用いる　③身に付ける

(3)①ラマに加持してもらい、身に付ける

(4)①祭壇の基礎部に入れる　②寺社の天井に描く　③瞑想の補助として用いる　④折りたたんでお守りとして身に付ける

　ダグラスによるこの分類は、護符の形状を基本とするが、さらに使用方法にもしたがって細分化されている。おそらく、収集の過程で、現地の人びとから得た情報も反映されているであろう。しかし、この分類は必ずしも明確なものではない。たとえば、はじめの「文字列で構成された護符」と、ふたつめの「吉祥をもたらす護符」は、しばしば同じ種類の護符にあてはまる。また、4つめに分類されるマントラ輪の護符は、陀羅尼や呪句が円環状に配置されているが、その内容はひとつめのグループと共通するものもある。ダグラスによる下位の分類についても、上位の4つの分類につねに対応するわけではない。たとえば、折りたたんで身につけるという使用方法は、護符としては最も一般的で、すべてのカテゴリーに共通して現れる。

　その一方で、ダグラスの分類には、宗教の区別という視点が欠けている。仏教とポン教とでは、記されたマントラや呪句はまったく異なるし、そのいずれにも属さないような、いわゆる民間信仰のレベルで広く用いられた護符も何種類もある。おそらく、このような護符は仏教徒でもポン教徒でも区別なく身に付けたのであろう。

　護符に記された文字の情報が分類にほとんど反映されていないことも疑

問である。護符の文字の中にはほとんど意味を読み取れないものもあるが、それはむしろ例外で、多くは具体的な祈願の内容や、特定の仏や神への祈願文などである。また、サンスクリット語の陀羅尼を示す場合、翻訳せずに音をうつすだけのことも多く、これは中国や日本に陀羅尼が伝えられた時と同じ状況である[10]。たいていのチベット人にとっては意味は不明でも、本来のサンスクリット語の文章がよく保たれていることも多い。

このようなテキスト情報は、それぞれの護符がどのような宗教に属し、何のために作られたかを明瞭に示すものである。護符を分類する時には当然、参考にすべき情報である。

このような問題点を考慮に入れて、本稿では以下のような護符の分類を試みた。全体を大きく6つのカテゴリーに分けているが、まずはじめにAの民間信仰の護符を立て、BからEまでを仏教の護符、Fをポン教の護符とした。Gはいずれの範疇に属するか不明の護符をまとめている。仏教の護符は数の上からは全体の大半を占めるため、おもに形態にしたがってBからEの4つのグループに分類した。

A　民間信仰の護符
1　魔を封じる護符（鎮煞符）
　1.1　文字に囲まれる
　1.2　三角の穴の中
　1.3　体の上にマントラ輪
　1.4　マントラ輪の中
　1.5　その他
2　王と鬼女を除く護符
3　死者図
　3.1　仏教の死者図
　3.2　ポン教の死者図

4　子宝安産祈願の護符
　4.1　魚の意匠
　4.2　その他の意匠
5　サソリの護符
　5.1　胴体にマントラ
　5.2　マントラ輪を体に載せる
6　ガルダの護符
　6.1　仏教のガルダの護符
　6.2　ポン教のガルダの護符
7　猪の護符
8　猿の護符

9　狼除けの護符

10　ラーフの護符

11　手形の護符

12　身代わりの札

13　その他の民間信仰の護符

B　仏教の祈願文の護符

1　ルンタ

1.1　パドマサンバヴァのマントラではじまる

1.2　三部主尊のマントラを含む

1.3　釈迦のマントラではじまる

1.4　無量寿のマントラではじまる

1.5　陀羅尼の寄せ集め

1.6　ルンタを称賛する祈願文

1.7　幢頂荘厳陀羅尼

1.8　ルンタと四聖獣が同等の扱い

1.9　その他

2　ナムチュワンデン

2.1　ナムチュワンデンのみ、もしくは主

2.2　パドマサンヴァラのマントラではじまる

2.3　三部諸尊のマントラではじまる

2.4　観音の六字マントラ

2.5　釈迦のマントラ

2.6　三密のマントラではじまる

2.7　陀羅尼の寄せ集め

2.8　幢頂荘厳陀羅尼

3　如意宝珠の祈願旗

3.1　パドマサンバヴァのマントラ

3.2　陀羅尼の寄せ集め

3.3　幢頂荘厳陀羅尼

3.4　家畜の疫病除け

4　傘蓋の祈願旗

4.1　傘蓋の陀羅尼

4.2　幢頂荘厳陀羅尼

5　四隅に四聖獣マントラを置いた祈願文

6　幢頂荘厳陀羅尼

7　三部主尊のマントラを含み横長

8　観音の六字マントラ

9　蓮華仏頂のマントラ

10　観音の六字マントラと蓮華仏頂のマントラ

11　巡礼者の祈願文

12　パドマサンバヴァへの祈願文

13　特定の尊格への祈願文

13.1　金剛薩埵の百字マントラ

13.2　ジャンバラ

13.3　ヤマーンタカ

13.4 四天王

13.5 ターラー

13.6 クルクッラー

13.7 金剛手

14 その他のマントラ・陀羅尼

14.1 法身偈

14.2 字母のマントラ

14.3 サムエ寺の護符

14.4 除災のマントラ

14.5 犬除けのマントラ

14.6 病気平癒

14.7 その他

15 ケサル王のタルチョ

16 その他の経文・祈願文

16.1 ターラーへの祈願文

16.2 中央に羯磨杵を置く祈願文

16.3 長尺の陀羅尼集

16.4 その他

C マントラ輪の護符

1 病気平癒のマントラ輪

1.1 四隅の三昧耶形に剣を含む

1.2 四隅の三昧耶形に羯磨杵を含む

2 中央に尊格を置くマントラ輪

2.1 ターラー

2.2 法身普賢

2.3 無量寿

2.4 その他

3 中央に穴のあるマントラ輪

3.1 観音の六字マントラ

3.2 金剛ヘールカのマントラ

4 四輻輪のマントラ輪

4.1 四隅に三昧耶形を置く

4.2 四輻輪と四葉蓮華の組み合わせ

4.3 四輻輪と十輻輪の組み合わせ

4.4 周囲にサソリ

5 髑髏と頭部を周囲に置く四輻輪のマントラ輪

6 五輻輪のマントラ輪

7 八輻輪のマントラ輪

7.1 中心に金剛杵を置く

7.2 その他の八輻輪のマントラ輪

8 十輻輪のマントラ輪

8.1 金剛橛と十忿怒のマントラ輪

8.2 ジャンバラのマントラ輪

8.3 その他の十輻輪のマントラ輪

9 四葉蓮華のマントラ輪

9.1 中心に金剛杵を置く

9.2 その他の四葉蓮華のマントラ輪

10 六葉蓮華のマントラ輪

11 八葉蓮華のマントラ輪
  11.1 大随求のマントラ輪
  11.2 バスンダラーとジャンバ
      ラのマントラ輪
  11.3 中心に宝瓶を置く
  11.4 中心に vaṃ 字を置く
  11.5 二重の八葉蓮華を持つ
12 羯磨杵を中心に置くマントラ輪
13 羯磨杵と四聖獣のマントラ輪
14 象のマントラ輪
  14.1 四聖獣を伴う
  14.2 その他
15 中央が動物のマントラ輪
16 卍を伴うマントラ輪
17 八吉祥のマントラ輪
  17.1 仏教の八吉祥のマントラ
      輪
  17.2 ポン教の八吉祥のマント
      ラ輪
18 五仏のマントラ輪
19 文字数がきわめて多いマント
    ラ輪
  19.1 埋蔵経による法身普賢の
      マントラ輪
  19.2 その他
20 その他のマントラ輪
  20.1 周囲に動物を置くマント

ラ輪
  20.2 馬の守護のマントラ輪
  20.3 亀の意匠
  20.4 陰陽天地符
  20.5 日月のふたつのマントラ
      輪
  20.6 マントラ輪の寄せ集め
  20.7 その他

D マンダラの護符
1 金剛界系のマンダラ
2 ヴァジュラヴァーラーヒーマ
  ンダラ
3 母タントラ系のマンダラ
4 埋蔵経のマンダラ
5 その他のマンダラ

E その他の仏教の護符
1 九宮と八卦と十二支の護符
  1.1 亀が支える
  1.2 その他
2 獅子面ダーキニーの護符
3 金剛橛の護符
  3.1 馬頭尊
  3.2 ラマ
  3.3 その他
4 須弥山世界図

5　六道輪廻図

6　仏塔

　6.1　八大霊塔およびその断簡

　6.2　不空羂索観音を祀る仏塔

　6.3　その他の仏塔

7　八吉祥の護符

8　長寿の護符

9　護摩炉図

10　動物図

　10.1　ガルダ

　10.2　龍

　10.3　獅子

　10.4　虎

　10.5　平和四兄弟

　10.6　その他

11　四聖獣の護符

12　経典の断簡

13　その他

　13.1　尊格を複数並べる

　13.2　騎乗の人物

　13.3　護符としての尊格図

　13.4　護符としての成就者・祖
　　師図

　13.5　十二支

　13.6　護符の寄せ集め

F　ポン教の護符

1　ポン教の護符

2　ポン教の女神

3　ポン教の神が支えるマントラ輪

G　その他・未比定

1　内服用の護符

2　その他

　なお、護符の分類に関しては、本プロジェクトのメンバーのひとりであ
る川﨑一洋が、共同研究会において試行的な分類項目を示している。ここ
でもその多くを採用していることを明記しておく。ただし、全体の階層化
や細分化などの分類項目の体系化は、基本的に筆者自身の判断にもとづく。
　この分類にもとづき、以下で全体を概観するが、とくにAの民間信仰
の護符と、Bのマントラ輪の護符について比較的多くの紙幅を割いた。ま
たその際には、本プロジェクトにおいて構成メンバーによって作成が進め
られているデータベースの解説も、必要に応じて参照した。

4．民間信仰の護符

4.1　魔を封じる護符

　「魔を封じる護符」は、裸形の男性を両手と両足を鎖などで縛った姿で中央に大きく描き、その体の上や周囲にさまざまな呪句を記す（図2）。中国の研究者は「鎮煞符」と呼んでいるが、「煞」というのは「じっくり時間をかけて殺すこと」を意味し、魔の動きを封じ、徐々に息の根を止める効果があると考えたのであろう。ただし、仏教の考え方では、魔はあくまでも動けなくなっているだけで、その命を奪うことまでは考えていなかったようである。

　裸形の魔は両手を後ろ手に縛られることが多いが、体の前で縛られたり（H79190 等）、あるいは縛られずに両膝に置いたものもある（H79189 等）。髪の毛は逆立ち、しばしば性器を露出して描かれる。人間ではなく、動物や鳥の頭部を持った魔もいる（H79684, H79679, H80471）。

　このタイプの護符は民博のコレクションの中で42点を数える。その中には、同一の護符も何組か確認できるが、それも含めて、ひとつの種類の護符の数としては、コレクションの中で最多である。いかにこの形式の護符が人気を集めていたかがよくわかる。

　魔の体にはたくさんの呪句が記されていることが一般的であるが、その内容は護符によってさまざまである。その中で、多くの護符に共通するのは、両腕と両足に jaḥ hūṃ vaṃ hoḥ の 4 つの種子マントラ（単音節のマントラ）が現れることである。この 4 つのマントラは、四明と呼ばれることもあるが、密教では金剛界マンダラの四門を守る四摂菩薩のマントラとしてよく知られている。四摂菩薩は金剛鉤、金剛索、金剛鏁、金剛鈴で、順に、名称に含まれる鉤、索（羂索）、鏁（鎖）、鈴を持つ。これらの持物は、制御できないものを鉤で引き寄せ、索で捕らえ、鎖で縛り、鈴で馴らすと

いう一連のプロセスを象徴する。マンダラの門におかれた門衛の尊格がこれらを持物とするのもそのためである。

　表現の違いから、このタイプの護符はさらに5つのグループに分類することができる。(1)魔が文字に囲まれている、(2)魔が三角の枠の中に置かれる、(3)体の上にマントラ輪を載せる、(4)マントラ輪の中央に魔が描かれる、(5)その他である。

図2　魔を封じる護符(H79189)

32 ｜ 総説

⑴の文字に囲まれるタイプのものにしばしば見られるのは、dza（ある
いは dzaḥ）という文字である。この文字をいくつも連ねたり、あるいは
×印を描いて、その周囲にできる 4 つのスペースに、dza の文字を描き、
これを魔の体の周囲に複数置く。これは、⑵のタイプにも 1 例あるが
（H80408）、とくに⑴のタイプで頻繁に現れる。dza というのは「魔を退散
させる」時に唱えるマントラのようで、インド密教の儀礼文献にもこのよ
うな役割をする dza（サンスクリット語では ja）のマントラが登場する[11]。

⑵の三角の枠の中に魔が置かれるタイプに特徴的なのは、魔の頭に橛
が突き立てられているものが多いことである（H79671 等）（図 3）。橛はサ
ンスクリット語で kīla あるいは kīlaka と呼ばれ、チベットではプルブ（phur
bu）という名で知られる。呪術的な効果、とくに除魔のはたらきを持った
木製や金属製の小杭で、日本の密教寺院でも類似の仏具を見ることができ
る。寺院の中心に置かれた大壇の四隅に立つ四橛という棒状の仏具である。
チベットではとくにニンマ派とポン教でプルブを用いた呪術がさかんに実
修された。あるいは、宗派を問わず、さまざまな僧院内で行われる仮面舞
踊劇チャムの演目の中で、プルブを持った密教僧が、魔を退散させるもの
もある。そこでプルブを突き立てられるのは、この護符に描かれる魔と同
じような姿の人形である[12]。

一方、三角の枠は、そのまわりに火焔が描かれているが、これは降伏の
護摩の護摩炉を表しているのであろう。怨敵退散や呪殺などを目的とする
この護摩で、三角の炉を用いるのも密教では広く知られている。護摩炉の
形はインド密教ですでに確立し、チベットや日本の密教でも忠実に受け継
がれている（森 2011a: 119-135）。

体の上にマントラ輪を置く⑶のタイプは、後の分類として大項目をた
てた「マントラ輪の護符」と共通する特徴であるが、下敷きになっている
人物がこの「魔を封じる護符」と同形式であるため、こちらに分類した。
ただし、魔はバンザイのように両腕をあげたポーズをとり、両手を鎖でつ

なぐ。これは、マントラ輪を上に載せた亀の護符や、六道輪廻図などの護符から影響を受けたのであろう。

　(4)のマントラ輪の中に魔を描くタイプは、(3)とは逆にマントラ輪の方が魔よりも大きい。マントラ輪の中に四輻輪や六輻輪などの輪（Tib. 'khor lo; Skt. cakra）のモチーフを持つのは、輪も武器の一種として、除魔の役割を担っていたからである（H79164, H79513）（図4）。ここでの魔はふた

図3　魔を封じる護符(H79671)

たび両腕を後ろ手に縛られることが多く、またdzaの字を周囲に置くこともあり (H79513)、(1)のタイプをベースにしていたことが推測される。

(5)のその他は、いずれにも分類できないタイプをまとめたものであるが、魔の上下に2匹の巨大なサソリを描いたものや (H79274)、魔の上に長文の陀羅尼を14行にわたって記したものなどがある (H79368)。このうち、上下にサソリを描いた護符は、サソリを単独で描いた護符や、マントラ輪の周囲にサソリを配した護符などとの関連がうかがわれる。

魔を封じる護符の5つの形式を概観したが、興味深いのは、このような人物を描いた作品が、ダライラマ5世ゆかりの写本として伝えられていることである（図5）。サムテン・カルメイによる *Secret Visions of the Fifth*

図4　魔を封じる護符(H79513)

チベットの護符・仏画、その特徴と内容 | 35

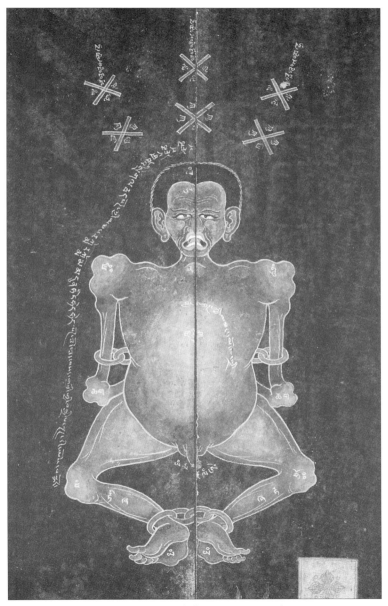

図5 写本に描かれた魔（Karmay 1988:139）

Dalai Lama に紹介されている絵入り写本がそれで、彩色が施された豪華な作品の中に、同種の図像が何例も含まれる（Karmay 1988）。護符に見られた主要な点、すなわち、身体的な特徴、周囲の dza の文字と×印、橛、マントラ輪などは、ほとんどすべてこの中にも見いだされる。そこではこのような魔は「リンガ」（liṅga）と呼ばれている。

　この写本はダライラマ5世の神秘的視覚体験を図示したとされるが、実際は儀礼の道具やしつらえを図式化したり、あるいは儀礼の時に描かれるマンダラやマントラ輪に相当する。それらの儀礼はニンマ派による呪術的な儀礼であることも明らかにされている。護符の分類としては民間信仰の護符に位置づけたが、実際はニンマ派の僧侶が行う儀礼で用いられていた可能性も高い。また、ダライラマ5世と結びついた作品があることから、おそくとも5世が活躍した17世紀前半には、この形式の図像やそれを用いた儀礼が整備されていたことになる。

4.2　王と鬼女の護符

　「魔を封じる護符」に次いで作例数の多いのが「王と鬼女の護符」で（図6）、民博コレクションの中に38点を数える。ただし、このうちの10点は同一の版木から摺られたものと考えられ、これを1点と数えれば、次に紹介する「死者供養図」よりもやや少ない。しかし、チベットの護符の中でも人気が高い意匠であったことは確かである。しかも「魔を封じる護符」がいくつかのタイプに分類されたのに対し、この形式の護符は、人物の表現や呪句に違いはあるものの、基本的な形式はほぼ共通で、変化を被ることが少なかったことがわかる。

　全体は男性と女性が交差するように反対向きに横になり、隣り合うそれぞれの両手首と両足首が鎖によってつながれている。2人の体の全体は、大きなマントラ輪で覆われているため、身体的な特徴や、2人がどのような状態で横たわっているのかはわからない。手や足が鎖でつながれている

チベットの護符・仏画、その特徴と内容 | 37

図6　王と鬼女の護符（H79691）

のは、前出の「魔を封じる護符」と同様であるが、楔が打ち込まれるようなことはなく、他の武器などによっても体が傷つけられていることはない。1例のみ、男性の方の体に jaḥ 以下の4種の種子マントラが記されているが（H79130）、これはおそらく「魔を封じる護符」にならったものであろう。

　いずれの護符においても、男性は特徴のある帽子をかぶっている。半球形の本体に大きなつばをまわりに付け、さらに頂部には突起が付いている。これとよく似た帽子をかぶる人物が、仮面舞踊チャムにも登場し、さらに、後掲の「身代わりの護符」にも現れる。

　もう一方の女性は、髪を中央で左右に大きく振り分けて肩や背中に垂らす。いわゆるざんばら髪で、通常のチベットの女性の姿とは趣きの異なる髪型である。夜叉や羅刹を思わせる。1例のみ、鳥のような顔つきをして横を向いた女性が描かれるものがある（H79131）。

　2人の体の上に載ったマントラ輪は、中央に四輻輪のモチーフが描かれ、武器や防護の機能を持っていることがわかる。その中央部分に記されている呪句は、ギェルポ（rgyal po）とディモ（dri mo）の手足を縛り、あらゆる災いからの加護を祈願する内容である。ここから、男性を「ギェルポ」、女性を「ディモ」と呼んできたことがわかるが、いずれもその由来は不明である。ここではギェルポを「王」、ディモを「鬼女」としておく。

　マントラ輪の周囲の呪句は読解困難で、また護符ごとで相違することも多いが、四輻輪の輻と輻とのあいだにできたスペースに、nan もしくは nanaḥ と記されることは、多くの護符に共通する。これがチベット語の動詞 nan であるとすれば、「押さえつける」というような意味で解釈することができ、護符にふさわしい言葉になる。ただし、「魔を封じる護符」が、災いをもたらす魔を身動きさせないようにしていたのに対し、この護符に現れる王と鬼女は、押さえつけられて苦しんでいるようには見えず、どちらかと言えば、なだめられてすでに従順な性格に変わった人物たちのようにも見える。

4.3 死者供養図

「死者供養図」と名づけたこの形式の護符（図7）は、民博コレクションで30例近くを数え、最多の部類になる。しかし、この護符の本来の目的は、死者に対する法要において死者の身代わりとして用いられる。その点で、これを護符と呼ぶのは適切ではない。また、死者儀礼のために用いられたことを考えれば、もっと多くの作例が残されていてもおかしくないが、実際は儀式の中で燃やされるのが一般的であるため、残ることはむしろまれで、未使用のものが収集されたのであろう。

具体的には、死者が出た時、臨終のときから49日間に1週間ごとに行われる法要で用いられた。日本でも49日間は初七日から始まり、49日目の満中陰忌を迎えるまでの7日ごとの法要が、かつては広く行われてきた。これは日本もチベットも、インドに起源を持つ死生観を受け継いでいたためで、輪廻のプロセスで死から次の再生に至るまでに7週間、49日を要し、それを中有あるいは中陰と呼び、チベット語ではバルドという。7日ごとの法要は、この間に、残された者たちが追善供養をすることで、成仏、すなわち仏になるか、あるいは少しでもよい生まれ変わりになるよう願って行われる。

チベットの場合、このバルドのあいだに死者が体験するさまざまな世界が『中有において聴聞によって解脱する書』という文献に詳しく説かれているが、これが一般に知られている『チベットの死者の書』である。

この死者供養図はもう一枚の祈願文を記した札と一組になっていることがあり、儀式の時には一枚の紙に天地が逆になるように並べて摺り、中央で折ることでふたつの札が重なるように作られたものである（H80460, H79197, H80042等）。

祈願文は、この世からあの世へと死者がおもむくとき、新しい名前を灌頂において授かり、罪が清められ、すぐれた生まれ変わりを得て、さらには仏位も獲得できるようにという内容である。祈願文の中には空白部分が

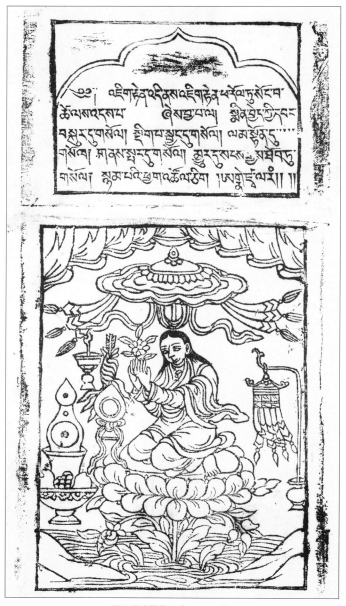

図7 死者供養図 (H80042)

２箇所あり、ひとつめの空白には死者の名が、ふたつめには灌頂を受けた後の名が記入できるようになっている。これによって祈願文が完成することになる。最後は「火天（Agni）よ、燃えよ、ラム」というマントラで締めくくるが、これは儀式の中で燃やされることを意識して、火天の力によって祈願の内容が成就することを願ったのであろう。

　死者供養図の図柄は、蓮華の花の上で合掌して坐る人物を中央に大きく描く点は、すべての作例で共通するが、周囲に置かれたものにいくつかのパターンがある。

　最もシンプルなものは、頭上に傘蓋が掲げられただけで、おそらくこれが最も原初的な形を示すのであろう（H79449, H79197-01）。複雑なものになると、鏡、シンバルと竪琴、花のさしてある花瓶、菓子などの食物、絹の衣、そして八吉祥が現れる。八吉祥はチベットで好まれた吉祥なシンボルで、具体的には傘蓋、双魚、組紐、法輪、ほら貝、幢幡、蓮華、宝瓶からなる（Dagyab 1995: 40-43; Beer 1999: 171-186）。一方、鏡から衣までは、人間の感覚器官である五根、すなわち、眼耳鼻舌身のそれぞれの対象を代表するものと言われ、死者がこれらを享受していることを願ったのであろう。

　中央の人物の座るハスの花が、水の中から伸びていることも注意すべきである。死者が池の中から伸びる蓮華に坐るのは、極楽に往生する際に、蓮池の蓮華の中から生まれること、すなわち蓮華化生を表している。これは日本の浄土教美術でも広く共有されていたイメージで、その起源は中国の浄土教絵画、とくに敦煌に代表される中央アジアの極楽浄土図、あるいはそれを説く経典名による「観経変相図」（観経変）に求められる。チベットにも極楽浄土図は伝えられ、タンカや規模の大きな木版画として残されているが[13]、このような死者供養図の中にも登場することは、これまでほとんど注目されてこなかった。

　中央に描かれている人物が向かって左を向いた斜めの姿で描かれている

ことが多いのも、往生する方角を画面の左に想定しているためであろう。日本の来迎図でも、向かって左から阿弥陀や菩薩たちが来迎し、往生者はそれと向かい合うように、右側から左を向いて位置することが圧倒的に多い。

　民博コレクションの死者供養図はほとんど仏教のものと考えられるが、ポン教のものも若干ある（H79937, H79938, H79939, H79940）。そのうちのひとつ（H79937）では、中心の人物は正面を向いて座り、体の上や周囲に種子マントラがいくつも記されている。体の上の種子マントラは、頭、喉、胸、性器、足の裏に置かれるが、足の裏を除き、これらはチャクラと呼ばれる一種の神経叢があると考えられる場所である。ここから「ルン」（風）という気のようなものが抜けてしまうと、六道のいずれかへと輪廻してしまうので、とくにバルドの儀礼では注意しなければならないと、『チベットの死者の書』で詳しく説かれている。足の裏には「ラム」の文字があるが、これは呪句の最後にあった火天へのマントラの一部で、火天を象徴する。死者を焼きつくすというイメージが込められているのであろう。バルドと輪廻の思想は、仏教でもポン教でも共通し、ポン教徒も独自の『死者の書』を有している。また、同じ仏教の死者供養図でも、祈願文の内容が上述のものとは異なり、観音菩薩への祈願の内容になっているものもある（H79197-02）。

4.4　子宝・安産の護符

　子宝や安産は、人々が神仏に祈る最も重要な理由のひとつである。日本でもとくに平安時代においては、貴族社会を中心に子宝や安産の修法がさかんに行われたが、それをもっぱらとしたのは密教僧であった。現在でもこれらに御利益のある著名な密教寺院が日本各地にある。民博コレクションにも、子宝や安産を願うもののための護符が、比較的多数ある。これらの中では、魚を描いたものが最も点数が多く、それ以外では金剛杵や宝珠などをモチーフにしたものがいくつかある。

チベットの護符・仏画、その特徴と内容 | 43

　魚はその形態が男性の性器に似ていることが意識されたようである。魚と男性器を上下に並べた護符もある（H79178）（図8）。2匹の魚を円環状に組み合わせ、全体をマントラ輪のようにデザインしているものもある。その場合、頭の先と尻尾が接するように、二つ巴に描いたものが多いが（H79160等）、中には、尻尾を絡ませ、頭部を交叉させて円を形作るものもある（H79441）。さらに、4匹の魚を同じように組み合わせた護符も2点ある（H79612, H79751）。

　魚以外の護符としては、金剛杵をかたどった作例が目立つ（H79287等）。金剛杵と男性器を結びつける発想は、インド密教において見られ、日本でも真言立川流などで重視された考え方である。一見、金剛杵を変形させたようなものを描いた護符があるが（H79288、H79592）（図9）、実際は男性器を両端に持ったデザインであろう。両端の宝珠形のデザインは、女性器を意識しているかもしれない。

　この他、火焔宝珠と卍を並べた護符も、子宝祈願のためのものである（H79139）。また、火焔が取り囲む円と三日月を組み合わせた護符も同じような機能があったらしい（H79307, H79417）。これらの護符をいくつも並べた作例もある（H79290）。金剛杵、2匹の魚、円と三日月、そして両端が金剛杵や宝珠の形をした棒状のものなどで、7点が並べられている。子宝や安産を祈願するものにとって、このような複数の護符をひとつにすることで、さらに威力の増進が期待されたのであろう。7つの中には、男性器をはっきりかたどったものも含まれる。

　変わったものとしては、一組の裸体の男女を、頭が接するように上下に並べ、その二つの頭を金剛杵でつないだ護符がある（H79929）[14]。女性は性器が明確にわかるように描かれているのに対し、男性は性器の部分に直立した金剛杵が置かれ、さらに両手と両足の先と両耳が金剛杵になっている。頭をつなぐ金剛杵のところで二つ折りにして、男女が重なるように用いられたのであろう。

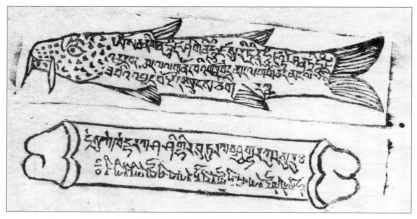

図8　子宝・安産の護符（H79178）

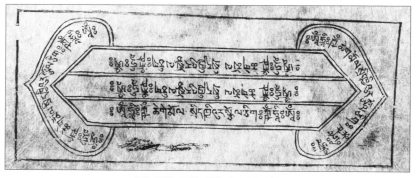

図9　子宝・安産の護符（H79288）

4.5　サソリ

　サソリの護符は15点であるが、同一のものもあるので種類は7つ程度である。これらは、サソリの体の節に沿って横書きに呪句が記されるものと（図10）、サソリの体全体にマントラ輪を載せているもの（図11）のふたつに大別できる。いずれも、病気退散のためと言われ、家の入口の上部に貼り付けたり、護符を貼った板を入口につるして用いるのが一般的とされる。そのような護符は「門の護符」（sgo bsrung）と呼ばれる。

チベットの護符・仏画、その特徴と内容　45

　サソリの胴体に呪句が横書きにされる護符は、呪句の内容はほぼ共通しているが、左肩の上に男女の顔を、右側の上に２匹の動物（龍とウサギ？）を載せるタイプ（H79377 等）と、何も載せないタイプの２種にさらに分かれる。前者は、呪句の中に「王（rgyal po）と鬼女（dri mo）、ツェン（btsan）、大地の龍（sa bdag klu）、ニェン（gnyan）によるすべての害からお守りください。ラクシャ（rakṣa）」という文言があることから、ここであげられている害をもたらすものたちを描いたと考えられる。

　このうち、はじめにあげられている王と鬼女は、「王と鬼女を封ずる護符」にも描かれた手足を鎖でつながれた男女に相当し、顔の特徴もそれに一致している。右側の２匹の動物が、残りの３つのいずれに相当するかは不明である。ただし、大地の龍は、家の敷地の下に横たわっている龍のことで、誤ってこの龍の体を損ねると、災厄がもたらされることで知られている（森 2011a: 226-276）。２匹のうちの龍のような姿をしている方が、これに相当するのかもしれない。なお、ツェンとニェンは悪霊の名前のようである。ニェンの名は猪の護符の呪句にも登場する。

　その他、特徴的な呪句としては、サソリの腕と尻尾の付け根に、jaḥ hūm vaṃ hoḥ の四明のマントラがある。これも「魔を封じる護符」などに共通する。また、両腕とその他の６本の足の横には 'dre dkrol と同じことばが記されている。「悪魔を打て」というような意味であろう。

　体の上にマントラ輪を載せるサソリの護符は、マントラの中に金剛手やパドマサンバヴァのマントラが含まれることから、仏教徒による護符とも考えられるが、サソリというモチーフを優先させ、マントラ輪ではなく、ここに分類した。機能は同じであろうが、宗派などによって異なる形態を持つのであろう。

　サソリが毒を持った生物であることはよく知られていたであろうし、その毒を注入する尻尾や、ハサミを持った両腕、節足動物特有の体の節など、異形の生物として人々に怖れられる存在であったと考えられるが、ここで

は害をもたらすものを、威力を発揮する善き存在として護符に描いている。眼を一つしか描かないのは、これらの護符にほぼ共通して見られる特徴であるが、両腕のハサミの部分や、尻尾にも眼が描かれ、相手を捕らえて攻撃する能力に長けていることが強調されている[15]。

図10 サソリの護符（H79127）

チベットの護符・仏画、その特徴と内容 | 47

図11 サソリの護符 (H79465)

4.6　ガルダ

　ガルダはインドに起源を持つ想像上の動物で、翼とくちばしを持つ鳥の一種と考えられている。中国や日本では音写して迦楼羅となったり、意訳して金翅鳥の名で知られている。ヒンドゥー教の至高神ヴィシュヌの乗り物としても有名である。東南アジアやネパール、チベットなど、仏教やヒンドゥー教の伝播した地域では、ガルダに対する信仰も広く見られ、とくに蛇を補食すると信じられていたため、仏教においては蛇が煩悩を象徴するとし、煩悩を滅ぼす動物として人気を集めた。

　ガルダの護符はほとんどがその胴体に呪句が記されている。呪句がマントラ輪の形で表され、これを体の上に載せた護符も何種類かある（図12）。呪句の内容は判別しづらいものが多いが、頭部が3つで六臂をそなえた複雑な姿をしたガルダの場合、呪句の一部にヤマーンタカをはじめとする十忿怒尊へのマントラや、仏教の基本的な教理を偈頌にまとめた法身舎利偈が現れ、仏教徒によるものであることがわかる。また、中心に大きなガルダを置き、その左右に脇侍のような小ぶりのガルダを1羽ずつ描いた護符の場合（H80473）、パドマサンバヴァのマントラが含まれることから、ニンマ派の護符であると考えられる。

　ガルダの護符は、実際には伝染病などの疫病除けの効能があったらしい。とくに、ハンセン氏病除けの護符として、広く流布していた。これは、ハンセン氏病を含め、伝染病がナーガ（龍）によってもたらされる信じられていたためである。ガルダの捕らえる蛇は、ナーガと考えられたのである。護符の多くはこのナーガもしくは蛇を口にくわえ、さらに両足で別のナーガを捉えた姿で表される。正面性が強く、両翼を左右に広げ、くちばしにくわえられたナーガもバランスよく左右に体を伸ばしている。

　ガルダの護符には、タマンと呼ばれる民族が作ったと考えられる作例が少なくとも3点確認できる（H79315, H80361, H80362）。文字のバランスが整っていないことや、綴り字に誤りが多いことからもそれがわかる。また、

図12 ガルダの護符 (H79124)

呪句の内容から仏教ではなくポン教によるガルダの護符もある（H79665）。いずれも基本的な特徴は共通し、ハンセン氏病などの伝染病に対するガルダの護符の効能は、チベットにおいて広く信奉されていたことが推測される。

なお、ガルダは後述の四獣のひとつにも数えられるが、そこでは飛来する姿で表されることが多く、ガルダを中心とした護符とは別系統と考えられる。

4.7　猪

　猪の護符（図13）は9点、種類は8種である。このうち1例（H79747）を除き、すべてマントラ輪を胴体の部分に載せている。また猪は横向きに描かれるのがほとんどであるが、1例のみ、後ろ足で直立して、前足は人間のように両側に広げている（H80435）。

　猪の護符は伝染病除けと言われる。ニェン（gnyan）という悪霊によって引き起こされるさまざまな伝染病を退散させるはたらきがあるという。典拠にニンマ派の複数の埋蔵経典があることが、本書所収の津曲論文で明らかにされているが、マントラ輪を載せた姿が基本であることからも、猪の護符が比較的新しいもので、ニンマ派の中で形成されたことをうかがわせる。なお、ニェンについては、サソリの護符においても、呪句の中で列挙される悪霊のひとつとして登場した。

　マントラ輪の内容は護符ごとでさまざまであるが、いずれも四輻輪を中心に持った形式を取る。マントラ輪の護符のところでも述べるが、基本的に輪は除災や魔除けの機能を持つ。これは輪に相当するチャクラが、インドでは武器であったことに由来する。チャクラはヴィシュヌの持物のひとつにあげられることでもよく知られているが、その場合、輪ではなく円盤と訳されることも多い。高速で回転し、敵の体を寸断して、ふたたび持ち主のところに戻ってくる魔法の武器がチャクラなのである。

　19世紀末に中央アジアの西夏の遺跡を探検し、多くの発掘品をロシアにもたらしたコズロフ大佐の収集品の中にも、猪の護符が含まれている（京都国立博物館編 2009: 171, 図122 右）。ただし、西夏時代の遺物とは考えにくく、探検の行程において、当時のチベット人から入手したものであろう。興味深いことに、この猪の護符でも、猪は横向きではなく後ろ足で直立するポーズをとっている。ただし、民博コレクションの作例とは異なる種類で、後者が八輻輪という、猪の護符としてはめずらしい形の輪をマントラ輪の中に持っていたのに対し、コズロフ大佐収集品は、多くの護符と同様

図13 猪の護符（H79440）

に四輻輪である。

4.8 猿

　猿の護符（図14）は8点あるが、同一の版木によるものも何組かあり、3種類程度の形式にまとめることができる。いずれも中腰で立つ猿を大きく描き、その体や周囲に呪句を連ねている。マントラ輪を載せるタイプの護符はなく、仏教的な性格はほとんど認められないようである。1例を除き、他はすべて片手に孔雀の羽、もう片方の手に花の茎を握る。オスの性器を直立させて描かれているものもある。

　猿の護符は特別な効力を有していたらしい。悪口によってもたらされる悪い影響を消し去るはたらきがあるという。しかし、なぜ猿の姿を描いた護符に、このような機能があるのかは不明である。

　なお、猿の護符にはタマン族によると思われるものが1種類含まれているが（H79756, H80368）、そこに記されている文字は相当くずれ、判読でき

52 | 総説

図14 猿の護符 (H79755)

ない箇所が多い。また、顔の部分も、種子マントラと思われる文字と目鼻が渾然としているため、どのような表情をしているのかよくわからない。

4.9　狼

狼の護符（図15）も狼の体やそのまわりに呪句を記したものが大半で、マントラ輪とは組み合わされていない。ただし、狼と仏塔をともに描いたものが複数あることは注意を要する（H79176, H79294, H79373, H79748）。護符の目的は人や家畜を狼から守るためで、人間の場合は身に付け、家畜の場合は耳に釘などで留めたようである。破傷風除けのためにも用いられるという情報もあり、狼に咬まれたことによる感染に効果があると考えられたのであろう。

護符の中の狼は左の方を向いた姿勢で描かれているが、しばしばその口は縛られ、四肢も鎖やロープなどで固定されている。口の前、あるいは開いた口にくわえられるように羯磨杵が描かれるものも多い。おそらくかみつくことを羯磨杵で封じたのであろう。

仏塔が狼の描かれる作品がいくつかあるのは、仏塔を建立することで、その土地に住む悪魔が封じ込められるという信仰があったためで、狼がその対象になっているのであろう。狼のまわりを呪句と4基の仏塔で取り囲んだ護符もあるが（H79748）、それもこのような信仰にもとづくと考えられる。また、仏塔と狼を並べて描いた護符は、二つに折って狼の上に仏塔を重ね、具体的に狼を仏塔で固定した状態で保持されたらしい。

4.10　ラーフ

9つの頭を持ち、下半身が蛇あるいはナーガであることからラーフと考えられる護符が3点ある。ただし、ラーフの特徴である太陽と月を持つものはそのうち2点で（H79157, H80359）、もう1点は四臂をそなえているがこれらは現れない（H79743）。いずれも体の上にマントラ輪を載せるが、

図15 狼の護符 (H79177)

内容や形式は両者で異なる上に、文字がくずれて多くは判読できない。四臂のラーフを描いた護符は、マントラ輪の中心は十輻輪で、さらにその上部に忿怒尊も小さく描かれる。おそらく、十輻輪に乗った忿怒尊が防御することを願った護符であろうが、詳細は不明である。

いずれもラーフの画像としてはかなり特殊で、たとえば田中（1990）に紹介される河口慧海コレクションの中の作品とは特徴が異なる。版画の線の特徴や文字や表現のくずれ方から、いずれもタマン族の護符と考えられ、オーソドックスな仏教の世界からは大きく姿を変えて信仰されていたことが推測される。

ダグラスもこのうちの2点を著書の中で紹介しているが、いずれもチャンダマハーローシャナすなわち不動の護符とする。その根拠は四臂の像の護符に不動の陀羅尼が記されていることであるようであるが、これはおそらく十輻輪の上部に描かれた忿怒尊がこの尊格にあたり、全体の9頭を持った尊格のことではない。

4.11 手形の護符

　その名称のとおり、手首から先の手の形をそのまま描き、その表面に呪句を書き連ねる（図16）。マントラ輪を載せた形式のものも2点あるが、2点のあいだで内容は同じである。異なる呪句を書いた左右二つの手形を並べたものが一般的なようで、単独のものも、本来はふたつでひと組のセットの片方であるかもしれない。

　手形の護符は2人の人物のあいだで、社会的な契約を結ぶときに、その証拠となる、あるいは破られることのないよう祈願するために用いられた。ふたつの手形を揃えるのも、それを端的に表したもので、護符を二つ折りにすることで、ふたつの手形が重なるように保持されたようである。

4.12 身代わりの札

　「身代わりの札」（図17）は災いを人間に代わって引き受け、災いをもたらす魔をそこにとどめるために用いられる。これまで取り上げてきたような護符とはカテゴリーが異なるようで、中国人研究者は「降善」と呼んでいる。

　縦長の短冊形の枠をいくつも並べ、そこに男性と女性の姿を描くことが基本的な特徴である。男性と女性はひとりずつのパターンの他に、男性が2人と女性が1人（H79181）、逆に男性が1人と女性が2人の組み合わせもある（H79245）。男女とも正装し、とくに男性は共通して帽子をかぶっている。帽子の形式はさまざまであるが、その中に、半球形の帽子で広いつばと頂上に突起のついた形式のものがある。すでに述べたように、王と鬼女の護符で、王がかぶっていた帽子と同じである。

　これらの男女は、男性が矢、女性が紡錘と糸を持つことが多い。矢は狩猟、紡錘は糸紡ぎという、男女それぞれの代表的な生業を表していることは容易に想像がつくが、なぜここでそれらが描かれているのかは不明である。第2の男性、あるいは女性が描かれる場合、これらの持物は登場しない。

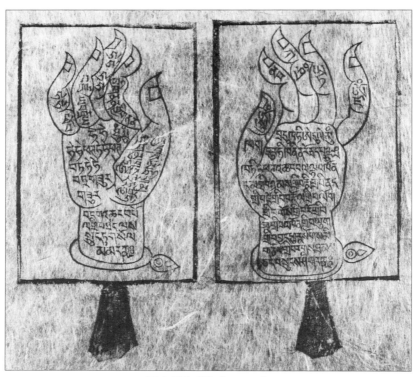

図16 手形の護符（H79174）

図17 身代わりの札（H79181）

短冊形の上部には三角のスペースが作られ、男性の場合はここに金剛杵の半分、女性は花（おそらく蓮華）が描かれる。これらに代わって宝珠が描かれることもある（H79181）。

身代わりの札の目的は、その家の住人の代わりに災厄を引き受けることであるため、ここに描かれているのは、その家の主人と妻、そして子どもや親族に相当するのであろう。また、いずれも正装しているのは、魔がとりつくときに、相手を間違えないようにという策略であろう（実際は身代わりを本物と思って間違えるのであるが）。

これらの人物と並んだ別の短冊形に、家を含む景観がしばしば見られる。いずれの家も立派な邸宅であるが、これも現実の家の様子を描いたのではなく、理想的な家屋を描き、そこに魔をおびき寄せるためと考えられる。

身代わりの札を具体的に用いた儀礼は、ドルマユンドゥと呼ばれる。これらの札はいずれも幾重にも十字に糸を張った儀礼用の道具とともに箱に入れられて、家の近くに放置される。箱の中にはヤギの頭を入れることもあるらしい。十字に糸を張った道具は、ここに悪魔が捕らえられ、身動きができないようになると信じられている。この箱はそのまま放置されるが、古くなったら新しいものと交換する。その場合、中身と一緒に焼却されるが、それは十字路や崖の近くで行われた。いずれも異界との接点となる重要な場所なのであろう[16]。

5．仏教の祈願文

5.1　タルチョとルンタ

仏教の祈願文を中心とする護符は、一般に「タルチョ」（dar lcog）の名で知られている。また、その中で、馬を中心に描いたものは「ルンタ」（rlung rta; 風の馬）という名称で呼ばれる。タルチョとルンタはしばしば同義のように用いられるが、タルチョの方が広い意味で、ルンタはその中のひと

つの形式となる。ただ、ルンタはタルチョの中で最も好まれた形式のようで、民博のコレクションの中でも、ルンタの数がタルチョの中で最も多い。これはチベットにおける実際の人気の度合いを示すものであろう。

　なお、タルチョやルンタを護符と呼ぶのは、厳密には誤りであろう。タルチョはチベットのいたるところで見ることができる。多くのタルチョをつないで掲げられるのが一般的で、屋外にある場合、風にたなびくたびにそこに記されたマントラや呪句がくりかえし唱えられたことになり、それによって功徳が行きわたると信じられた。その点でタルチョはお守りではないが、呪術的な役割を持った印刷物という意味では、護符に通じる性格を有している。

　タルチョの代表であるルンタについて、具体的な内容や種類をはじめに述べよう。その後で、それ以外のタルチョを順に取り上げる。

　ルンタは縦長の形が主であるが、一部に横長、あるいは正方形のものもある。中央に主役である「風の馬」を描くが、その上には燃えさかる如意宝珠を載せている。空を駆ける姿で、背景に空や雲を描くこともある。ただし、ペガサスのように翼を付けているわけではない。

　ルンタを含めタルチョの一般的な特徴として、四隅に4つのマントラ、あるいはそれが示す4種の動物の絵が描かれる。4つのマントラとはstag（虎）、senge/seng ge（獅子）、khyung（ガルダ）、'brug（龍／ナーガ）で、絵の場合は、カッコ内の動物が描かれる。数の上では文字で表す方が圧倒的に多い。

　これらの4種の動物は、ひとまとまりのセットとしてつねに同一で、ルンタやタルチョの威力を高めるための動物たちと考えられている。これらの動物をひとつにまとめた起源は不明であるが、最強の動物たちと見なされていたことは容易に想像がつく。これらの4種の動物は「四聖獣」と表記されることもあるが、このようなニュアンスの決まった述語がチベット語にあるわけではないので、ここでは以下「四獣」と呼ぶことにする。ま

た、中央の馬とあわせて「ルンタ五類」（rlung rta sde lnga）と言うことも
あるが、馬を中央に置かないルンタにも、タルチョ一般に四獣は描かれる。

　四獣のマントラや図像が描かれる位置は固定されているわけではない
が、マントラの場合、左上に stag、右上に seng、左下に khyung、右下
に 'brug が記されていることが最も多い。いくつか別のパターンもあるが、
その場合も、stag と seng、khyung と 'brug の組み合わせはほぼ維持され、
セットで上下が逆になるだけである。

　これに対して、絵の場合は、上にガルダと龍、下に獅子と虎が描かれる
方が多い。おそらく絵画で表した場合、空を背景とするガルダを上に、地
面の上に置かれる獅子と虎を下に置いた方が、自然に見えたのであろう。
水流を背景とする龍も上に位置することに違和感はない。

　こうして、中心と四隅に共通するデザインが置かれ、残りの部分に陀羅
尼や呪句が横書きで記される。短いもので10行程度、長いものは何十行
にもわたる。その内容は多様であるが、いくつかのグループに分けられる。

　比較的短い行数のものは、中央の馬の描き方や文字の形がシンプルで
あったり、稚拙なものが多い（図18）。呪句の内容は、パドマサンバヴァ
のマントラではじまるものと、三部主尊のマントラではじまるものが多く
を占める。パドマサンバヴァのマントラは「オーム、金剛のグルよ、蓮
華の成就を有するものよ、フーム」（oṃ vajraguru padmasiddhi hūṃ）であ
る。もう一方の三部主尊とは文殊、観音、金剛手の三尊の菩薩のことで、
順に仏部、蓮華部、金剛部という3つの仏のグループ、すなわち三部を
代表する。マントラは文殊が「オーム、ことばに自在なるものよ、ムム」
（oṃ vāgīśvari muṃ）、観音が「オーム、蓮華の中の摩尼よ、フーム」（oṃ
mani padme hūṃ）、金剛手が「オーム、金剛手よ、フーム」（oṃ vajrapāṇe
hūṃ）である。いずれもチベットでよく知られたマントラで、とくに観音
のマントラは「六字のマントラ」（六字真言）とも呼ばれ、チベット人によっ
て日々の生活の中で、くりかえし唱えられる。

これらのルンタが比較的シンプルで素朴な雰囲気を持っているのは、ルンタの本来の形をよく保っているからと考えられるが、それに加えて、単純な形態であるがゆえに、チベット全土に広がり、その過程で次第に稚拙なものに変わっていったことも推測される。実際、独特の太い輪郭線で馬が描かれ、チベット語の綴りや形がくずれているような作品も多い。

　長文の呪句を持つルンタには、釈迦のマントラではじまるものと、無量寿仏のマントラではじまるものに、独自の形式が見られる。前者には、ルンタの四隅の四獣がすべて絵画で表現され、さらにヤクやヤギと思われる動物も加えられ、中央の馬の上部に八吉祥を描いたものがある（H79955）。八吉祥はルンタを含むタルチョにしばしば登場するが、周囲に余白を作ってそこに描く場合と、このように中央にまとめたもののふたつの形式を取ることが多い。

　この他、さまざまな尊格へのマントラや陀羅尼を寄せ集めたようなルンタも何例かある。その中には、パドマサンバヴァのマントラをはじめとするこれまであげてきたマントラをほとんど含む上に、さらにいくつものマントラをそれらに組み合わせて、長文の呪句ができあがっている。ここにも八吉祥を周囲に置くものと（H79401, H79759）、中央にまとめるもの（H79956）の2種がある。この他、ルンタに描かれた馬に対する讃歎の偈頌を連ねたルンタも、民博のコレクションに2種ある（H79267, H79760等）。

　ルンタの馬と四獣を大きく描き、その近くにそれぞれの動物への讃歎の文章を置いた独特の形式もある（H79474等）。民博のコレクションにはこのような作例が4点あるが、すべて同一の形式で、ひろく流布したルンタなのであろう。ルンタにしてはめずらしく横長で、五種の動物の配置は通常のルンタと同じであるが、いずれの動物も主役のように大きく表されている。

　さらにこのルンタには、不思議な生物、あるいは異形の生物が3種類、下の方に描かれている。いずれも2種の生物を合体させた「キメラ」のよ

チベットの護符・仏画、その特徴と内容 | 61

うな生物で、魚とカワウソ、獅子とガルダ、そしてマカラとほら貝が組み合わされている。これら3種の生物はチベット絵画の独自のモチーフで、それぞれ単独でも描かれることもある（Dagyab 1995: 110-112; Beer 1999:

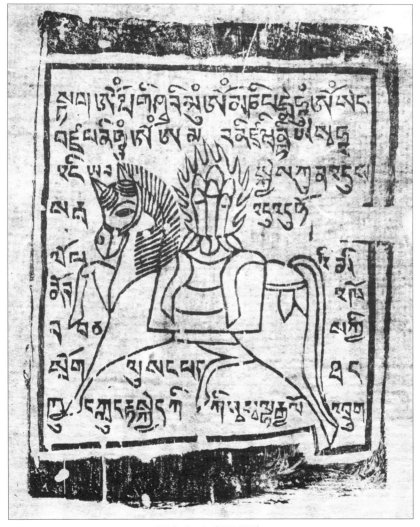

図18 ルンタ（H79226）

73-75）。仏教的な意味としては、対立するものの宥和を表すとされる。

5.2 幢頂荘厳陀羅尼

　比較的長文のひとまとまりの陀羅尼を持つルンタがある（図19）。民博のコレクションでは14点9種を数える。これは、ルンタの形式の中では多い部類である。ここに記されている陀羅尼は「幢頂荘厳陀羅尼」（dhvajāgrakeyūradhāraṇī）と呼ばれ、戦争の時にかかげられる幢幡の先端に付けられた装飾が、戦いに勝利を収める功徳があることを内容とする。戦争における勝利を願って唱えられるのはもちろんであるが、日々の生活の中での除障や魔除けの効果があると信じられていた。ルンタに記されているのもそのためで、戦争にのみ結びつくわけではない。

　幢頂荘厳陀羅尼が記されたルンタは周囲に八吉祥のシンボルをともなうものも多い。中心の馬の上や下に八吉祥を並べて描き、さらに、次に紹介するナムチュワンデンも描いたものもある（H80384）。八吉祥と対になるように、8種の供物を並べた作例もある（H80206）。ルンタの上部に横長の枠を加え、そこに三部主尊の文殊、観音、金剛手を描いたものもある（H80446）。この作品には、下端にもスペースを作り、魚とカワウソの合体した動物などの3種の生物も描いている。このように、幢頂荘厳陀羅尼を記したルンタは、ルンタの中でもとくに複雑な構成を持つものが多い。陀羅尼そのものも長文であるため、規模の大きな作品となる。ルンタの中で最も発達した姿のひとつを示す。

　幢頂荘厳陀羅尼を記したタルチョは、ルンタだけではない。後述する傘蓋を中心としたタルチョ（H80028, H80032）や、如意宝珠を中心としたタルチョ（H79228, H79254）もある。前者は八吉祥を周囲に描き、後者は上部にナムチュワンデンを、下部に供物を描き、いずれも多くの要素を含むタルチョである。さらに、中心部分に馬やこれらのシンボルを描かず、陀羅尼の文章のみを記したタルチョもある（H79269）。ただし、その場合も、

図19　幢頂荘厳陀羅尼のルンタ（H80446）

上部にナムチュワンデンと傘蓋、下部に供物をともなう。また、中央に忿
怒尊（尊名は未詳）を描き、上部に八吉祥、下部に八供物を横長に並べた
作例もある（H79806）。いずれも複雑な構成を取る。

　民博のコレクションに含まれるこれらの作品から判断するかぎり、ルン
タのひとつとして幢頂荘厳陀羅尼が登場し、いくつかの形式を生み出し、
その延長線上に、ルンタの馬を描かず、傘蓋や如意宝珠、あるいは八吉祥、
八供物、ナムチュワンデンなどの要素を組み合わせた形式が派生していっ
たと考えられる。ルンタの一形式として幢頂荘厳陀羅尼のジャンルを立て、
それ以外の形式のタルチョについても、それぞれの中に幢頂荘厳陀羅尼の
グループを立てたのはそのためである。あくまでも各形式のヴァリエー
ションとしてこの陀羅尼が選ばれたのであり、幢頂荘厳陀羅尼のルンタと
いう独立したカテゴリーがはじめからあったわけではないと考えられる。

　幢頂荘厳陀羅尼は、ルンタやタルチョになる前から、すでにチベッ
トでは流布していたようで、チベット大蔵経の中にも陀羅尼経典のひ
とつとしてカンギュル部に含まれている（チベット大蔵経北京版、306
番、548番）[17]。タイトルはチベット語では 'Phags pa rgyal mtshan gyi
tse mo'i dpung rgyan ces bya ba'i gzungs、サンスクリット語の原題は
Āryadhvajāgrakeyūra nāma dhāraṇī である。すでにプトゥンが編纂した
大蔵経目録のリストにも見いだされる（Nishioka 1981: 62）。ルンタやタル
チョの文章は、現在の大蔵経のものとほぼ一致する。

　同経はもともとサンスクリット語で成立し、その原典が写本の形で、お
もにカトマンドゥに多く残されている（塚本他編 1981: 106-107）。ネパール
の仏教でも人気が高い陀羅尼であったのであろう。何種類もの陀羅尼を集
成した『陀羅尼集』（Dhāraṇīsaṃgraha）にも含まれる。『無能勝幡王如来
荘厳陀羅尼経』のタイトルで漢訳もあるが（大正蔵、19巻、943番）、中国
や日本の密教にはほとんど影響をあたえなかったようである。梵蔵漢の各
テキストの内容はほぼ同一である。

その内容とは、釈迦が忉利天の帝釈宮にある善法堂にいたとき、アスラの軍勢に敗北を喫した帝釈天が、釈迦に助けを求めてやってきて、これに釈迦が幢頂荘厳陀羅尼を授け、帝釈天と諸天が歓喜したというものである。短い陀羅尼経典で、その大半は陀羅尼そのものが占める。釈迦自らもこの陀羅尼を、かつて菩薩として修行していたときにお仕えした無能勝幢王如来（Aparājitadhvajatathāgata）から授けられたという由来も語られる。漢訳の経典名は、この如来の名を用いている。陀羅尼の名称はdhvajāgrakeyūra で、dhvaja は幢幡、agra は先端で、keyūra は一般には腕釧を指すが、幢幡の先端に付けられた飾りのようなものにあたるのであろう。

　戦争の幢幡の先端に対する信仰は、この陀羅尼経典の発案ではない。パーリ語の阿含経典のひとつ『サンユッタ・ニカーヤ』（Saṃyuttanikāya）の第1集第11編「帝釈天（サッカ）に関する集成」の第3節「旗の先」（Pāli, dhajaggam）にすでに見られる[18]。そこでは、釈迦が修行者たちに、昔、神がみとアスラのあいだに戦いがあったとき、帝釈天が自らの旗の先を示し、それによっていかなる恐怖も克服できることを述べ、さらに同じ効果はプラジャーパティ（パーリ語ではパジャーパティ Pajjāpati）、ヴァルナ、イーシャーナ（パーリ語ではイーサーナ Īsāna）のそれぞれの旗にもあてはまることを述べた後、それらの効果は完全ではなく、それよりも仏法僧の三宝を憶念することの方がすぐれていると強調する。

　神がみとアスラのあいだに戦いがあり、神がみが勝利を収めることは、古代インドのブラーフマナ文献以来の常套的な内容であるが、ここではそれよりも仏法僧の三宝の方が威力が絶大であることを説いているのである。

　これに対し、幢頂荘厳陀羅尼を説く経典では、神がみがアスラに破れ、それを鼓舞するために、幢頂荘厳陀羅尼が示される。パーリ仏典では、仏教が下位に置いた幢幡の先端が、ここではふたたびよみがえっていること

になっている。ただし、陀羅尼の文章の中には「打ち砕け、敵の軍隊を、怖じ気づけよ、怖じ気づけよ、惑わせ、惑わせ、仏陀の真理によって、法の真理によって、僧伽の真理によって、真理を語る者たちの真理によって」というように、ニカーヤ文献の内容を意識したような呪句も登場する。

　また、陀羅尼経典が成立した中世のインドでは、ヴェーダ以来の神がみとアスラの戦いの枠組みがくずれた時代でもあった。帝釈天に率いられた神がみはすでにその力を失っており、いったんはアスラに敗北する。それを救うために、シヴァとパールヴァティーから生まれたスカンダや、女神マヒシャースラマルディニーなどが活躍し、あらたにアスラたちとの戦いに勝利する。陀羅尼経典は神がみとアスラのこの新しい力関係を前提にして、そこに仏教の陀羅尼を登場させたとも読み取れる。幢頂荘厳陀羅尼のチベットやネパールでの流行は、そのまま中世のインド世界の広がりととらえることができる。

5.3　ナムチュワンデン

　チベットで広く見られる吉祥なシンボル「ナムチュワンデン」（Tib. rnam bcu dbang ldan, 十相自在）は、本来は『カーラチャクラ・タントラ』およびその註釈書『ヴィマラプラバー』にもとづくシンボルである。ナムチュワンデンについては、田中（1994: 54-56）が詳しいが、それによると、これらの文献に説かれる独自のコスモロジーや瞑想法と密接に関わる。ただし、一般のチベットの人びとにとって、これらの知識はほとんど知られることはなく、単なるありがたいシンボルとしてとらえられている。

　ナムチュワンデンを中心に描いたタルチョは、民博のコレクションの中では、ルンタについで多い。そのヴァリエーションは、ルンタのそれと類似している。ただし、ルンタと異なり、ナムチュワンデンはそれ自体が単独で表されることもある（H79778 等）。また、一種類もしくは数種のマントラがその周囲に書き添えられた形式のものもある（H79212 等）。そこに

チベットの護符・仏画、その特徴と内容 | 67

登場するマントラは、観音の六字のマントラなどである。この場合は、タルチョではなく護符とみなすべきかもしれない。

　これらを除くと、その形式はルンタにほぼ準ずる。四隅に四獣のマントラや図像が置かれることも共通する。マントラの種類には、パドマサンバヴァ、三部主尊、観音、釈迦牟尼などが現れ、それらにしたがって、ある程度は分類することもできる。三密真言、すなわち、身密、口密、意密に対応する「オーム、アーハ、フーム」をはじめに置くものもある（H79213 等）。これらを含む多くの陀羅尼を羅列したものや、幢頂荘厳陀羅尼のタルチョもそれぞれ数種類ある（H79253 等）。

　観音の六字のマントラを周囲にいくつも並べたものの中に、独特の形式のものがふたつある。ひとつは、マントラを大きな文字で 3 回くりかえし、さらに三密真言と四獣のマントラもこれと同じか、それ以上の大きさで記す（H79775, H80207）（図 20）。チベットの文字の持つデザイン性を強く意識させる。これらの文字を背景に、忿怒尊、ナムチュワンデン、そして仏塔を上から下へと縦に並べる。さらに、仏塔の基壇部には三部主尊などのマントラも 2 行にわたって記されている。これと同じ形式の作品が、河口慧海コレクションにも含まれている（田中 1990: 258）。

　もうひとつも、これと類似する形式を持つ（H79776 等）。すなわち、中央に金剛手、ナムチュワンデン、仏塔を縦一列に並べ、その周囲に六字のマントラを繰り返す。ただし、文字の大きさは通常のタルチョと変わらず、繰り返す回数も 3 回ではなく、何十回も続く。これらのまわりには、八吉祥と供物が描かれ、四隅には四獣の絵画によって表されている。絵で四獣を表す例としてはめずらしく、上に虎と獅子、下にガルダと龍が配される。

5.4　それ以外のタルチョ

　ルンタの馬やナムチュワンデンに変えて、中央に如意宝珠や傘蓋を置き、その周囲にマントラや陀羅尼を記したタルチョにまとまった作例がある。

68　総説

図20　ナムチュワンデンのタルチョ（H80207）

チベットの護符・仏画、その特徴と内容 | 69

いずれも周囲に書かれたマントラや陀羅尼にいくつかのヴァリエーション
があり、その中に幢頂荘厳陀羅尼も登場することは、すでに述べたとおり
である。その他、特徴的な陀羅尼としては、傘蓋を描いたタルチョに、傘
蓋の功徳に対する讃嘆文が登場するものや（H79786 等）、如意宝珠のタル
チョに、家畜への伝染病を取り除く内容の祈願文が現れる（H80432）。後
者については、内容からタルチョと言うよりも護符の性格が強いが、形式
はタルチョで、四隅に四獣のマントラもある。

　中心となるような図像が表されず、また、幢頂荘厳陀羅尼のようなまと
まった陀羅尼でもなく、さまざまな陀羅尼を羅列しただけの作例が、民博
コレクションには 20 例あまりある。このうちのいくつかは、同一あるい
は類似の版木から摺られたと考えられるため、種類はそれよりも少ない。
これらに含まれる陀羅尼やマントラやさまざまであるが、三部主尊とパド
マサンバヴァのマントラは頻繁に現れる。これに加えて、ターラー、無量
寿、釈迦牟尼などのマントラが確認できる。マントラの種類は多いもので
12 種、それ以外には 7、5、4、3 種のものがそれぞれ数点ある [19]。特
定の尊格のマントラではなく、長文の陀羅尼が 1、2 種のみ記されるタル
チョもある（H79790, H79791）。いずれも縦長の規格で、四隅に四獣のマン
トラがあることから、タルチョとして作られたことがわかる。

　これに対し、同じように特定の尊格のマントラや長文の陀羅尼を、横長
に書いた作例もある。これらの中に四隅に四獣のマントラを置くものはほ
とんどなく、これらはタルチョというよりも祈願文や経典形式の護符と呼
ぶべきかもしれない。そこに記されるマントラなどには、観音の六字のマ
ントラが最も多く、いずれも何回も繰り返されている。筒状に丸めて、マ
ニコルなどの中に収められたものもあるであろう。この他、三部主尊のマ
ントラを含むものも多い。このうちのひとつ（H79810）には、四隅に四獣
のマントラがあり、横長の形式でありながら、タルチョとして摺られたと
考えられる。

いずれにも分類できない特殊な形態のものとして、巡礼者のための護符と言われるものがある（図21）。タルチョと同じように陀羅尼が記されているが、全体は田の字型の4つの区画に分かれ、そのすべてに忿怒尊に対する同一の陀羅尼が現れる。中心には羯磨杵の全体の形が、四辺の中央には羯磨杵の半分がデザインされている。4つの区画の陀羅尼は、上下で天地が逆になっているので、おそらく4つに折って陀羅尼の部分が重なるように保持されたのであろう。護符の一種とも考えられるが、形式的にはタルチョに近い。

このほか、パドマサンバヴァへの祈願文を繰り返すものが数例ある。このうちの3つは横長で、ひとつは縦長である。後者は中央にパドマサンバヴァの姿を描き、四隅に四獣のマントラを置く。観音の六字のマントラと同じように、パドマサンバヴァのマントラも繰り返して唱えることが重要であったのであろう。

作例数が少ないため、グループ化することが困難なタルチョもしくは祈願文として、特定の尊格への祈願文（金剛薩埵の百字真言、ジャンバラ、ヤマーンタカ、ターラー、クルクッラーなど）、あるいは特殊な目的のもの（サムエ寺の護符、字母のマントラ、除災のマントラ、大随求のマントラ、病気治癒のマントラなど）が確認できる。

6．マントラ輪

6.1　病気平癒のマントラ輪

すでに民間信仰の護符のところでも紹介してきたが、全体が円で、内部に同心円状にマントラが配される形式の護符を「マントラ輪」と呼ぶことにしよう。内部の構造はさまざまで、その中に記されるマントラも多岐にわたる。ここではその構造と内部の文字列の内容にしたがって分類を試みた。

はじめのカテゴリーは、病気治癒を目的としたマントラ輪（図22）で、

チベットの護符・仏画、その特徴と内容 | 71

図21 巡礼のための護符（H79199）

　このタイプの護符については、本書所収の川﨑一洋の論文が詳しく解説している。中心部分に異なる文字を書き入れることで、109種類の目的に応じた護符となる。その中には、護符に広く見られる魔除けや特定の疾病への平癒などをはじめ、男子を産む安産祈願や、他人からの呪詛から身を守る呪詛返し、長寿や若返りを祈るものなどさまざまである。
　これらの詳しい情報は、ニンマ派の埋蔵経典に述べられていることが、川﨑論文で紹介されているが、ニンマ派のみならず、特定の宗派を問わない民間信仰のような形でチベット広く流布していたのであろう。民博コ

レクションには、重複するものを含め24点が含まれているが、これはマントラ輪の一つの形式としては最多である。これら24点の護符はすべてほぼ同じ形式であるが、四隅に描かれた三昧耶形（仏を象徴するシンボル）のひとつに、剣が描かれるものと、羯磨杵が描かれるものの2種類が確認できる。前者は18点、後者は6点で、剣の方が多数を占める。これらを含む四隅の三昧耶形は、四方の四仏のそれに一致し、剣と羯磨杵はいずれも不空成就如来に対応する。剣と羯磨杵の2種があるのは、典拠となる経典の違いで、剣は『秘密集会タントラ』、羯磨杵は『金剛頂経』（『真実摂経』）の系統にそれぞれ属する。

　マントラ輪を構成する同心円の中に、十輻輪、すなわち十の輻をそなえた輪が含まれる。全体では第四重に相当する。マントラ輪にはこのような複数の輻をそなえた車輪のモチーフが数多く現れる。四輻輪、八輻輪、十輻輪などである。輻を持った輪は単なる車輪ではなく、高速に回転することで他者を寄せ付けず、その内部を防御するはたらきを持つ。マントラ輪のような護符にしばしば描かれるのもそのためである。

　十輻輪の観想は『秘密集会タントラ』に説かれるものがよく知られいてる。十輻輪の十という数は、水平方向である東西南北と、そのあいだにある北東などの四方向、そして上下の二方向を加えた数で、平面的な輪ではなく、球形の構造をしている。その輻の先端には十尊の忿怒尊、すなわち十忿怒（daśakrodha）が位置し、内部空間を守っている。そのため、このような十輻輪は「守護輪」（rakṣācakra）とも呼ばれる。

　『秘密集会タントラ』が説くマンダラ観想法では、はじめにこの十忿怒尊を乗せた十輻輪を観想し、瞑想する行者を含む周囲の空間を結界する。類似の瞑想は、マンダラを地面に描く時にも行われ、そこでは実際に、各方角に対応する十忿怒尊を呼び寄せ、彼らが手にする橛によって、妨害者たちを封じ込めることを観想する（森 2011a: 299-302）。川崎論文では、マントラ輪の第六重に記されるマントラが、後期密教の経典や儀礼文献に含

チベットの護符・仏画、その特徴と内容 | 73

図22 病気治癒のマントラ輪 (H79138)

まれる十忿怒尊と関連することが指摘されているが、これもこのような結界の作法の流れを受け継ぐものである。

6.2 特殊な形態のマントラ輪

特殊な形態のマントラ輪として、中央に仏の姿を描いたものが3種ある。描かれている尊格はターラー、法身普賢、無量寿（図23）である。いずれもかなり複雑な構造を持ち、記されているマントラの種類も多い。これら

はマントラ輪ではなくマンダラに分類すべきかもしれないが、中心以外の
ところはいずれもマントラや陀羅尼で、特定の尊格の姿や、そのシンボル
などを描いていないことから、マンダラではなくマントラ輪とした。ただ
し、一般に両者の区別は明確ではなく、実際、マントラ輪はマンダラの形
態を模して、尊格の代わりにマントラなどの文字にして作られたと考えら
れる。ターラーと法身普賢は、それぞれ複数の作品が民博コレクションに
あるが、いずれも同一、もしくは同形式の版木による。無量寿のマントラ
輪は、5点の作例が含まれ、そのすべてが異なる版木による。形式上も少
なくともふたつのパターンがある。そのうちのひとつは、マントラ輪の周
囲の余白に八吉祥などのシンボルを並べている。無量寿のマントラ輪の役
割が長寿や安寧の祈願であることとあわせて、これらのシンボルも組み合
わされたのだろう。

　中央に穴があり、円の中に同じマントラが何十回とくりかえし同心円状
に配された特殊な形態のマントラ輪が19例ある（図24）。そこに書かれて
いるマントラはほとんどが観音の六字真言で、1例のみ金剛ヘールカのマ
ントラとなっている。外周に添って円形に切り抜かれたものが大半を占め
る。これらは、マニコルの内部に収められ、中心に空いた穴に軸を通して、
マニコルの円筒部と一緒に回転したのであろう。実際に用いられていたと
思われる作例も多く、中心から外側に向かって紙が破れているものもある。

6.3　輻を持つ輪のマントラ輪

　輻を持つ輪にいくつもの種類があることは、すでに述べたとおりである
が、マントラ輪にはこのタイプの作例が多く含まれ、さらに細かく分類す
ることができる。

　輻の数の最も少ないのは四輻輪であるが、四輻輪のみを描くものの他に、
四弁の蓮華と組み合わせたものや、四輻輪の外に十輻輪があるものなどが
ある。四輻輪の4つの輻のあいだにできたスペースや、外側の同心円にサ

ソリを描いた作例も7点確認できる（図25）。民間信仰の護符のところでも現れたサソリと同様、魔除けのはたらきが込められていたのであろう。

さらに、サソリではなく、髑髏と人間の頭あるいは金剛杵を連ねて、円環状に四輻輪の外に描いたものも17例を数える（図26）。このうちの2点は、ダグラスの著作にも含まれており、そこでは「清めのための輪」という説明がなされている。具体的な用途や使い方が示されていないため、詳

図23 無量寿のマントラ輪（H79172）

図24　同心円状にマントラを配したマントラ輪（H79571）

細は明らかではないが、作例も多く、ヴァリエーションも豊富であるため、かなりの人気のあった護符であったことがわかる。

　輻を持つ輪を描いたマントラ輪の中には、すでに述べた「中心に文字を書き入れる病気平癒の護符」と同じ十輻輪の作例がある。その中には、十忿怒尊に対応するマントラが記され、さらに十忿怒尊が手にする橛についてのマントラもある。橛は忿怒尊たちが魔を固定するために用いられる。このマントラ輪は、本来結界や護身のために用いられたのであろう。「文字を書き入れる護符」は、このような十輻輪のマントラ輪をもとにして、中心の文字を変えるという方法で、大量の護符を体系的に生み出したと考えられる。ただし、十輻輪のマントラ輪の中には、中心に如意宝珠を描いた財宝神ジャンバラの護符などもあり（図27）、複数の種類が確認できる。

チベットの護符・仏画、その特徴と内容 | 77

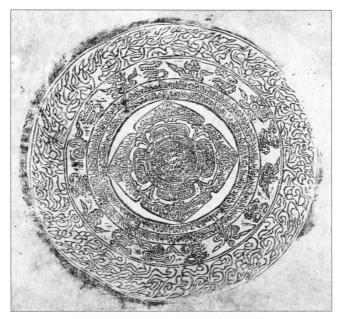

図25 サソリをともなうマントラ輪 (H79263)

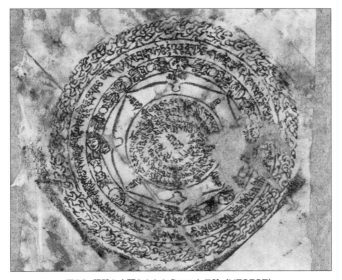

図26 髑髏と人頭をともなうマントラ輪 (H79587)

6.4 蓮華のマントラ輪

輪と並んで重要なマントラ輪のモチーフが蓮華である。「文字を書き入れる護符」のように、両者が含まれるマントラ輪もあるが、むしろこれは例外的で、蓮華がモチーフとなるマントラ輪は、蓮華のモチーフを幾重に

図27　ジャンバラのマントラ輪（H80237）

チベットの護符・仏画、その特徴と内容 | 79

も重層的に組み合わせることはあっても、蓮華のみで構成されるのが一般的である。これは、輪には防御や攻撃の意味があるのに対し、蓮華は吉祥や繁栄のような意味が込められているからであろう。十忿怒尊が乗っていたのも十輻輪であった。

　蓮華の花弁の数にもヴァリエーションがある。四弁と八弁が主なもので、複数の蓮弁が同心円的に描かれる時には、十六弁や三十二弁なども現れる。あくまでも4を基本にその倍の数を繰り返す整った数が好まれる。四弁の蓮華よりも八弁の蓮華の方が種類としては多く、その中には、チベットで人気を集めた大随求（マハープラティサラー）のマントラ輪もある（図28）。

　大随求は五護陀羅尼と呼ばれる5尊の女性の仏のひとりで、単独でも信仰を集めた。大随求のマントラ輪は、中心は八弁の蓮華であるが、一番外側の蓮弁は32を数え、そこに八吉祥のシンボルがくりかえし現れる。マントラ輪のさらに外の四隅には、山の表現があり、いずれにも suṃ の文字が記されていることから、須弥山（sumeru）を表していることがわかる。世界の中央にそびえる須弥山の四方の側壁が、宝石でできていることを意識しているようである。八吉祥とともに、マントラ輪全体が富や繁栄の象徴となって、人びとの願望成就に応えるマントラ輪であることがわかる。色の付いた布に印刷されたものもあることから、タルチョとしても制作されたのであろう。

　八弁の蓮華のマントラ輪には、ふたつでセットになったものが数種類あるが、これらはいずれもジャンバラとヴァスダラーのマントラ輪である（図29）。財宝をつかさどる夫婦の神として、これら2尊はインドやネパールでも広く信仰された。これらの護符はいずれも小型であるため、おそらくふたつに折りたたんで護符として持ち歩いたのであろう。財を得るためのまさにお守りのような役割を持つ。

80 | 総説

図28 大随求のマントラ輪 (H79713)

図29 ジャンバラとヴァスダラーのマントラ輪 (H79467)

6.5　その他のマントラ輪

　輪と蓮華以外のモチーフを持つマントラ輪にもさまざまな種類がある。羯磨杵を中心に描く、象や亀、獅子などの動物の上にマントラ輪を置く、八吉祥のそれぞれのシンボルの中にマントラ輪を置くなどの形式に、比較的多くの作例がある。

　このうち、亀の体にマントラ輪を置くタイプには、2匹の亀を並べたものや、マントラ輪の中に八卦の図を置く「陰陽天地符」と呼ばれるものがある。また、象のマントラ輪には、マントラ輪を載せた象を囲むように第2のマントラ輪を描き、さらにその周囲の四隅には、別のマントラ輪を4つ置いた、複雑な形式の護符もある（図30）。周囲の4つのマントラ輪のあいだには八吉祥も描く。四隅のマントラ輪は、タルチョの同じ場所に描かれた四獣に対応する。また、象のマントラ輪に記されているのは、クルクッラーという女尊のマントラである。クルクッラーは愛情をつかさどる女神で、敬愛法、すなわち男女の縁結びや子宝、安産に効験がある。池田他（2003）で、デルゲのパルカンで撮影された写真に写っていたのもこの護符であろう。

　これらに配置が似た作例に、中央に羯磨杵を描き、その周囲の四隅にマントラ輪を載せた4種の動物を、そしてそれらのあいだに八吉祥を描いた護符がある（図31）。動物はタルチョの四獣とは別で、上がいずれも鳥で、下は象と馬（1例のみ象と牛）の組み合わせである。2羽の鳥はよく似た姿をしているが、一方に独特の羽や尻尾があることから孔雀と考えられる。おそらく、これらの動物のマントラ輪をひとつにまとめたと思われる作例も2種ある（H79469、H79580）。

7．マンダラ

　マンダラを描いた護符は意外に少ない。ここではそれらも護符に分類し

82 | 総説

図30 象のマントラ輪（H79355）

図31 中央に羯磨杵を置くマントラ輪（H79171）

たが、仏画としてのマンダラを描いたとも考えられる。マンダラとよく似た形をしたマントラ輪の種類の多さと量の豊富さを考えると、木版画として表現するのはもっぱらマントラ輪で、マンダラはタンカのような彩色画として作成するのが一般的であったと考えられる。

民博のコレクションに含まれるマンダラの種類には、金剛界系のマンダラ（H79429）、ヴァジュラヴァーラーヒー・マンダラ（H80031, H80074）、未比定の母タントラ系のマンダラ（H79710）、ニンマ派の埋蔵経典にもとづくマンダラ（H79429）、その他の未比定のマンダラ（H80424）を数える程度である。

マンダラに分類した作例の多くは、チベットの伝統的なマンダラの度量法にのっとって正確に描かれている。その場合、マンダラの外周部や楼閣の構造も正しく表現されている。ただし、マンダラに含まれる尊格を仏の姿で描いたものは少なく、それにかわって丸印などでそれぞれの場所が示されている。

8．その他の仏教の護符

これまでのカテゴリーには含まれない仏教の護符をまとめて、その他の項目を立てた。この中で特に重要なのは、「九宮の八卦と十二支の護符」であろう（図32）。「シーパフー」という名称でも呼ばれ、チベットと中国の占術が集成されたような護符である。その多くは、四肢を伸ばした亀の背（あるいは腹）に大きな円を置き、八卦や十二支が記号で表されている。円ではなく四角のものもある（H79168等）。いずれも中心部分は蓮華のモチーフを描くものが多い。これに八弁の蓮華や十二輻輪を組み合わせたものなど、いくつかのパターンがある。シーパフーの護符については、田中（1990: 267-270）が詳しい解説を行っている。

獅子面のダーキニーの護符についても、同書の該当箇所（田中1990:

258-260) を参照されたい。民博のコレクションには12点の作例が含まれ、それぞれ異なる版木から摺られている。人気のあったテーマで、版木そのものも大量に制作されたのであろう。

　金剛橛を持つ忿怒尊の護符は、忿怒尊に馬頭を描いたものと（H79317, H79693, H79695）、未比定の忿怒尊（金剛橛？）を描いたもの（H79455, H79639）、さらに尊格ではなく成就者を描いたものがある（H79728）。最後のものはチベットの成就者の護符に分類すべきかもしれない。

　この他、須弥山世界図、羯磨杵、六道輪廻図、仏塔（とくに八大仏塔）、八吉祥など、チベットでよく知られた図像の護符がある。このうち、須弥山世界図や羯磨杵を描いた護符は、金銅製の仏像を作ったときに、その胎内に納入したり、底面に貼るためのものである。また、長寿のシンボルとして、福禄寿を思わせる老人を中心に、つがいの水鳥や鹿などの6種のシンボルを組み合わせた護符は、チベットの吉祥な図像として、これまでにもたびたび紹介されてきた（Olschak & Wangyal 1973: 224, Dagyab 1995: 94-98, 田中 1990: 266-267）。

9．仏画木版画のコレクション

9.1　民博の仏画木版画

　民博のチベット木版画のコレクションのもうひとつのグループが、大判の紙に特定の尊格や祖師などを大きく描いた仏画木版画である。単独の尊像や人物像を描くだけではなく、脇侍を伴った三尊形式や、複数の眷属を伴った集合図、あるいは特定の流派の祖師たちを系統的に並べたものなど、形式はさまざまである。ただし、一部にサイズが比較的小さいものや、陀羅尼やマントラを伴うものもあり、護符との区別は必ずしも明瞭ではない。また、規模の大きな作品としてはマンダラもあるが、これについては護符のところですでに取りあげている。

チベットの護符・仏画、その特徴と内容 | 85

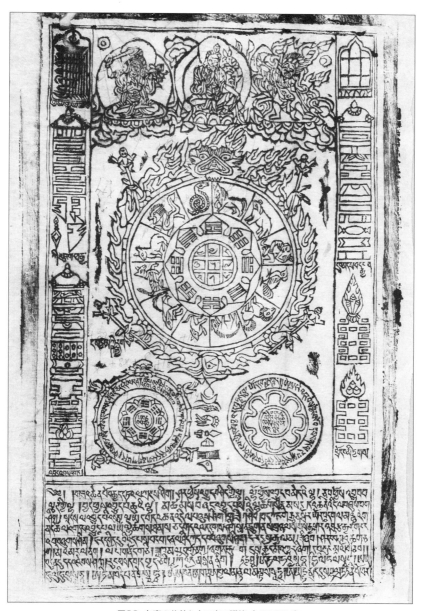

図32 九宮の八卦と十二支の護符 (H80254)

86 | 総説

　民博コレクションの仏画木版画はおよそ400点で、この数だけ見れば、大量の作品が収集されているように思われる。しかし、チベットのこのタイプの作品は数限りなくあり、ここに含まれているのはそのごく一部に過ぎない。同じテーマや形式であっても、版木が異なる作品が複数あることも一般的である。

　たとえば、東北文学部所蔵の河口慧海コレクションに含まれる仏画木版画の数は、わずかに50あまりであるが、その中で民博コレクションと版木まで一致するものはほとんどない。テーマや形式が共通するものも20点ほどで、半分以上はまったく異なる内容の木版画である。これは、護符で見られた傾向とはかなり異なる。護符の場合、河口コレクションに含まれる護符と比べてみると、版木まで同じか、あるいはきわめてよく似た作品を両者に数多く見出すことができる。護符のコレクションには主要なものが網羅されているのに対し、仏画木版画はこのジャンルの作品のごく一部に過ぎないことがわかる。

　木版によって尊像の姿を現したチベットの作品に、『五百尊図像集』や『三百尊図像集』などの尊像図像集があることはすでにふれた。そこにはチベット仏教のさまざまな仏たちが含まれる。その総数は名称の500や300という数よりもさらに大きい。しかし、仏画木版画に描かれる仏の種類は、それよりもはるかに少ない。尊像図像集が仏教の仏たちの総合的なカタログのような性格であったのに対し、仏画木版画の場合、人気のあった尊格やテーマを選び、それをくりかえし生産することを意図していたと考えられる。同じテーマの作品でも、伝承の過程で写しくずれもあれば、意図的に改変を加えたものもある。とくに、周囲に複数の人物や尊格を描く場合、宗派の立場や考え方がしばしば反映される。

　民博の仏画木版画コレクションを登録番号順に並べてみると、番号の若い方にオーソドックスな形式で、作風や表現方法にすぐれたものが多く、後になればなるほど、稚拙な作品やローカル色の濃い作品が増える傾向が

ある。民博の木版画コレクションは、すでに述べたように、「1971年から1978年に西ヒマラヤ、ラダック、ネパール、東ヒマラヤで収集された」という情報が付されている。収集の期間が長いことや、収集場所が広範であることがわかる。登録番号に見られるこのような傾向は、収集した時期や場所、あるいは提供者の違いによるものかもしれない。あるいは、どこかの段階で、全体を作品の質や形式にしたがって、ある程度、分類しようとした結果なのかもしれない。

　民博が所蔵する仏画木版画コレクションの全体の分類を以下に示した上で、注目すべき作品をいくつか取り上げよう。

A　仏

1　釈迦

2　無量寿

3　薬師

4　持金剛

5　三十五懺悔仏

6　仏伝図

7　釈迦・聖観音・パドマサンバヴァ

B　観音

1　観音

2　聖観音

3　十一面観音

4　不空羂索観音

5　獅子吼観音

C　菩薩

1　文殊

2　金剛薩埵

3　法身普賢

D　守護尊

1　秘密集会

2　ヴァジュラバイラヴァ

3　ヘーヴァジュラ

4　サンヴァラ

5　チェチョクヘールカ

6　金剛手

7　その他

E　護法尊

1　マハーカーラ

2　クルキゴンポ

3	四天王	**J**	**チベットの護法尊**
4	毘沙門天	1	ケサル王
		2	サチェン・ラーフラ
F	**女尊**	3	センドンマ
1	ターラー	4	タムチェン・ガルワナクポ
2	ダーキニー	5	ツァンパ・カルポ
3	ナローカチェマ	6	ティンレー・ゲルポ
4	ペルデンラモ	7	ニェンチェン・タンラ
5	カンドーマ	8	プルブ
		9	外成就法王
G	**羅漢**		
1	十六羅漢	**K**	**未比定**
		1	未比定護法尊
H	**成就者**	2	未比定女尊
1	ミラレパ	3	未比定忿怒尊
2	マルパ	4	未比定成就者・高僧
3	タントゥン・ギェルポ		
4	その他	**L**	**その他**
		1	ツォクシン
I	**チベットの祖師**	2	リクスムゴンポ
1	アティーシャ	3	ティティパティ
2	パドマサンバヴァ	4	その他
3	パドマサンバヴァの八変化身		
4	ツォンカパ	**M**	**ポン教**
5	ソンツェンガンポ	1	ポン教四神
6	ロンチェン・ラブジャムパ	2	ゲルワ・シェンラプ
7	カルマ派の祖師	3	シェーラプ・チャンマ
		4	ポン教未比定尊

9.2 注目すべき作品

如来

　民博の仏教木版画の中で、複数の尊格や人物が描かれ、複雑な構成を示す作品を中心にいくつか取りあげよう。

　釈迦の木版画は、単独像の他に、舎利弗と目連の二大弟子を伴うもの（H79356）、十六羅漢を伴うもの（H79385, H80060）、チベットの祖師たちを伴うもの（H79546）などの形式がある。このうち、十六羅漢を伴うものは、チベットにおいて好まれたが、民博コレクションの２例は、ひとつは十六羅漢に四天王を加えたもの（H79385）、もうひとつはさらに二大弟子を脇侍に、釈迦の頭上に弥勒菩薩を加えたものである（H80060）（図33）。

　釈迦の生涯を描いた仏伝図は、チベットの仏教絵画の重要なジャンルで、民博コレクションにも17点を数える。これらについては本書所収の大羽論文が論じているので参照されたい。

　釈迦の周囲に祖師たちを描いた作品は、中央の最上部にツォンカパを置き、歴代のパンチェンラマたちも描くことからゲルク派の伝統による作品であると考えられるが、彼らに加えて、アティーシャ、マルパ、ミラレパ、パドマサンバヴァなど、ゲルク派以外の宗派の祖師たちも含まれ、尊格にも、チャクラサンヴァラ、ヴァジュラバイラヴァ、聖観音、金剛手など、チベットで人気のあった尊像が総動員されている。

　無量寿を中心とした作品に、極楽浄土図が１点含まれいている（H80012）。チベットの極楽浄土図については、護符の「死者供養図」のところでも述べたように、民博の青木文教コレクションや東北大学の河口慧海コレクションにもあるが、本図はそれらとは異なる形式で、チベットにおける極楽浄土図の形式にいくつかのヴァリエーションがあったことを示す。

菩薩

民博の仏画木版画のコレクションの中で、観音は、菩薩はもちろん、あ

らゆる尊格の中で最も作品数の多い尊格であるが、これらはいくつかの種類に分類することができる[20]。その中で作例数が最も多いのは聖観音と十一面観音である。聖観音は四臂で結跏趺坐の姿勢を取り、四臂のうち中心となる両手は胸の前で合掌し、残りの二臂のうち、右手は数珠を、左は蓮華を持つ。六字観音という名称で呼ばれることもあり、インドのパーラ

図33 釈迦と十六羅漢図 (H80060)

朝にも類似の作品がある。台座の前方左右に文殊と忿怒形の金剛手を描いた作品が1点あるが（H80058）、その場合、全体で三部主尊を構成している。

　十一面観音も正面性の強い尊容で、八臂をそなえて直立し、それぞれの手には決まった持物が見られる。十一面観音の十一の顔は、チベットでは上から順に1、1、3、3、3と重ねられるのが一般的で、これもシンメトリカルな印象を与えている。聖観音でも見られたように、文殊と金剛手を左右にしたがえた作品が2点あるが（H80084, H80127）、そのうちのひとつの上端と下端には、これら三尊のマントラなどが記されていることから、護符として作成された可能性もある（H80084）。

　観音にはこの他、不空羂索観音（H79869）と獅子吼観音（H80223）の作例が1点ずつある。いずれも河口慧海コレクションにも含まれ、版木は異なるものの作風や形式もよく似ている。チベットにおける両尊の標準的な姿である。

守護尊

　守護尊の重要な尊格のひとつであるサンヴァラ（チャクラサンヴァラ）は5点、4種類あるが、その中に複雑な構成をした興味深い作品がある（H79459）（図34）。中央にサンヴァラを大きく描き、上部にチベットの祖師たち、そしてサンヴァラのまわりには12尊の尊格が取り巻いている。祖師たちはナーローパ、ティローパ、マルパ、ミラレパ、レーチェンパなどがいることから、カギュ派の伝統を示していることがわかる。サンヴァラはカギュ派における重要な守護尊である。

　サンヴァラの周囲の尊格たちは、8尊のダーキニーと4尊の獣頭の女尊たちである。彼女らはサンヴァラマンダラに現れる仏たちで、8尊のダーキニーのうちの4尊は、サンヴァラのすぐまわりに位置し、残りの4尊は四門に、獣頭の女尊たちはマンダラの四隅に配され、全体でサンヴァラ13尊マンダラを構成する。この作品は、マンダラの仏たちを仏画形式で

図34 サンヴァラ (H79459)

構成し直し、これにカギュ派の祖師たちを加えてできあがっていることがわかる。

ターラー

ターラーは密教における代表的な女尊で、インドにおいてもチベットにおいても多くの作例がある。チベットでは、結跏趺坐の姿勢を取る白ターラーと、半跏で片足を踏みさげる緑ターラーのふたつの形式が重要であるが、民博コレクションの中にもその両者が含まれる。特徴のある作品としては、緑ターラーを中心とする21ターラーを描いたものと（H79457）、ターラーが救済者として8つの場面に現れる八難救済ターラー（H79456）（図35）が、それぞれ1点ずつある。いずれもオーソドックスな作風で、技量もしっかりした優品である。とくに八難救済ターラーは、インドですでに作例があり、チベットでも流行した形式である。チベットの作品には、ラダックのアルチ寺の壁画などが有名である。また、藤田・田中（1984）にはチベット様式と中国様式のふたつのセットのタンカが紹介されているが、本図はそのいずれとも形式が大きく異なる点も注目される。

成就者

成就者とは、インド密教やその影響を受けたチベットやネパールで活躍した在野の修行者のことである。僧院に属せず、ひとりで、あるいは師について修行し、宗教的霊感や超自然的な能力を身に付けたと言われる。伝説上の人物も多いが、実際に活動し、その流れを汲んで正統的な仏教教団の中に流派が生み出されることもあった。インドの成就者については84人の成就者をひとまとまりとした八十四成就者が有名で、その肖像を描いた図像集などもチベットで制作されてきた。ただし、民博コレクションの中には八十四成就者像の作例は含まれない。

民博コレクションで最も多くの作品がある成就者はミラレパで、19点

図35 八難救済ターラー（H79456）

を数える。ミラレパのは洞窟の中で修行している姿が最も一般的で、右手を耳に当てるポーズで表されることもよく知られている。そのため、他の成就者や祖師たちと容易に見分けがつく。

　ミラレパを単独で描いた作品がほとんどであるが、カギュ派の祖師たちを周囲に配した作品が２点ある（H79458, H80439）。両者は同じ図像の系統に属するようであるが、若干、登場人物の数が異なる。幸い、人物の多い方の作品（H79458）に人物名の書込がある（図36）。それによると、全体の上部中央には密教仏で持金剛が位置するが、その下からカギュ派の祖師、とくにパクモドゥ派のそれが示される。一番上の左右に位置するのはティローパとナーローパで、その中央のやや下、ミラレパの頭のすぐ上にはマルパがいる。マルパはミラレパの直接の師である。以下、レーチェンパ（ミラレパと同様、右手を耳に当てるが、独特の円錐形の帽子をかぶる）、パクモドゥパが続き、タクポラジェ（ガムポパ）とカルマパが画面の下方の左右に位置する。２人のあいだには獅子に乗った女尊が描かれ、タシチョーレンマという名が添えられている。

　もう一方の作品（H80439）は、図像上の特徴から、カルマパと最後の女尊がこれらから除かれていることがわかる。いずれの作品も、ミラレパの背景に岩山のモチーフが現れるのは、ミラレパが修行する洞窟を表したもので、単独のミラレパ像と同じである。

パドマサンバヴァ

　民博の仏画木版画コレクションの中で、最も作例数が多いのはパドマサンバヴァである。成就者や祖師のカテゴリーだけではなく、釈迦や観音などの尊格も含め、すべての作品の中で最多である。パドマサンバヴァの最も一般的な姿は、蓮台の上に遊戯坐でゆったりと坐り、右手には金剛杵を握り、左手には血と如意宝珠の入ったカパーラ（頭蓋骨でできた杯）を抱えて、腹前に保つ。さらに左腕にはカトヴァーンガを脇にかかえる。頂上

図36 ミラレパとカギュ派の祖師 (H79458)

チベットの護符・仏画、その特徴と内容 | 97

図37 パドマサンバヴァ (H79406)

に突起のついた独特の帽子をかぶり、口ひげを生やし、やや険しい顔つき
をしている。このようなタイプのパドマサンバヴァの作例は 44 を数え、
それだけでも他を圧倒するが、さらに「パドマサンバヴァの八変化」と呼
ばれる説話的な図像も 15 点ある。

　一般的なパドマサンバヴァ像の場合、単独の他に、台座の手前に忿怒
形の金剛手と獅子面ダーキニーを置いた作品も多い（H79539 等）。尊格で
はなく歴史上の人物を 2 人、同じ場所に描いた作品もある（H79406）（図
37）。向かって左の僧形の人物がシャーンタラクシタ、右の人物がティソ
ンデツェンと記されている。チベット仏教黎明期に関わる人物である。い
わゆる「サムイェーの宗論」において、ティソンデツェン王の御前でシャー
ンタラクシタの高弟カマラシーラが中国僧摩訶衍を論破し、一方、パドマ
サンバヴァがチベット土着の魔神たちを調伏することで、チベットにイン
ド系の仏教が広がった。

　パドマサンバヴァはニンマ派の開祖に位置するが、チベット人にとって
は宗派にかかわらず、崇敬の対象となる人物で、一種のスーパースターで
ある。作品の中には、中央にパドマサンバヴァを描き、その周囲にマルパ
やミラレパ、ツォンカパ、ミパンなど、宗派を超えて著名な行者や祖師た
ちを並べたものもある（H80109）。ミパンが描かれていることから、彼が
関わった無宗派運動（リーメ）と関係のある作品の可能性もある。

　なお、パドマサンバヴァの八変化の図像は、田中（1990: 129-130）で取
り上げられ、また鮮明な図像と詳しい解説が Olschak & Wangyal（1973:
24-33）に含まれている。

註

1) この数は民博の標本資料番号による。実際の作例数は、同一の版木による複数の摺りや、一枚の版画に複数の作品が摺られていることなどから、正確な数を示すことは困難である。

2) 日本における仏教美術と木版印刷については、佐々木（2010）が有益である。この分野の重要な先行研究についても同論文にあげられている。

3) 長澤（1976: 4, 図版3）、藤枝（1991: 237-238）、米山（2005: 17-18）、小林（2017: 10-12）など参照。

4) 以下、チベット大蔵経の歴史については御牧（1987）によった。

5) 伏見（2002）による。ジャクソン（2006）も参照。

6) デルゲのパルカンについては川田（2015: 133-192）も参照。多田（1958）は、多田のチベット滞在中のパルカンの状況を伝えるものとして重要である。

7) 江戸時代の版木（板木）については金子（2013）参照。

8) チベットの美術様式については拙著（2011b）参照。森編（2018）では、チベット美術の時代区分について、代表的な研究者の考えをまとめた。

9) これらの図像集については Lokesh Chandra（1986）、Tachikawa et al（1995）、Willson & Brauen（2000）および拙著（2011b: 236-239, 247-270）など参照。

10) 日本密教に伝わるマントラ（真言）や陀羅尼については、田久保（1972）、頼富（1975）などがある。ただし、チベットの護符に見られるマントラや陀羅尼でこれらと共通するものは少ない。

11) たとえば、マンダラの墨打ちの時にそのような発声をする（森 2004: 76）。

12) チャムについては小西（2015: 189-233）にまとまった報告がある。煎本（2014）も参照。

13) たとえば長野編（1983: 119）、田中（1990: 96-100）。

14) これと同じ護符が Nebesky-Wojkowitz（1975: 501）にも掲載されている。

15) チベット仏教におけるサソリの図像と信仰については、Heller（1997）がある。

16) この儀礼については Nebeskyk-Wojkowitz（1975: 503-537）参照。

17) 長野編（1983: 26）には北京版第4081番 rGyal mtshan rtse mo'i dpung rgyan gyi sgrub thabs があげられているが、同文献は成就法で、陀羅尼そのものは含まれない。

18) Feer（1884: 218-220）. 和訳は中村監修（2011: 351-354）が最も新しい。

19) 該当する作品は以下のとおり。12種 = H79383, H79795, H79796, H80286, H80305、7種 = H79219, H79222、5種 = H79223, H79225、4種 = H79227, H80276, H79797,

H79798, H79804, H79809、3 種＝H79399。

20）仏画木版画コレクションの全体では、パドマサンバヴァが最も多くの作例を数える
　　が、本稿では尊格ではなく祖師に分類している。

文　献

池田巧・中西純一・山中勝次　2003　『活きている文化遺産デルゲパルカン：西蔵大蔵
　　経木版印刷所の歴史と現在』東京：明石書店.

煎本　孝　2014　『ラダック仏教僧院と祭礼』京都：法藏館.

金子貴昭　2013　『近世出版の版木研究』京都：法藏館.

川田　進　2015　『東チベットの宗教空間：中国共産党の宗教政策と社会変容』札幌：
　　北海道大学出版会.

京都国立博物館編　2009　『シルクロード　文字を辿って　ロシア探検隊収集の文物』
　　京都：京都国立博物館.

小西賢吾　2015　『四川チベットの宗教と地域社会』東京：風響社.

小林宏光　2017　『中国版画史論』東京：勉誠出版.

佐々木守俊　2010　「救いのほとけ：おもに印仏・摺仏の像内納入について」『救いのほ
　　とけ：観音と地蔵の美術』東京：町田市立国際版画美術館、pp. 6-17.

ジャクソン、ディヴィッド　2006　『チベット絵画の歴史：偉大な絵師たちの絵画様式
　　とその伝統』（瀬戸敦郎、田上操、小野田俊蔵訳）東京：平川出版社.

大蔵会編　1964　『大蔵経：成立と変遷』京都：百華苑.

田久保周誉　1972　『真言陀羅尼蔵の解説（校訂増補版）』東京：真言宗豊山派宗務所.

多田等観　1958　「パルカンについて」『日本西蔵学会々報』5: 1-3.

多田等観・高崎直道　1960　「東京大学文学部所蔵　ラサ版大蔵経について」『日本西蔵
　　学会々報』6: 1-5.

立川武蔵　1987　『西蔵仏教宗義研究　第五巻：トゥカン『一切宗義』カギュ派の章』東京：
　　東洋文庫.

田中公明　1990　『詳解河口慧海コレクション：チベット・ネパール仏教美術』東京：
　　佼成出版社.

田中公明　1994　『超密教時輪タントラ』大阪：東方出版.

塚本啓祥、松長有慶、磯田煕文　1989　『梵語仏典の研究 IV 密教経典篇』京都：平楽
　　寺書店.

長澤規矩也　1976　『図解和漢印刷史』東京：汲古書院.

長野泰彦編　1983　『国立民族学博物館蔵青木文教師将来チベット民族資料目録』（国立民族学博物館研究報告別冊　1号）吹田：国立民族学博物館.

中村元監修・前田專學編　2011　『原始仏典Ⅱ　相応部経典　第一巻』東京：春秋社.

藤枝　晃　1991　『文字の文化史』（同時代ライブラリー83）東京：岩波書店.

藤田弘基（写真）、田中公明（解説）　1984　『チベットの秘宝』東京：ぎょうせい.

伏見英俊　2002　「蔵外文献木版印刷についての一考察」『日本西蔵学会々報』48: 51-68.

フランク、ベルナール　2002　『日本仏教曼荼羅』（仏蘭久淳子訳）東京：藤原書店.

フランク、ベルナール　2006　『「お札」にみる日本仏教』（仏蘭久淳子訳）東京：藤原書店.

御牧克己　1987　「チベット語仏典概観」『チベットの言語と文化』東京：冬樹社、pp. 277-314.

森　雅秀　2004　「『ヴァジュラーヴァリー』「墨打ちの儀軌」和訳（上）」『金沢大学文学部論集　行動科学・哲学篇』24: 71-117.

森　雅秀　2011a　『インド密教の儀礼世界』京都：世界思想社.

森　雅秀　2011b　『チベットの仏教美術とマンダラ』名古屋：名古屋大学出版会.

森　雅秀編著　2018　『アジア仏教美術論集　中央アジアⅡ チベット』東京：中央公論美術出版.

米山寅太郎　2005　『図説中国印刷史』東京：汲古書院.

頼富本宏　1975　「常用真言の解説」『現代密教講座第四巻』東京：大東出版社、pp. 315-412.

Beer, Robert. 1999. *The Encyclopedia of Tibetan Symbols and Motifs*. Boston: Serindia.

Dagyab Rinpoche. 1995. *Buddhist Symbols in Tibetan Culture*. Boston: Wisdom.

Douglas, Nik. 1978. *Tibetan Tantric Charms and Amulets: 230 Examples Reproduced from Original Woodblocks*. New York: Dover Publications.

Feer, M. Léon. 1884. *The Saṃyutta-Nikāya of the Sutta-piṭaka. Part I Sagātha-vagga*. London: Pali Text Society.

Heller, Amy. 1997. Notes on the Symbol of the Scorpion in Tibet. In Karmay, S. & P. Sagant. *Les habitants deu toit du monde: Études recueillies en hommage à Alexander W. Macdonald*. Nanterre: Société d'Ethnologie, pp. 286-297.

Karmay, Samten G. 1988. *Secret Visions of the Fifth Dalai Lama*. London: Serindia Publicaiotns.

Leroi-Gourhan, André. 2004. *Pages oubliées sur le Japon*. Grenoble: Millon.

Lokesh Chandra. 1986. *Buddhist Iconography of Tibet*. Kyoto: Rinsen.

Nebesky-Wojkowitz, René de. 1975(1956). *Oracles and Demons of Tibet: The Cult and Iconography of the Tibetan Protective Deities*. Graz: Akademische Druck-u. Verlagsanstalt.

Nishioka, Soshū. 1981. Index to the Catalogue Section of Bu ston's "History of Buddhism"(II).『東京大学文学部　文化交流研究施設研究紀要』5: 43-95.

Olschak, R. C. & G. T. Wangyal. 1973. *Mystic Art of Ancient Tibet*. New York: McGraw-Hill.

Skorupski, Tadeusz. 1983. *Tibetan Amulets*. Bangkok: White Orchid Press.

Tachikawa, M., M. Mori & S. Yamaguchi eds. 1995. *Five Hundred Buddhist Deities*. Senri Ethnological Reports No. 2. Suita: National Museum of Ethnology.

Willson, M. & M. Brauen eds. 2000. *Deities of Tibetan Buddhism: The Zürich Paintings of the Icons Worthwhile to See*. Somerville: Wisdom.

図　像

輪廻の輪を捉える無常大鬼

立 川 武 蔵

1. 輪廻の輪を咥える怪物

　ネパールやチベットさらには中国や日本でよく見られる輪廻図では、鬼らしきものが「輪廻の輪」を咥え、両手でつかんでいる（図1～3）[1]。口に輪を咥えて両手で輪の端をつかんでいる様からはこの怪物が輪廻する世界を捉える、あるいは監視しているように見える。今日われわれが一般に見ることのできる輪廻図では、輪廻の輪の下に両足も描かれているが、元来はこの怪物に足はなかったようだ。この鬼らしきものは中国、日本では「無常大鬼」と呼ばれてきた。この命名はかの怪物がこの娑婆世界の無常性を見せつけていると解釈された結果であろう。

　カンボジア、インドネシア、ミャンマーなどの東南アジア諸国ではこの怪物は「カーラ」（時間）と呼ばれている。「カーラ」というサンスクリットの単語は死神をも意味する。もっとも東南アジアではカーラに捉えられた輪廻図は見られない。また東南アジアで見られるカーラには足はないのである。

　一方、日本の胎蔵マンダラに見られる門に描かれる無常大鬼は、アーチ型の梁の下に両手をさし入れて梁を支え持っているようであり、ここには輪廻世界を「捉えている」無常大鬼とは異なったイメージが見られる。この図は9世紀まで遡ることができるのであるから、このようなかの怪物のイメージはかなり古い時期からあったことが分かる。後に述べるように、無常大鬼は輪廻世界を「支えている」という考え方はネパールのカトマンドゥ盆地でも見られるのである。

106 | 図像

図1 無常大鬼が捉える輪廻の輪1。同心円の中心は三つの代表的煩悩（三毒）のシンボル、その外側には六道、さらにその外側には十二因縁の図が見られる。図中の人物の服装などから判断してこの図はチベット仏教圏において制作されたと思われる（H80049）

輪廻の輪を捉える無常大鬼 | 107

図2 無常大鬼が捉える輪廻の輪2。この図では六道それぞれが描かれる区画の中にブッダが見られる。それぞれの道の仏は、天、阿修羅、動物、地獄、餓鬼、人の順にインドラ天の牟尼（rGya byin lha'i thub pa）、ヴェーマチトラ阿修羅の牟尼（Thag bzang ris lha min thub pa）、獅子ウパスタブダの牟尼（Seng ge rab brten dud 'gro'i thub pa）、法王地獄の牟尼（Chos kyi rgyal po dmyal ba'i thub pa）、虚空蔵餓鬼の牟尼（Nam mkha' mdzod yi dwag thub pa）、釈迦牟尼人の牟尼（Shākya thupa mi'i thub pa）である。個人蔵

108 | 図像

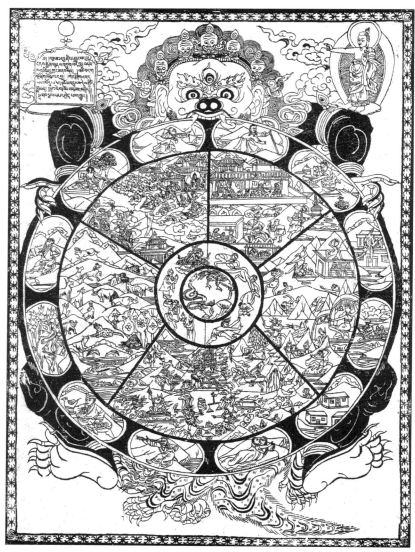

図3 無常大鬼が捉える輪廻の輪3。この図では五道が描かれている。図左方に偈（げ）が書かれているが、この偈は『根本説一切有部毘奈耶』の漢訳およびチベッ訳に見られる。図2に見られたおのおのの「道」におけるブッダはこの図3では見られない。個人蔵。

輪廻の輪を捉える無常大鬼 | 109

図4 門の梁を支える無常大鬼。胎蔵界マンダラ、『大正蔵』図像部1巻813頁

「怪物」あるいは「無常大鬼」と呼んできたものは、サンスクリットでは「キールティムカ」（kīrtimukha）と呼ばれている。「キールティ」とは栄光あるいは名声・誉を、「ムカ」は顔を意味する。「キールティムカ」（誉の顔）というサンスクリット名は明らかに後世、付けられたものだ。この名で呼ばれる前に別の名前、例えば固有名詞的な名前があったと思われるが、その原語が何であったのかを知ることは今日ほとんど不可能だろう。またこの怪物は、後に述べるように、インド起源のものでないと思われるが、インドの外からどのようにしてまずインドに入ってきたのかも今日の段階では解明されていない。

　キールティムカのイメージはヒンドゥー教および仏教の造形世界においても少なくとも1500年以上にわたって描かれてきた。さらに、この怪獣のイメージはネパール、チベット、中国、日本などの地域、さらにはすでに述べたように東南アジア諸国においても見られるのである。それぞれの時代や地域においてこの神話的動物は微妙に姿を変え、さまざまな神話的解釈がなされてきた。

チベット仏教圏ではかの輪廻の輪を捉える怪物は「死主」（チダクシンジェ、'chi bdag gshin rje, mṛtyupati）あるいは「恐ろしき法王」（シンジェチューゲル、gshin rje chos rgyal）と呼ばれることがある。後世は、これらの名称は閻魔を意味した。これらの命名にはヤマーンタカ（シンジェ）のイメージが基本にあると思われる。チベット仏教ではヤマーンタカ（日本では大威徳明王）とシヴァの畏怖相バイラヴァとが同一視されることがある。また、カトマンドゥ盆地におけるヒンドゥー教徒や仏教徒の間ではキールティムカはしばしば「バイラブ」と呼ばれている。

　チベット仏教圏において、かの輪廻の輪を捉える怪物は一般的にはシパ（gsrid pa）と呼ばれている。だがシパとは輪廻の輪の図を「生死輪」（シペーコルロ、gsrid pa'i 'khor lo）と呼ぶ場合の「生死の世界」のことであって、輪廻の輪を捉える「無常大鬼」ではない。サンスクリットでは生死輪は bhava-cakra である。Bhava とは生死の世界を、cakra は輪を意味する。なぜ輪廻の輪を捉える怪物自体を「生死の世界」と呼んだのかは不明である。ネワール仏教徒もまたかの怪物をチェプと呼ぶ。これはチベット語の「シパ」と関連のある語であろう。

　ここではキールティムカのもろもろの性格・職能の中で、中心的なものと思われる「世界の監視者」（あるいは「世界の守護者」）という性格を見ていきたい。

2．キールティムカの源泉

　古代インドにおける造形、例えば紀元 2 世紀頃のアジャンタ第 1 窟や紀元 7、8 世紀のエローラ第 14 窟に見られるキールティムカには頭と 2 本の手がある。というよりも頭と手のみである。手は人の手のようであるが、顔は獅子である。しかし、この獅子にはしばしば 2 本の角がある。眼と口

輪廻の輪を捉える無常大鬼 | 111

図5 トーラナ（半円形装飾）に見られる蛇を咥えるキールティムカ。マンガラ・バジャール、パタン

の大きさが強調されているが、それは獅子の顔の変形として理解できる。この怪獣はしばしばその口に咥えるのであるが、口に何も咥えないこともある。図1～3に見られる「輪廻の輪を咥えたキールティムカ」は前者の例である。また図5に見られるように蛇を咥えることも多い。後者の例としては、例えばミャンマーのバガンにあるアーナンダ寺院本堂の中で四方に立つ門衛像の腰飾り（図6）、同じくミャンマー・バガンのナンパヤー寺院本堂の中（図7）、日本の寺院の増長天や毘沙門天などのベルトなどに見られるキールティムカ（獅噛み）があげられる。

　この2種の違いは、「キールティムカ」と呼ばれているもののルーツに関わる。すなわち、何かを咥えるかあるいは抱え持つキールティムカのイメージの源は、後に述べるように古代シリアなどの儀礼用の香油容器にあると思われ、何も咥えないキールティムカは古代ギリシャ神話のメドゥーサと関係すると考えられる。「何かを咥えるかあるいは抱え持つ」キールティムカの例を考察し、その意味を探りたい。

図6 門衛の腰飾りとしてのキールティムカ。腰の左右にもキールティムカが見られる。アーナンダ寺院、バガン、ミャンマー

図7 花綱を吹き出すキールティムカ。あるチベット僧は、図6〜8に見られるような輪廻の輪を捉えていない「怪物」は輪廻を輪を捉えている怪物（チダク・シンジェ）とは別のものであるという。蛇を咥えていないが、口から花綱を吹き出している。ナンパヤー寺、バガン

キールティムカには異なる二つの源泉があるのではないかと述べたが、その一つの源泉を示していると思われるシリア出土の容器を見てみよう。シリア北部ではライオンの顔を縁に配した儀礼用の杯がいくつも発見されている（図8）。このようなライオンの顔の付いた容器はシリア以外にもメソポタミア北部、ヨルダン、パレスティナ、イラン北部などで見つかっており、現在までに三十数個が発見されている。ライオンの口の下には小さな穴が開いているが、この穴から儀礼用の香油が流し込まれたと考えられる。ライオンが丸い杯を両手で捧げ持っているというイメージ、今述べたような広範な領域において定着していたのである。この円形の杯を両手で握るライオン（獅子）のイメージは、輪廻の輪を抑えるキールティムカ（無常大鬼）のそれとよく似ている（立川・大村　2009：42-43）。

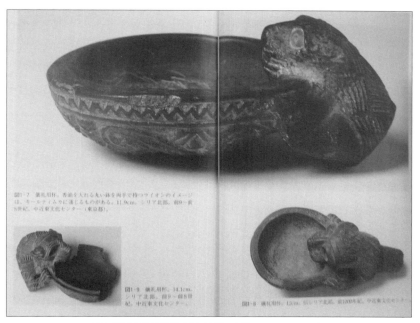

図8　獅子付き円形儀礼容器（立川・大村　2009：42-43）

114 | 図像

　このような獅子付き円形儀礼容器の制作年代は、シリアのセレウコス朝（紀元前 305～364 年）よりはるか以前、紀元前 9、8 世紀まで遡ることができる。円形の杯を両手で捕えているライオンのイメージがインドにおける輪廻の環を捉えるキールティムカの源泉であると証明する歴史的、文献的根拠が今日見つかっているわけではない。しかし、両者のイメージは偶然とは思えないのである。

3．輪廻図について

　今日、カトマンドゥ盆地やチベット仏教圏において比較的容易に入手できる図 1～3 のような輪廻図では、一般に地獄、餓鬼、動物、修羅（阿修羅）、人間、天の六つの在り方「六道」が描かれる。その中心の小円に貪（むさぼり）・瞋（いかり）・痴（まよい）を表す鳩・蛇・猪が配されている。貪・瞋・痴は代表的な煩悩（心の汚れ）である。小円の外側の円の下部に悪趣（動物、餓鬼、地獄）、上部に善趣（人間、修羅、天）が配されている。図 3 では人間界と天界とが一道に纏められて、五道が描かれている。

　人々に最も恐れられてきた悪趣が「地獄道」である。地獄はサンスクリットで「ナラカ（naraka）」であるが、この語は、元来、地獄という場にいる人々を指す。「道」（趣）は gati であるが、これは行くという意味の動詞√gam から作られた名詞であり、ここでは「行く」という動きを示すというよりも、状態や場を指す。「地獄界」という語も用いられるが、この語は地獄の山や川など、および地獄に堕ちた者たちとの両者を指す。

　「餓鬼」とは、腹の膨れ上がった、やせ細った者の姿で表される。餓鬼道に堕ちた者は、どれほど飲んでも渇きがおさまらないといわれる。「動物」とはサンスクリットでは「ティリヤク」（tiryak）である。この語は「動物」というグループを指すこともあるが、一匹の猫、一匹の犬というような個体をも指す。

「阿修羅」とは、サンスクリットでは「アスラ」(a-sura)である。この語が「非天」と訳されるのは、「ア」が「非」で、「スラ」が神（天）と解釈されたからである。神々と対抗する者という意味で魔神と訳されてきた。ゾロアスター教における最高神アフラ・マズダーがインドに入ってきて「アスラ」になり、「阿修羅」になったといわれる。ほとんどの場合、阿修羅は「阿修羅のごとく」というように、恐ろしい怒った形相で表される。

「人間道」も人の生き方という意味ではなく、人という状態にある者たち、ようするに人々を指している。「天」は、仏ではないが人間を少し超えた存在を指す。

魂あるいは霊的な物質とでもいうような恒常的な物体が世界の中で循環しているという思想すなわち輪廻説は、仏教誕生以前からあった。ブッダ誕生以前の成立と考えられている『ブリハッド・アーラニヤカ・ウパニシャッド』では「アートマン（我）がそれまでの肉体を捨て、無意識の状態を離れ、別のより美しい形を採る」（4章4節）と述べている。ブッダが生きていた頃にはウパニシャッドにおけるよりも、より一層整備された輪廻説があったと思われる。しかし、ブッダ自身がどのような輪廻説に触れていたかははっきりと分かっていない。

4．キールティムカと輪廻図

アジャンタ石窟に紀元6世紀頃の輪廻図が残っているが（図9）、これはインドに現存する最古の輪廻図と思われる。このような輪廻図の文献的典拠は、部派仏教の一派である根本説一切有部派の『根本説一切有部毘奈耶』（『大正蔵』1442番、23巻）にある[2]。この文献の漢訳はかなり遅く、8世紀の初め（701年あるいは703年）に義浄により訳された。「毘奈耶」（律）とは僧侶たちの行為に関する罰則である。ちなみに戒とは誓願であって罰則を伴わない。しかし、上に述べた『毘奈耶』には仏の伝記など罰則以外

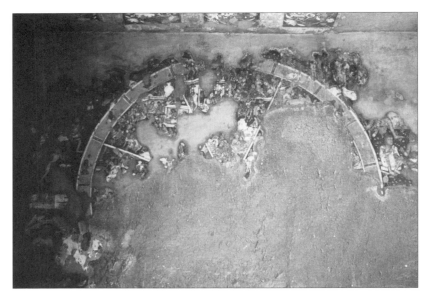

図9 輪廻図。アジャンタ第17石窟入口左壁。右爪らしきものが描かれているが、キールティムカは描かれていなかった可能性が強い。

のさまざまなことが述べられている。

　後に考察するように、図1～3に見られる輪廻図と義浄訳の説明とでは、例えば、十二因縁のシンボルの描き方など、かなり異なっている。また義浄訳では、図3におけるように、六道ではなくて五道が描かれると述べられている。

　ところで、少なくともインド亜大陸においてアジャンタ以後の輪廻図の作例は見つかっていない。しかし、上述の『根本説一切有部毘奈耶』の漢訳には、「無常大鬼」が輪廻の輪を抱えていると明記されている。その後の中国、朝鮮半島、日本において用いられてきた「無常大鬼」という後はこの義浄の訳語に依っていると思われる。

　『根本説一切有部毘奈耶』のチベット訳も『西蔵大蔵経』（台北版〈部分的な番号の違いを除けばデルゲ版に同じ〉3番、デルゲ版3番、第1巻、北京版1032番）に残されている。しかし、この書のチベット語訳では「無常大鬼」

云々に相当する語としては「無常なるもの（mi rtag pa）によって捉えられている様を描くべきである」[3]とあるのみであって、義浄訳にあるような無常大鬼の形容（蓬髪張口。長舒兩臂抱生死輪）はない。ただチベット語訳の「無常なるものによって」を「無常」という名の何ものか――例えば無常大鬼――によって捉えられている、と読めないことはない。

『ディヴヤ・アヴァダーナ』にも『根本説一切有部毘奈耶』場合と似ている箇所があるが、その箇所のサンスクリットは saravam anityatayā grastaiḥ kartavyam である[4]。この箇所は、「すべては無常なるものとして理解されたもろもろ（のシンボル）によって造られる（すなわち、描かれる）べきである」を意味する。ここで抽象名詞 anityatā の具格 anityatayā は、「無常なるものとして」を意味するのであって、「無常なるものによって」を意味しない。

すでに述べたように、チベット訳では「すべては無常なるものによって捉えられている」とあったが、上述のサンスクリットをチベット訳のように訳すことはできない。もっともチベット語訳者が『根本説一切有部毘奈耶』を訳す場合に用いた写本が『ディヴヤ・アヴァダーナ』のものと同一であったか否かは不明である。

さらに、『根本説一切有部毘奈耶』のチベット訳には十二因縁の個々の支分の描き方の説明もない。「十二因縁の順観と逆観を描け」とあるのみである。しかし、この書の注である『律分別語句解説』（台北版 4119 番、デルゲ版 4114 版、北京版 5616 番）には三毒、十二因縁等の説明がある。『根本説一切有部毘奈耶』の原本を義浄が見たときには、義浄はその注の写本をも見たのであろう。義浄訳に見られる三毒、十二因縁等の図像学的説明は注から得られたと思われる。しかし、かの注のチベット語訳にも無常大鬼の説明はなく、『根本説一切有部毘奈耶』の本文と同じように「世界が無常であることを述べている」というのみである[5]。

では、今日のチベット仏教の輪廻図に見られる無常大鬼あるいはキール

ティムカのイメージはいつ頃どのような経路でチベット人たちに知られるようになったのであろうか。

11世紀のアティーシャと彼の弟子との問答を記している『カーダム・レクバム』に輪廻図の描き方が述べられている。もっともこの書がアティーシャの在世当時に成立していたのかは不明であるが、15世紀中葉には存在したことが分かっている（ツルティム・ケサン 1997:47）。この書においては、次のようなキールティムカへの言及がある。

> 第三にその描き方に関しては、『タンソンラミシャルルン』（115b3）に「閻魔の姿を書き、その顎が隠れるようにその口の中に五趣の輪廻の輪を書き、閻魔の四肢などによってその輪廻の輪を抱きかかえているように描く。（中略）」と述べられている（ツルティム・ケサン 1997:48-49）

このチベット資料においてはキールティムカが輪廻の輪を捉えていることが明記されており、さらにキールティムカは閻魔と同一視され、四肢を有すると述べられている。これはかなり後世における展開であると推測できる。今日のところ『カーダム・レクバム』以前のチベット資料からは輪廻の輪を捉えているキールティムカの存在を明確に知ることはできない。A. ワッデルはその著『チベットにおける仏教とラマ教』の中で、アジャンタ石窟に見られるような輪廻図がすでに8世紀初頭にインド僧バンデー・イェシェによって中央チベットにもたらされたと述べている（Waddell 1895:108）。しかし、このことを確かめることは今日、ほとんど不可能であり、バンデー・イェシェの伝えた輪廻図にキールティムカが描かれていたかは不明である。しかし、義浄は8世紀初頭にキールティムカが捉える輪廻図について明確に述べているのである。このようにキールティムカに関する理解はチベット仏教徒やネワール仏教徒のあいだでは実に

さまざまである。輪廻の輪を咥えるキールティムカのイメージがチベット仏教徒のあいだでどのようにして得られたのかははっきりしない。

ラサのチョカン寺には「キールティムカに捉えられた輪廻の輪」の壁画がかなり古い時代に描かれたと思われる四天王の横に見られる（Gyurme Dorje and others 2005:66）。ラサの近くのニェモにある寺院チェカルチューデ（夏魯寺）にもキールティムカに捉えられた輪廻の図（図10）があるが、この場合には輪廻の道（趣）は放射状ではなく上下に積み重なるように描かれている（謝斌 2005:72）。図11は図10の上部部分に描かれたキールティムカを示している。この壁画の年代は14、15世紀をさかのぼることはないと思われる。

今日、カトマンドゥ盆地、ブータンのプナカなどのチベット仏教寺院の

図10　チェカルチューデの輪廻図。六道が上下に描かれている。大羽恵美氏撮影

図11　図10の上部拡大図。キールティムカが輪廻の輪を咥えている。大羽恵美氏撮影

入り口に見られる輪廻図はかなり新しいものと思われる。チベット自治区を幾度も訪れたことのある畏友正木晃氏によれば、ギャンツェ仏塔、デプンやコンカルドルジェデンなどの寺院には古い壁画の輪廻図はないであろうとのことである。

　今日みることのできるかぎり、カトマンドゥ盆地のネワール仏教寺院には輪廻図の壁画は一般的ではない。しかし、ネワール仏教徒が輪廻図を知らないというわけではない。ネワール仏教寺院では秘儀の行われるアガンと呼ばれる部屋にはしばしば輪廻図が掛けられるとのことである。今日残っている木版刷りの輪廻図の多くはチベット人の手になったものであろうが、ネワール人によって近年、輪廻図の版木が彫られたこともあろう。近年ではタマン族、シェルパ族の画家たちが輪廻図を土産物用としてキャンバスに描いている。

　今日、中国、朝鮮半島、日本に見られる輪廻図は多くの場合、義浄の訳文に従っていると思われるが、義浄訳とはかなり異なった輪廻図も見られ

輪廻の輪を捉える無常大鬼 | 121

る。例えば、中国重慶市大足区の宝頂山にある石刻の輪廻図は無常大鬼が同心円状の輪廻図を抱えているという意味では義浄訳の説明と一致する（図12）。しかし、中央には三毒の替わりにブッダ坐像が見られ、十二因縁が示されていると考えられる円は12ではなく18の区画に分かれており、明らかに十二因縁以外の支分も描かれている。最後の支分である老死が細分された結果である（註2参照）。

さらにその外側の円（最外輪）には円筒形の貴石を連ねた首飾りのよう

図12 中国重慶市大足区の輪廻図。西安青蓮寺における写真パネル、筆者撮影

なものが描かれているが、そのひとつひとつの貴石の両端からは動物の首あるいは足が見られる。しかし、それらの貴石は 12 より多く、十二支の動物が描かれているわけではない。このように、中国においては義浄訳に従った輪廻図の伝統とは異なった伝統があったと考えられる。なお、大足の輪廻図については（平岡 1993:290）を参照されたい。

　8 ～ 9 世紀に基礎的な部分が造られたと考えられるジャワ島のボロブドゥール仏教遺跡にはキールティムカの浮き彫りは数多く見られるが、この怪獣によって咥えられた輪廻図は見られない。さらにミャンマーのパガン（バガン）、ラオス、バンコクなどにおいても輪廻図は見られない。一方、中国、韓国、日本に流布した輪廻図ではキールティムカが輪廻の輪を咥えているというイメージがよく知られている。

5．十二因縁と輪廻

　ブッダ在世当時に現在の「六道輪廻」と同じような輪廻説があったとは考えられないが、先に述べたように魂が流転するという考えはすでに存在していた。しかし、ブッダはこうした輪廻説を自分の説法の中心には据えなかった。輪廻説は、人々の過去と現在の在り方を説明する話であると同時に、人間の「いのち」を最も安易に長引かせる方法でもある。ヒンドゥー教徒やチベットの仏教徒も信じている人が実に多い。これは魂が、つまり人の命が永遠であることを約束する最も安易で確実な方法だからであろう。

　はじめに掲げた図 1 は民族学博物館所蔵の輪廻図である。今日でもこのような輪廻図は、ネパールやチベット仏教圏において容易に入手可能であり、一般的な輪廻図として一般によく知られている。先に触れたアジャンタ石窟に残っているような輪廻図がより複雑になったものと考えられる。無常大鬼つまりキールティムカは輪廻の輪を咥え、両手は輪を抑えている。

キールティムカにはもともと両足はなかったと考えられるが、両足が付け加えられている。

「六道」のまわりには12の図が配されているが、これは「十二因縁」を表している。十二因縁説にはさまざまな説があるが、基本的にはひとりの人間が、どのように生き死んでいくのかを説明し、さらにその中で「苦」が生じ、繰り返し経験されるさまを描いていると解釈できよう。また十二因縁の各支分のシンボルも一定しているわけではない。以下ではとりあえず、図1～3に見られる十二因縁のシンボルについてみてみよう。ちなみに『毘奈耶』の義浄訳における説明とは異なる場合も多い。

かの12の図の一番初め、つまり向かって右の最上図には杖をついた「盲目の女性」が描かれている。なぜ女の人なのかははっきりしないが、女性は子供を産むことができるゆえに、次の段階へ引き継ぐというような意味が込められているのであろう。事実、十二支の第10には妊婦が、第11には出産の場面が描かれている。「盲目」は迷いすなわち「無明」を表す。

盲目の女性の図から時計回りに回って、次の図では壷を作っている。この壷作りは「行」を表している。第1項「無明」は迷いなのだが、そこから何かが生まれてくる「勢い」があると考えられている。「行」とはここでは「行く、移動」という意味というよりは「勢い」を意味する。何かからの衝動があり、突き動かされて自己の形成に連なっていくのである。

第3の図には果実を採る猿が見られる。これは「識」（認識）を示している。最初に迷いがあり、その迷いが勢いを得て、何かを認識することによって自己の核を得るのである。それゆえ、果実を取る猿になぞらえている。

次の第4図の船の中の男女2人は「名色」のシンボルであり、名前とその対象物に譬えられている。さまざまな言葉・名前を覚えて、世界を広げていく。船が進んでいくにつれて自分の世界が広がっていく。

次の第5図の窓のある家は「六処」のことであり、六つの感覚器官、すなわち眼・耳・鼻・舌・身（皮膚）・意（知覚作用を司る器官）を示している。

家は肉体、窓が感覚器官を示す。目で見たり、耳で音を聴いたり、触ったり、舌で味を覚えたりして、人間は感覚器官によって得ることができた情報を、もう一度自分でまとめ直していく。いろいろな情報を得る場を「処」といい、これは「入り口」を意味する。それゆえ窓で示しているのである。カトマンドゥ盆地の北端にあるポン教寺院ティテンノルプ本堂の入り口に輪廻図が描かれているが、ここでも「処」は窓のある建物によって表現されている。ちなみに、アジャンタ第17屈の輪廻図にあっては「処」を人間の両眼によって表現している。

　次の第6図は「触」である。感覚器官で情報を得る一方で、対象に触れるゆえに、それを「触」という。男女2人が触れ合っている。次の第7図の矢を持つ男の図は、「受」である。「受」とは「感受」のことである。「暑い」とか「寒い」とかの寒暖の感じを「受」というのが一般的であるが、ここでは苦痛を感じるという意味で矢が描かれている。

　杯を掲げる第8図は「愛」（渇愛）を示している。水あるいは酒を飲もうとする人が描かれている。喉が渇いて水を飲みたくなるように、生を貪る段階である。

　果実を採る第9図は「取」を表す。人生においていろいろなものを取り込んでいる段階なのだが、実をもぎ取っている猿によって表現されている。この「取」は成人したあたりの時期を示している。

　次の妊婦の第10図は「有」を表している。生物体としての成熟を妊娠によって表現している。次の出産を表す第11図は「生」を表している。「一つの生命体が他の生命体を生む」という段階という意味に取ったと思われる。

　チベット仏教カーダム派のツォナワ・シェラプサンポ著『ツォティク』に「愛は妊婦を、取は女の胎内に留まることを、有は胎内に留まるそれが育つことを、生はその育ったものが生まれることを（中略）描くのである」（ツルティム・ケサン 1997：46）とある。この書の説明は義浄訳の説明と異

なるが、「生」を他の個体が生まれることと理解していることは同じである。もっともこれは『カーダム・レクバム』が書かれる以前の方法であって、その書以降は先に説明していた描き方が標準になったといわれる（ツルティム・ケサン 1997:47）。

　そして最後の第 12 図の死体は「老死」を表現している。

　ある説では「ゴータマ・ブッダは初めからこの形の十二因縁説を説いた」といわれるが、おそらくそうではないであろう。ブッダの死後、整備されて今日の形になったのであろう。ただブッダが死んでから 1、2 世紀の間にこの十二因縁の説が成立していることは確かである。

　もっとも今まで述べた十二因縁説は順観と呼ばれ、第 1 項（支）から第 2 項が生まれ、そして最後の 12 項が生ずるというように説明されてきた。別の説き方の縁起説つまり逆観もある。すなわち第 1 項（支）がなくなれば第 2 項がなくなり、そして第 11 項がなくなり、そして最後の 12 項がなくなるという。

　次の輪廻図（図 12）は十二因縁のそれぞれの項が下部から始まっている以外は図 1～3 の輪廻図と変わりはない。十二因縁のそれぞれの項（支）に見られる服装から判断して、チベット仏教圏において制作されたと思われる。

　図 13 においてキールティムカによって捉えられているのは輪廻の輪ではなくて、三毒、八吉祥および十二支の動物である。ヒンドゥー教の八吉祥もあるが、仏教の八吉祥はチベット仏教の伝統にしたがえば、傘、魚、瓶、蓮華、ほら貝、結（結び目のない紐）、旗、法輪である。図 14 は、チベット仏教圏においてつくられ、占いのために用いられたと思われる。円輪の中央の三毒のシンボルは残されている。キールティムカが人の吉凶をとらえていると考えられていたのであろう。

　図 15 に見られる木製の円盤では、図 14 と同じモティーフが描かれているが、三毒の図の外側に描かれる八吉祥は、下部の瓶から右回りに結、法

輪、傘、魚、旗、蓮華、ほら貝が描かれているのであろうと推測されるが、不明な点が多い。それらは伝統的な順序でならんでいるわけでもない。

図13　輪廻図。阿修羅と天とが同じ区画に描かれており、五道輪廻図である。下段に動物、地獄、餓鬼が、上段に阿修羅・天と人間界が描かれている。外縁に見られる十二因縁図は、最下部左から始まって時計回りに描かれている。銅板、個人蔵。カトマンドゥにて筆者撮影

輪廻の輪を捉える無常大鬼 | 127

図14 八吉祥および十二支の動物を捉えるキールティムカ。個人蔵

128 | 図像

図15 同心円状の八吉祥と十二支のシンボルを抱えるキールティムカ。木製、個人蔵、カトマンドゥにて
筆者撮影

6. 馬頭観音とキールティムカ

6.1 ネワールの馬頭観音

ネワール仏教では百八観音への信仰が盛んである（立川・山口 2011:66-99）。カトマンドゥ市にある国公文書館には百八観音の図像集が所蔵されているが、ここには図16に似た馬頭観音の線画がある。ただし、その図にはキールティムカの足はない（Bhattacharyya 1924:Plate XLIII-1）。インドに残っているキールティムカには足はないのであるから、足がない方が古い形を保っていると思われる。

図16 馬頭観音（観自在）。銅製、ジャナ・バハ本堂外壁、カトマンドゥ市、21世紀初頭の制作。

130 | 図像

図17 同心円状に並ぶ菩薩を支える馬頭観音。チャウニー地区・ネパール国立博物館、19世紀

カトマンドゥ旧市街アサンにある寺院ジャナ・バハは「百八観音の寺」として知られているが、この寺の本堂の外壁軒には百八観音の絵図が掲げられている。さらにその絵図の下の壁には百八観音の姿を浮き彫りにした108枚の銅版が懸けられている。図16はそうした銅版の108枚目の馬頭観音（百八観音の108番の観音）を示している（立川・山口 2011：99）。図17はネパール国立博物館（チャウニー地区、カトマンドゥ市）所蔵の馬頭観音像を示している。

図16において円状に並んだ菩薩たち、図17において同心円状に並んだ菩薩たちを抱えているのは明らかにキールティムカである。しかし、ネワール仏教の伝統では、菩薩たちの円輪を抱えているキールティムカは馬頭観音と呼ばれている。また図16、17は「馬頭マンダラ」と呼ばれている。ちなみに、チベット仏教圏において輪廻の輪を捉える怪物を馬頭と呼ぶことはないようである。

あるネワールの仏教僧は、馬頭は世界を支えているのであって、彼がいなければ世界は崩壊してしまうという。もっともこの馬頭観音が抱えているのは菩薩が並ぶ輪であって、輪廻の輪ではないが、ネワールの伝統によれば菩薩たちが並ぶ輪は「世界」を表しているという。この場合の「キールティムカ」は世の無常を教えようとしているのではなくて、世界を支えていると考えられているのである。先に述べた胎蔵マンダラの門（図4）を両手で支えるようにしていたキールティムカの働きに似ているといえよう。

2人のネワール仏教僧が「怪物によって捉えられる輪廻の輪」が馬頭であるといい、そのうちの一人は「キールティムカとは、輪廻の輪を咥えていなくて、例えばトーラナの上に見られる怪獣をいう」という。

いわゆるキールティムカがさまざまな局面に用いられるようになったために、場面によって名称を変えたのか、同心円状に並ぶ菩薩たちを抱える怪物はもともとキールティムカではなかったのであろうか。おそらく時代

とともにキールティムカの職能が多岐にわたるようになり、ネワール仏教ではキールティムカが監視者よりも保護者としての性格を強めたケースと思われる。

6.2 　同心円状のヤントラを抱える馬頭

　図18では馬頭が同心円状に並んだヤントラを抱えている。このようなヤントラはチベット仏教圏においてよく知られたものであるといわれる。臂に描かれた「フリーヒ」（hrīh）の種子がこの尊格の馬頭であることを示している。馬頭は観自在菩薩の真言「フリーヒ」より生まれるといわれているからである。元来、インドにおいて馬頭はたけだけしい忿怒尊であったが、時代とともに観自在信仰との結びつきを強めていった。図19はチベット仏教ニンマ派の伝統に基づく忿怒尊馬頭である。馬の首が頭に描かれている。翼を有しているのはチベットの土着的要素の影響によると考えられる。

図18　同心円状のヤントラを抱える馬頭（Waddell 1895：62）

輪廻の輪を捉える無常大鬼 | 133

図19 チベット仏教ニンマ派の伝統による馬頭（Khempo Sangyaya and others 1975：75）

7．同心円状に並ぶマントラを捉えるものたち

　これまではキールティムカが輪廻の輪あるいは円状に並ぶ菩薩や十二支を捉える構図の絵を見てきたが、キールティムカ以外のものが同心円状に並ぶマントラを捉えることがある。これらの場合でも円によって括られたマントラ群はある種の「世界」を表していると考えられる。キールティムカ以外のものがマントラなどのまとまりを捉えることは、明らかにキールティムカが輪廻の輪を捉えている図の模倣と思われる。では、なぜキールティムカ以外のものを登場させたのであろうか。

　図20ではラーフが同心円状に並ぶマントラ群を咥えている。ラーフは日月食を引き起こす星或いは怪物と考えられ、この図のように頭のみで身体は蛇で表現されることが多い。時としては炎の中から現れ、顔のみの場合もある。そのような意味からであろうか、ラーフは頭と手のみのキールティムカとしばしば混同あるいは同一視される。この図20のラーフの下半身は蛇である。ラーフはインドでは凶の意味を持ち、懼れられている。

同心円状のヤントラを咥えるガルダ

　ネパール、ベトナム、カンボジアなどでは、寺院正面の入口の上にある上向きの半円形の装飾がトーラナと呼ばれている。このトーラナの頂点にキールティムカが現れるのであるが（立川・大村 2009：104-105）、キールティムカの代わりにガルダ鳥が見られることが多い（立川 2015：305）。ガルダ鳥が天空から下界を見下ろしているところはキールティムカと似ている。ガルダの足から弧を描いて垂れ下がる２匹の蛇は、キールティムカが咥える蛇の場合と同様、宇宙創造の際、まだ混沌状態にある世界を囲む原初の蛇（ウロボロス）と解釈できよう。

　古代インドにおいては讃歌に羽が生えて神々のもとに飛んでいくと考え

輪廻の輪を捉える無常大鬼 | 135

られた。讃歌の羽あるいは「讃歌を運ぶ鳥」がガルダ鳥なのである。古代インドのバラモン僧たちは、彼らの聖典ヴェーダ（知識という意味）は人間の作品ではなく、永遠なものだと信じていた。儀礼において僧たちはヴェーダの文句を神に対する讃歌として吟じながら、神々に供物を捧げた。

図20　同心円状に並ぶマントラを咥えるラーフ（H79743）。cf. H80359

古代インドの神々は讃歌と供物によって鼓舞され、人間たちの希望をかなえる存在であった。またガルダは蛇を捕らえる鳥として知られており、捕まえられた蛇がガルダの両足からぶら下がっている図がしばしば見られる。

チベットにあってはガルダはキュンと呼ばれるが、その職能は異なると考えられている。すなわち、ガルダは蛇を調伏するのであるが、「キュンは調伏する特定の相手をもたない」(長野 1985:9)。

図21の護符ではガルダは同心円状に並んだマントラを捉えている。この構図は輪廻の輪を捉えたキールティムカの場合と似ているが、キールティムカのように輪廻の輪を咥えることはないようである。

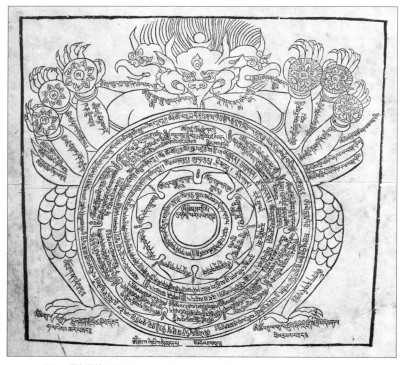

図21　同心円状に並んだマントラを捉えるガルダ (H79314)。cf. H79124-01

次の図22では真言は同心円状には並んでいない。この図の真言はチベット文字を明確には知らない者によって刻印されたと思われ、意味がはっきりしない箇所が多いが、「三宝に帰依し、宝玉を有する者に帰命する」というように、主として財神ジャンバラに対する真言あるいは祈願文が書かれている。真言の書かれた円をジャンバラは捉えているというよりは、円の中に並ぶ真言はジャンバラの腹部であるかのように描かれている。真言はこの護符を持つ者たちの願いが書かれているゆえに、真言の円は護符を持つ者たちの心を表しているとチベット仏教、特にニンマ派では解釈されるとチベット仏教僧より聞いた。したがって、図22は、図1～3と形式が似てはおり、図22は図1～3を踏まえて制作されるようにはなったのであろうが、これらの図におけるジャンバラとキールティムカの役割はかなり異なっている。

図22 真言を腹部に保つジャンバラ (H79758)。cf. H79757

図23 に見られるように、獅子面神の腹の部分に円の中に収められたマントラが描かれる場合もある。この構図は図 22 と似ている。獅子面神は真言の円を捉えるわけでもなく、咬むわけでもない。円に囲まれた真言群は護符を保つ者たちの心を表しているとチベット仏教では解釈されている。獅子面神の十字からなる真言 A KA SA MA RA CA ŚA DA RA SA（田中 1990:260）が円の中に見られる。

図23 円の中に収められた真言を腹部に保つ獅子面神（H79745）。cf. H79277

図 24 では象がマンダラ状に配されたヤントラを抱えている。ここでも図 21~23 におけるように真言は象によって咬まれているのでもなく、「手」によって捉えられているわけではない。

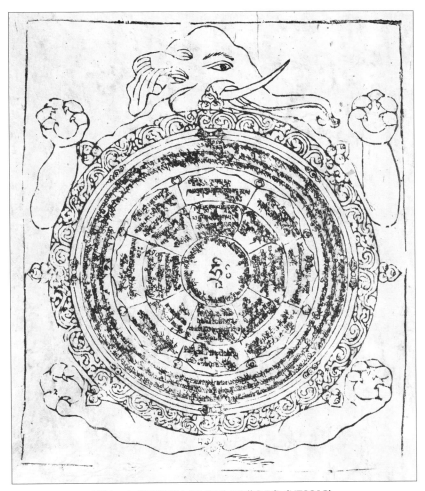

図24 マンダラ状に配されたヤントラを抱える象（H79918）

140 | 図像

　図 25 では、マンダラ状のヤントラが無量寿仏の腹部であるかのように描かれている。ここでは「神」の手も描かれていない。

図25　無量寿仏の腹部であるかのように描かれたヤントラ（H79733）

輪廻の輪を捉える無常大鬼 | 141

　図 26 では、ヤントラが鎖につながれた人の腹部であるかのように描かれている。

図26　鎖につながれた人の腹部のように描かれたヤントラ（H79316）

図27では仰向けになった亀の腹部に円の中に収められた八卦のシンボルと十二支が見られる。このような図は今日のカトマンドゥ盆地でも容易に入手できる。この図が描かれるようになったのはそれほど古い時代ではないと思われる。

図27　八卦のシンボルと十二支を抱える亀（H79912）。cf. H79300

輪廻の輪を捉える無常大鬼 | 143

　これまで見てきた図 27 までは輪廻図や真言は円の中に描かれていたが、次の図 28 では八卦などは四角の中に収められている。インドにおいても占いなどの用いられるチャートやヴィシュヌ派系のパンチャラートラ・マンダラは四角である。しかし、この場合は中国的なものの影響によって四角の構図が選ばれたと思われる。

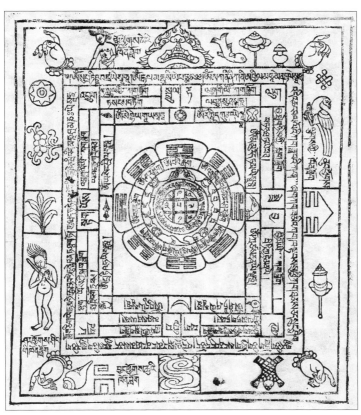

図28　八卦図を抱える亀（H79168）。中央の蓮華弁の外の四角には十二支の動物名がチベット語によって書かれている。

144 | 図像

図29では円の中に収められた真言が亀の腹部に見られる。

図29 円の中に収められた真言を抱える亀（H79909）。cf. H79914

8. ヤントラを包む2匹の蛇あるいは魚

　図30は2匹の蛇が同心円状に並ぶマントラを取り囲んでいる。すでに述べたように蛇（ウロボロス）が宇宙創造時における原初の世界を取り囲むという神話は、さまざまな地域に残っているが、この図の蛇もそのような伝承に基づいているのであろう。図5に見られるキールティムカに咥えられた2匹の蛇と図30における2匹の蛇とは同種の意味を有している。

　ウロボロス蛇は一般に自らの尾を咥える一匹の蛇によって表される。中央アジアのアスターナなどからは、この図に見られるように2匹の蛇が尾の部分を絡ませ、上半身は男と女である図が発見されている。

図30　マントラの輪を囲む2匹の蛇（H79441）

図31では、図30において2匹の蛇が同心円状に並んだマントラを捉えていたように、2匹の魚が同心円状に並んだマントラを捉えている。魚の周囲は水を表している。

図31 マントラの輪を囲む2匹の魚 (H79754)

この他、円状に配されているヤントラが蠍の腹部（H79126-2）、獅子の腹部（H79732）、猪の腹部（H79746）に描かれている護符も使われてきた。

むすび

古代のキールティムカは、トーラナの頂点に位置し、天空から見下ろしながら世界を監視していた。どのようにしてかの怪獣が輪廻の輪を捉えるに至ったのかは不明であるが、かの怪獣キールティムカが、少なくとのその当初にあっては、この娑婆世界の無常性を知らしめる存在であったことは確かであろう。しかし、後世、キールティムカが世界を支える者としての職能を付与されていたことも事実である。また、古代のキールティムカは、アジャンタ第一窟に見られるように花房を吹き出していたが、やがてその花はこの世界と考えられるようになった。この意味ではキールティムカには創造力があるのだ。

キールティムカが輪廻の輪を捉えるという構図の他に、円の中に収められたヤントラあるいは真言をキールティムカ以外の者、例えばガルダ鳥、象、亀、蛇などが抱えるという構図の護符が生まれた。これらの場合には、それらの動物はヤントラの円を口で咥えることはしない。おそらくは後者の構図は前者のそれを変形したものと思われる。

輪廻図は閉じられた円の中に描かれる。マンダラ図は当初は四角であったが、ともあれ閉じられた世界を描いている。後世のマンダラ図も円の中に収められている。バラモン正統派の世界観にあっても世界は有限個の要素によって構成されていると考えられた。つまり、閉じられた世界と考えられたのである。このように世界を閉じられたものと考えた伝統が、輪廻の輪を捉えるキールティムカや円に収められたヤントラを腹に描いた亀、象などに見られるといえよう。

キールティムカがマンダラを捉えることはない。これは輪廻が「俗なる

もの」である一方で、マンダラが「聖なるもの」であるからだ。仏たちの世界であるマンダラを無常大鬼が咥える必要はない。象や獅子面神の体あるいは腹に書き込まれたヤントラあるいは真言は「俗なるもの」である人間たちが唱えるものであり、人間たちの心の中を示していると考えられている。

　日本やタイに見られる護符では円の中に収められた呪文を神、怪獣などが捉えるという構図はまず見られないであろう。

＊本稿の執筆にあたり、Norbu Rinchen, Gautam Bajracharya の両氏からはさまざまな教示を得ることができた。また大羽恵美氏からはチベット仏教の輪廻図にかんする教示と写真提供を得ることができた。ここに記して謝意を表したい。

註

1) この絵図の他に国立民族学博物館（民博）所蔵の資料として H80016、H79323 がある。以下、本論に掲載した写真資料の他にも民博所蔵の資料がある場合にはその番号を cf. の後に記しておいた。

2) 義浄訳の内、十二因縁に関連する箇所は以下のとおりである。「周圓復畫十二縁生生滅之相。所謂無明縁行乃至老死。無明支應作羅刹像。行支應作瓦輪像。識支應作獼猴像。名色支應作乘船人像。六處支應作六根像。觸支應作男女相摩觸像。受支應作男女受苦樂像。愛支應作女人抱男女像。取支應作丈夫持瓶取水像。有支應作大梵天像。生支應作女人誕孕像。老支應作男女衰老像。[1] 病應作男女帶病像。死支應作興死人像。憂應作男女憂慼像。悲應作男女啼哭像。苦應作男女受苦之像。惱應作男 [2] 女挽難調 [3] 駱駝像。於其輪上應作無常大鬼 [4] 蓬髮張口。長舒兩臂抱生死輪。於鬼頭兩畔書二 [5] 伽他曰。

汝當求出離　　於佛教勤修
降伏生死軍　　如象摧草舍獮
於此法律中　　常 [6] 爲不放逸
能竭煩惱海　　當盡苦邊際

[0811b25] 次於無常鬼上應作白圓壇。以表涅槃圓淨之像。如佛所教。於門屋下應作生死輪者。時諸苾芻奉教而作。諸有敬信婆羅門居士等。（『大正蔵』23 巻）

（周円にまた十二縁生生滅の相を画き、いわゆる無明は行を縁じ、乃至老死に至る。無明支はまさに羅刹の像を作るべく、行支はまさに瓦輪の像を作るべく、識支はまさに獼猴の像を作るべく、名色支はまさに乘船せる人の像を作るべく、六処支はまさに六根の像を作るべく、触支はまさに男女相摩触するの像を作るべく、受支はまさに男女苦楽を受くるの像を作るべく、愛支はまさに女人の男女を抱くの像を作るべく、取支はまさに丈夫の瓶を持して水を取るの像を作るべく、有支はまさに大梵天の像を作るべく、生支はまさに女人の誕孕の瓦輪の像を作るべく、老支はまさに男女の衰老するの像を作るべく、病支はまさに男女の病を帯ぶるの像を作るべく、死支はまさに死人を興くの像を作るべく、憂はまさに男女の憂慼するの像を作るべく、悲はまさに男女の啼哭するの像を作るべく、苦はまさに男女苦を受くるの像を作るべく、悩はまさに男女にて難調の駱駝を挽くの像を作るべく、その輪の上においてまさに無常大鬼の蓬髪して口を張り、長く両臂を舒べて生死輪を抱けるを作る。）この部分の読み下しに関しては『国訳一切経』律部二一、大東出版社を参考にした。

なおここでは十二因縁の最後の支分である老死を老、病、死、憂、悲、苦、悩に細分したので、一八区画によって十二因縁を説明している。また義浄訳では第一支を羅刹像と述べているが、これは図1～3に見られるシンボルとは異なっている。

3）TTT, Vol.1, p.550, f.5, l.2 (Ja, 115a, 2): mi rtag pas bzung bar bri par bya'o/

4）平岡 1993:293

5）TTT, Vol.44, p.43, f.4, ll. 3-6 (Tshu, 115a, 3-6)

文　献

立川武蔵（文）・大村次郷（写真）　2009　『聖なる幻獣』東京：集英社.

立川武蔵　2015　『マンダラ観想と密教思想』東京：春秋社.

立川武蔵・山口しのぶ　2011　「マチェンドラ・ナート寺の百八観自在」立川武蔵編『曼陀羅のほとけたち』吹田：千里文化財団、pp. 66-99.

田中公明　1990　『詳説川口慧海コレクション　チベット・ネパール仏教美術』東京：佼成出版社.

ツルティム・ケサン・カンカル　1997　「輪廻図の描き方について」『日本西蔵学会々報』41-42: 45-50.

長野泰彦　1985　「護符に息づくミチュ」『月刊みんぱく』12月号、pp. 8-9.

林　雅彦　1998a　「アジアに流伝する『生死輪と絵解き』上―古代インド・チベット・ネパール―」『草みどり』112: 16-25.

林　雅彦　1998b　「アジアに流伝する『生死輪と絵解き』下―朝鮮半島・日本―」『草みどり』115: 30-39.

平岡三保子　1993　「インドの生死輪図―アジャンター壁画の作例について―」立川武蔵編『曼荼羅と輪廻』東京：佼成出版社、270-296.

謝斌　2005　『西蔵夏魯寺建築及壁画芸術』北京：民族出版社.

Bhattacharyya, Benoytosh. 1924. *The Indian Buddhist Iconography*, London: Humphrey Milford, Oxford University Press.

Khempo Sangyay Tenzin & Gomehen Oleshey, translated by Keith Dowman. 1975. *Deities and Divinities of Tibet, The Nyinma Icons*, Kathmandu: Jauhari Printers.

TTT: *The Tibetan Tripitaka*, Taipei Edition（『西蔵大蔵経』台湾版）. 1991. 台北：台北南天書局.

Waddell, Austine. 1993. *Buddhism and Lamaism of Tibet*. London: W. H. Allen & Co.
（reprinted Gaurav Publishing House, 1993）.

Gyurme Dorje, Tashi Tsering, Stoddard, H., and Alexander, A. 2010. *Jokhang: Tibet's most sacred Buddhist Temple*. London: Edition Hansjorg Mayer.

チベットの仏教説話画
—— 『アヴァダーナ・カルパラター』を中心として ——

大 羽 恵 美

はじめに

　国立民族学博物館（以下、民博）の「チベット仏画コレクション」には
大型の仏画の作例が数例含まれている。その中には、いわゆる「デルゲの
仏伝図」と呼ばれる、一具（一セット）が数幅の絵画から構成され、仏伝
図のうちの主要な場面をそれぞれに表す版画や、『ボーディサットヴァ・
アヴァダーナ・カルパラター』（以下、『アヴァダーナ・カルパラター』）と
いう文献に基づいて、百話を超える物語を数十枚の絵画で表す仏画セット
の一片となる版画が含まれている。後者はチベットにおいて最も人気のあ
る仏教説話集となっており、これに所収された物語はその典拠を知らなく
ても、人々が共通して理解する物語となっていることが多い。説話として
のみでなく、それを表した壁画や仏画の作例は非常に多く、また、物語の
偈文はチベットにおける詩作のモデルともなっている。文学や芸術の分野
において流行することで、チベットの文化に深く根を下ろし、さらにその
物語を通して仏教的な価値観や精神文化の形成の一端を担った。ここでは
『アヴァダーナ・カルパラター』の木版画を取りあげ、その典拠を示し、
典拠を同一にする絵画作例と、絵画の構成や配置方法を明らかにすること
で全体像を提示し、一例として民博所蔵の版画を詳細に見ていきたい。

1．チベットの仏教版画

1.1 仏教版画概要

　仏教版画と言っても日本の作例でさえ、あまり研究されていないテーマのようである[1]。ましてやチベットの仏教版画の研究は一部を除くと皆無に等しい[2]。チベットの肉筆画の仏画や、寺院などに残されている壁画の研究は進展しつつあるものの、版画は絵画の資料として用いられる程度で、そのものの研究はほとんどなされていない。チベットでは、仏教の経典類を木版で印刷した印刷所（「パルカン」dpar khang）で、木版画が制作されたことがあり、大型で仏画の体裁を持つ版画を多く創出した。「庶民的」と称される素朴な趣を持つ護符や、仏教のほとけを捺印した小型の印仏の作例とは異なり、大型の仏教版画は美術作品として十分に評価できる作例が多い。

　上に挙げた「デルゲの仏伝図」（一例として図1「成道」）と『アヴァダーナ・カルパラター』の版画の二つはチベットで最も広く普及した仏画セットで、いずれも民博に所蔵されている。その内訳は、「デルゲの仏伝図」が9幅（重複を含む）、『アヴァダーナ・カルパラター』が6幅である（それぞれ表1と2を参照）。前者はデルゲという、東チベットのカム地方（現在の四川省）の印経院で開版された版画であり、後者はチベット自治区のツァン地方（中央チベット西部）のナルタンにあった印経院に源を発する。ツァンは古来、収集地であるネパールとの結びつきが強く、ナルタンの版画がこのコレクションの一部をなすことはさほど驚くことではない。一方で、デルゲは地図上の直線距離にしても遠く離れており、住民の気質や口語もかなり異なる。デルゲの仏伝図がドルポで収集されたことは、仏教版画が相当に広範囲に普及していたことを示している。「チベット仏画コレクション」は1970年代に収集されているので、チベットの仏教寺院や印経院が

チベットの仏教説話画 | 155

図1 民博所蔵「デルゲの仏伝図」版画のうち「降魔成道」

表1 民博所蔵 「デルゲの仏伝図」一覧

標本番号	本稿での図版番号	画題	重複
H79331		三道宝階降下	
H79332		涅槃	
H79460		本尊（成道）	H79478
H79478		本尊（成道）	H79460
H80065		転法輪	
H80066		出家	
H80067		誕生	
H80068	図1	降魔成道	H80070
H80069		技芸と四門出遊	
H80070		降魔成道	H80068

表2 民博所蔵『アヴァダーナ・カルパラター』版画一覧

標本番号	本稿での図版番号（ ）内はタイトル番号を付加した図版番号	『アヴァダーナ・カルパラター』の該当する章数
H80488	図2（図8）	6-8章
H79518	図3（図9）	23-24章
H79517	図4（図10）	42-44章
H80487	図5（図11）	45-48章
H80486	図6（図12）	67-70章
H80489	図7（図13）	104-107章

壊滅的な打撃を受ける前には、大型の仏教版画が想像を超える範囲で流通し、多くの寺院や個人の所蔵となっていたと推測される。

　現在でも「デルゲの仏伝図」や『アヴァダーナ・カルパラター』の絵画作例は非常に多く、世界中のチベット美術コレクションの所蔵となっている。それらは出来栄えの優劣があるものの、ほとんどが同じ構図と様式で描かれている。その理由は、このような仏画セットには原画があり、それに基づいて木版画を制作して複製するという背景があるためである。現存する同じ画題を持つ絵画の制作方法としては二つあると考えられ、一つは、版画を下絵として筆彩色を全体に加えて完成する方法であり、もう一つは、絵師が実際に筆を執って、原画を手本にして下絵を描いたのちに色彩を施す方法である。いずれにしても、色彩の違いや細部の相違があっても同じ

チベットの仏教説話画 | 157

表3 『アヴァダーナ・カルパラター』章番号とタイトル一覧

チベット語訳章番号	サンスクリット語文献章番号	タイトル略（サンスクリット語のタイトルをカタカナで表記）	ナルタン版のタンカセットのうちの配置箇所
6	6	バダラドヴィーパヤートラー	右3
7	7	ムクターラター	右3
8	8	シュリーグプタ	右3
23	22	ピタープトラサマーダーナ	右8
24	23	ヴィシュヴァンタラ	右8
42	41	カピラ	右13
43	42	カルナカヴァルナ	右13
44	43	ヒランヤパーニ	右13
45	44	アジャータシャトル・ピトルドローハ	右14
46	45	クルタジュニャー	右14
47	46	シャーリスタンバ	右14
48	47	サルヴァアルタシッダ	右14
67	67	サンガラクシタ	左5
68	68	パドマーヴァティ	左5
69	69	ダルマラージカ	左5
70	70	マドヤンティカ	左5
104	104	シャシャカ	左14
105	105	ライヴァタ	左14
106	106	カナカヴァルマ	左14
107	107	シュッドーダナ	左14

　構図とモティーフを持つ仏画が出来上がることになる。チベットでは肉筆画であっても、絵師個人の個性や創造性が重要視されることはほとんどなく、決まった形を忠実に模写して複製することが要求される。チベット絵画をジャンル別に見れば、宗教画がそのほとんどを占めるという特殊な状況があり、さらに仏画の制作においては、ほとけの描き方を画一化し、あらかじめ決められた聖像度量法に則って表すことが前提となっている。仏典、あるいは伝統に従って正確に表そうとする志向は大型の版画からなる仏画の特質に合致していたと言える。これがチベットにおいて大型の仏教版画が普及した要因の一つであると考えられる。

1.2 民博コレクションの『アヴァダーナ・カルパラター』仏教版画

「チベット仏画コレクション」の中にはチベットにおいて最も普及した版画の一つである『アヴァダーナ・カルパラター』に基づく版画が6点含まれている（図2から図7）。これは護符などの版画と比べると一段と大きく（横：71cm×縦：101cm）、チベットで通常見られる軸装絵画（チベット語で「タンカ」、thang-ka）と同じ大きさで、版画に色彩を施し表装すれば、寺院などに掛けられるタンカとして遜色ない仏画となる。チベットでは20世紀になって多くの寺院が破壊されたが、その際にこのような大きさの版木を持ち出すのは容易でなかったであろう。携行できる版画であったから持ち出されて逸失を免れ、民博に所蔵されるようになったのであろうが、なぜ護符などに混ざって収集されたのかはよく分かっていない。おそらくその用途や流通方法、あるいは購買層の多様性などに関わることであろう。

『アヴァダーナ・カルパラター』に同定できる版画は6点であるが、本来の版画セットは31幅で1セットとなるため、民博のコレクションはセットを欠いている。さらにこの6点が連続しているのではない。表2は民博所蔵の『アヴァダーナ・カルパラター』の標本番号と章番号の一覧であるが、章番号が連続していないのが分かる。さらに、これらが複数の版画のうちの重要な版画を抜き出しているかと言えば、そのような傾向は見られない（表3）[3]。章のタイトルや内容から判断するに、何の脈絡も見当たらない。つまり、一貫していない上に連続していない6幅の『アヴァダーナ・カルパラター』の版画が無作為に抜き出されて所蔵されたことになる。

現状を見ると、やや茶色がかった紙に印画されており、一部の片に破れたり、茶色の染みが付いたりする箇所がある。全ての版画に折られた形跡があるのは、その大きさのゆえに携帯や保存の際に折りたたまれたからであろう。絵の部分は細部がつぶれたり、ぶれたりする箇所が見られ、銘文のチベット文字は多くの箇所で判読が困難である。それでも釈尊や登場人物を見分けることができるため、同一のセットで、他のコレクションに所

蔵されるタンカと照合させることで『アヴァダーナ・カルパラター』のどの物語を表すかを同定することは十分に可能となる（図8から図13を参照）。後述するこの版木（「ナルタンのセット」の版木）は消失して現存しないと考えられている。この版画に彩色され表装された作品は多いが、版木を刷っただけのありのままの状態を伝える民博の版画は貴重な標本となっている。

2. チベットにおける『アヴァダーナ・カルパラター』の関連する文献

　本稿で述べる『アヴァダーナ・カルパラター』とは、サンスクリット語の『ボーディサットヴァ・アヴァダーナ・カルパラター』（*Bodhisattvāvadānakalpalatā*）を略したタイトルで、邦訳するなら「菩薩の偉業物語の如意蔓」、チベット語では「パクサム・ティシン」（*Byang chub sems dpa'i rtogs pa brjod pa'i dpag bsam gyi 'khri shing*）として知られる。元来は11世紀にインドのカシュミールで活躍した宮廷詩人のクシェーメーンドラによって編纂された作品で、サンスクリット語で書かれた108章からなる仏教説話（アヴァダーナ）の集成である。本文献は13世紀にサンスクリット語からチベット語に翻訳され、14世紀には早くもプトゥンの大蔵経目録に所収されている[4]。

　サンスクリット語の原本はネパールで回収された不完全なものが複数現存したが、108章そろった完本の写本はなかった。ところがチベットにはサンスクリット語をチベット語の文字で音写したテキストが残っている。西蔵大蔵経にはデルゲ版とチョネ版にサンスクリット語音写とチベット語訳を併記する形で所収されている。そのためこれらのチベットの資料からある程度のサンスクリット語を再現できることになった[5]。後にサンスクリット語とチベット語訳を見開きのページの左右で対照させたテキストが

出版され、さらにサンスクリット語のみのテキストも出版されている[6]。のちに全ての章の校訂もなされ、文献研究の資料がそろうことになった[7]。

　内容はタイトルが示すようにアヴァダーナ（梵:avadāna，蔵:rtog brjod）の集成であるが、これは「譬喩譚」と訳され、釈尊のみならず、信者、仏弟子などの釈尊の周りの人々を含めた前世と今世の出来事を述べて、因果応報を説く物語となっている。釈尊の前生を説く前生譚であれば、釈尊が行った菩薩的で偉大な行為を説くことになるが、信者や仏弟子の過去生にも言及されるため、悪行や残虐な行為、あるいは恋愛や不倫などの様々な話題が含まれる。つまり仏教の堅苦しい典籍とは対照的な内容が大いに含まれていることになる。例えば物語には、家督をめぐる父子の葛藤、美貌の出家者に夢中になる女性、飛び級で出世する者への嫉妬、兄弟間の遺産相続問題、盲目の美男子と人妻の不倫など、世俗的で現代にもあり得るような身近に感じる話題や、多くの読者が身につまされるような事柄を含んでいる[8]。さらに、アヴァダーナの特質ではなく、宮廷文学の一種であることが要因であるが、本文献には巧妙な隠喩の形での性的な描写が随所で見られ、宮廷詩人クシェーメーンドラの本領が発揮されるところとなっている[9]。ところがこのような箇所は後述するチベットで編集された散文文献からはほとんど抜け落ちている。宮廷詩人の冴えわたる機知や遊び心は、おそらく意識的に削除されて、文学的には若干の味気無さを伴ってチベットに流布されることとなった。

　文学において『アヴァダーナ・カルパラター』は特別の評価を受けている。サンスクリット語による詩としての評価は別として、チベットの文学においては、訳詩が「全ての詩の中の王」であると形容されることがあり、学僧に認識されるまでに至っている[10]。しかしながら、別名「詩の宝」とも称えられる美しい詩を鑑賞できるのも一部の、原典にアクセスできる者に限られたと考えられる。偈文を分かりやすく書き替えた散文の『アヴァダーナ・カルパラター』が編纂されたことで、それにとって代わり、偈文

の美しさとしてではなく、仏教を主題とする説話として普及したからである。

　チベットでは『アヴァダーナ・カルパラター』の註釈がいくつか著されたが、記録に残るのみで、現在は入手できない[11]。時代が下ると、偈で綴られたチベット語訳原文のあらすじを抽出して、全文を散文の形でまとめて編纂された文献も現れた。それが、19世紀頃の人物とされるパドマ・チューペルが編纂した『法王クシェーメーンドラによる菩薩のアヴァダーナ百話のアヴァダーナ・カルパラター』である[12]。これは、散文と偈文が混在する形式を取るのではなく、原文を翻訳した偈文を全く引用せずに、全て散文であらすじを著した文献となっている。内容は当然のことながら編纂者の趣向が反映されており、些末な箇所は削除される一方、内容の付加や変更、物語の筋に関わる増広部があり、仏典としての体裁を整える意識と、チベット人的な解釈と誤読が見受けられる。そのため、『アヴァダーナ・カルパラター』の原文との違いを認識した上で扱うように注意を払わなければいけない。しかしながら本文献がチベットにおいて果たした役割は少なくない。原文の翻訳詩はかなり難解であり、たとえ文学的に評価が高くとも、翻訳詩だけではこれほどまでに人気を得なかったと考えられるためである。この散文版は現在でも書店で入手することが可能で、手に取りやすく親しみやすい文献となって、さほど苦労しなくても内容のあらましを理解できるという利点がある。まさにタイトル通りの「見るだけで価値がある（mThong ba don ldan）」書籍となっている[13]。さらにはこの散文版の英訳が出版され、『アヴァダーナ・カルパラター』の認知度を海外に至るまで高めることに貢献した[14]。

162 　図像

図2　民博所蔵『アヴァダーナ・カルパラター』版画のうち「右第三」

チベットの仏教説話画 | 163

図3 民博所蔵『アヴァダーナ・カルパラター』版画のうち「右第八」

図4 民博所蔵『アヴァダーナ・カルパラター』版画のうち「右第一三」

チベットの仏教説話画 | 165

図5 民博所蔵『アヴァダーナ・カルパラター』版画のうち「右第一四」

166 | 図像

図6 民博所蔵『アヴァダーナ・カルパラター』版画のうち「左第五」

チベットの仏教説話画 | 167

図7 民博所蔵『アヴァダーナ・カルパラター』版画のうち「左第一四」

168 | 図像

図8 民博所蔵『アヴァダーナ・カルパラター』版画 第6章、第7章、と第8章見取り図

図9 民博所蔵『アヴァダーナ・カルパラター』版画 第22章と第23章見取り図

図10 民博所蔵『アヴァダーナ・カルパラター』版画 第42章、第43章、第44章見取り図

図11 民博所蔵『アヴァダーナ・カルパラター』版画 第45章、第46章、第47、第48章見取り図

チベットの仏教説話画 | 169

図12 民博所蔵『アヴァダーナ・カルパラター』版画 第67章、第68章、第69、第70章見取り図

図13 民博所蔵『アヴァダーナ・カルパラター』版画 第104章、第105章、第106、第107章見取り図

3.『アヴァダーナ・カルパラター』のタンカについて

3.1 『アヴァダーナ・カルパラター』の現存作例

　この『アヴァダーナ・カルパラター』という文献に基づいて、いくつかのタンカが制作された。上述したように、本文献は108章からなるため、一枚の画布に全ての物語を表すことは難しい。そこで考え出されたのは、各章の物語から主要となる場面をいくつか抜き出して、数十枚の画布に絵画として表すことであった。これまでに分かっているだけで、『アヴァダーナ・カルパラター』のタンカセットは4種類以上あるが、全てのセットで複数のタンカに各章の物語を数話ずつ描いている。現存するタンカセットは以下の通りである。

・一具が 41 幅からなる「41 幅のセット」

・ナルタンで開版された「ナルタンのセット」肉筆画と版画
　（民博に 6 幅所蔵）

・シトゥ・パンチェンによる「シトゥのセット」

・上記以外の不明なセット

　「41 幅のタンカ」は 41 幅で一具とするタンカのセットで、絵画の様式
は次に述べる「ナルタンのタンカ」と酷似している。現存するのは肉筆画
だけであり、これまでにこの版画は見つかっていない。41 幅の全てがそ
ろう完全なセットは現在のところ、中国・北京の雍和宮の万福閣に展示中
のセットと、同じく雍和宮に所蔵される別のセット、中国・北京の故宮博
物院が所蔵するセット、および、インド・ダラムサラのダライラマ 14 世
所蔵のセットの 4 つが確認できる[15]。このうち、雍和宮の展示中のセッ
トは一部のタンカの裏書から、1745 年に完成して、当時のダライラマ 7
世から雍和宮に贈呈されたことが分かっている。故宮のセットもタンカの
一片の裏書から、乾隆帝の命によって 1783 年にチベット仏教の活仏チャン
キャ・フトクトゥが作成したことが明らかとなった[16]。ダラムサラのセット
は、主尊タンカに描かれる人物構成から、1730〜40 年頃に作成された
と見られ、いずれも 18 世紀前半に相次いで完成している。

　「41 幅のタンカ」との直接的な関係が指摘されるのが、「ナルタンのセッ
ト」である。これは 31 幅からなるセットで、「41 幅のタンカ」と比較す
ると小規模となる。この二つのセットは様式が酷似するだけでなく、物語
の場面の描写がほとんど同じで、異なっているのはその構成だけとなる。
つまり、いずれかのセットのいくつかの場面を切り抜いて再配置してもう
一方を作成したかのようである。「41 幅のタンカ」の方が絵で表す場面が
多く、一幅のタンカに 2 話か 3 話を表すのに対して、「ナルタンのタンカ」

が2話から4話表している。そのため、「ナルタンのセット」の方が表される場面は少なく、省略されることもある。また「ナルタンのセット」にあって「41幅のタンカ」に描かれない場面は確認できない。

いわゆる「ナルタンのセット」は肉筆画と版画の両方が現存するが、元来は18世紀前半に現在のチベット自治区の中央チベット西部のナルタンで作成された原画に基づいている。現存する完全なセットは、中国・北京の故宮博物院所蔵のセットと、インド・ニューデリーのチベットハウス所蔵のセットが知られ、いずれも肉筆画であると考えられる。版画の例としてはデリーの出版社から完全なセットの版画とその線描図が出版されているが、現在の版画の所蔵と誰がどのように線描を作成したかが不明である[17]。断片的に所蔵される絵画に至っては、作例数が非常に多く、世界中の様々なチベット美術コレクションの所蔵となっている。

この二つのタンカセットとは様式、構図ともに全く異なるのが、「シトゥのセット」である。これは、チベット仏教カルマカギュ派の僧シトゥ・パンチェン・チューキ・ジュンネー (Si tu paṇ chen chos kyi 'byung gnas, 1699/1700-1774) 自らがスケッチ等を行いながら指揮して作成された全23幅からなるタンカのセットである[18]。ナルタンの作例と比較すると、全体的に緑と青を基調とした淡い色調で描かれており、すき間なく描き込まれる上の二つのセットの絵画に対し、全体的に空間を広く取って描かれており、登場人物が最小限で、銘文も章のタイトルだけに限られている。「シトゥのセット」も複製が多く、チベット内外の様々な寺院やコレクションの所蔵となっている。なお、「シトゥのセット」も1737年に完成したとされるので、18世紀前半のチベットにおいて『アヴァダーナ・カルパラター』のタンカが相当に流行したことが分かる。

ほかにもこれらのいずれにも属さないセットが複数ある。これらもほとんどが断片的に所蔵されるため、全体像をつかむことは困難な状態となっている。さらに現在でも『アヴァダーナ・カルパラター』の文献をもとに

複数の絵画を一セットとして制作することがあると筆者が個人的に見聞き
していることもあり、果たしていくつの絵画セットがこの世に存在するか
は不明となっている。

　最後に、寺院などの現地に残る作例も確認されているので、概要を記し
ておく。中央チベットのゴンカルチューデ、ラサのポタラ宮および大昭寺
の内回廊、サキャ南寺の集会堂の前面壁にも『アヴァダーナ・カルパラター』
の壁画が見られる[19]。この中のゴンカルチューデの集会堂には、「ナルタ
ンのセット」をもとにした壁画が一面に描かれており、それに隣接する祠
堂内の旧壁画には、チベット人絵師のケンツェの手によるとされる同主題
の壁画が残っている[20]。他にもカム地方の寺院の壁画に複数現存するとい
う情報を得ているが、未確認である。ラサやツァン地方の寺院のみならず、
広い地域において好まれた画題であることは確かであり、タンカだけでな
く、寺院の壁画にも表すことで多くの巡礼者の目に触れることになった。

3.2　タンカの先行研究と問題点

　タンカの研究については、上に挙げた「ナルタンのタンカ」と「シトゥ
のタンカ」に関しては欧米や中国、韓国に所蔵されるタンカを中心に研究
が進められているが、全ての物語の全場面を同定した研究はまだない。チ
ベットのタンカの研究の歴史はまだ浅く、『アヴァダーナ・カルパラター』
にしても本格的に海外の研究者によって研究されたのは 20 世紀に入って
からのことである。最初にこのタンカに着目し、研究の先鞭をつけたのは
イタリアの研究者のトゥッチ（Tucci）で、その著作には「ナルタンのセッ
ト」の全ての作例が抄訳とともに発表されている[21]。トゥッチは読みやす
い散文版の『アヴァダーナ・カルパラター』を参照できたであろうが、抄
訳はおそらくサンスクリット語原文とチベット語訳の両方に基づくと推測
される。それはトゥッチが提示する抄訳の中に偈文の訳があり、さらに散
文版の増広部や変更箇所がその抄訳の中に見られないからである。チベッ

ト語訳に見られるような読み違いがほとんどないこともこの抄訳の信頼性を高めている。しかし梗概であるため、本筋を離れた逸話や長々と述べられる情景の形容や格言はほとんど省かれる。現在でもこれを超える研究がなく、特に美術の研究における絵画の同定では、トゥッチの抄訳が今もって参照され、これに基づいて同定されている。そのため、翻訳における誤訳や物語同定の誤りは訂正されずにそのまま継承されることがある[22]。さらに、抄訳であるために些末な逸話が抜け落ちていることがたびたびあり、その逸話が絵画上に表されている場合、文献をもとに同定することが不可能となっている[23]。したがって、絵画を同定する際に原文を参照せずに抄訳のみに依拠した場合、正確な物語の同定からは離れる結果となる。

　さらに最近では文献の項で挙げた、散文版の『アヴァダーナ・カルパラター』英訳が「シトゥのセット」の全てのタンカの作例とともに出版されており、それを参照することが多いように見受けられる[24]。シトゥ・パンチェンがいかなる文献を参照してタンカ制作を指揮したか不明であるが、翻訳偈文のテキストと散文版のテキストにタンカの作例を対照させた研究が必要であると考えられる。シトゥ・パンチェンが散文版を参照したのであれば、それを典拠とするタンカ作例として何の問題もないが、原文と散文版では内容に相違点があるため、その認識は必要であると考えられる。

4．ナルタンのセットについて

　『アヴァダーナ・カルパラター』に基づく絵画の現存作例に複数のセットがあることが分かったが、このうちで最も普及したのが、「ナルタンのセット」である。このセットをなすタンカは一幅を除いてすべての絵画が同じ形式で描かれており、一見するとそれぞれのタンカの見分けがつかない。しかし中央の仏やその背景も詳細に見ればそれぞれ異なっている。絵画を構成する共通の要素としては、主尊タンカを除けば、画面は全て中央

174 | 図像

の釈尊坐像とその背後の物語部分の二つから構成される。また物語部分にも全ての絵画に共通する要素がある。まずはその各要素を見ていきたい。

4.1 絵画全体

【釈迦牟尼坐像】中央には、いずれも釈迦牟尼の座像が表されている。全ての釈迦牟尼は蓮華の上に結跏趺坐で坐しており、主尊タンカを除けば、脇侍をとらずに単独で表される。また釈迦牟尼座像のそれぞれは、手で示す印相が異なっている。なお、ナルタンのセットと類似する「41 幅のタンカ」では、中央の釈尊座像の上に祖師の像や無量寿仏の座像が表されるが、ナルタンのセットではそれらを一切表さない。

【物語】釈尊坐像の周りの部分が『アヴァダーナ・カルパラター』に基づき、その説話に説かれる場面を絵で示している。物語を絵で表す際には、その特徴的なシーンを一景で表す方法と、一つの画布に物語中の異なる場面を複数表す異時同景の手法で表す方法があるが、この場合は後者である。

【配置場所の指示】民博所蔵の版画には画面の大きな四角形の枠の上の中央に小さな枠を設け、中にチベット語が書きこまれる（図 14 最上部凸部）。これは後から手書きで付け加えたのではなく、版木に彫られているもので、この絵画の配置を示す。例えば、図 14 を例にとれば、枠の中に「右の第八」（g.yas brgyad pa）とあるが、これは後述するタンカの配置方法の、中央に配置されるタンカを基準としてどの位置に置かれるかを示すものである。版画でない絵画の場合は余白に覚え書きのように書きこまれることがある。版木に彫られる枠が確認されたことで、版木作成の時点で配置方法が定められていたということが明らかとなった。なお、ナルタンのタンカと同じタンカで彩色のある、デリーに現存する例や、故宮所蔵の例には、この枠や書き込みは見られない。

図14 民博所蔵『アヴァダーナ・カルパラター』版画 「右第八」上部

4.2 物語の部分

【背景】物語の部分の背景として描かれるのは、王宮、寺院、雲、山や海などの風景であり、僧侶や大人の男女、子供、動物たちなどの登場人物の背景となっている。画面全体は細密画のように山や雲、建物によってすき間なく埋められているが、これらは物語の場面の背景であるのと同時に、場面を区切る境界ともなっている。一幅の絵画には複数の章にわたる物語が絵で表されているが、山や雲の連なりや、連続して表される建物で物語の境が緩やかに設定されている。画面上では、例外もあるが、一つの物語がある程度まとまって描かれている。その配置は大体が時計回りであるが、ランダムに配置されることもたびたび見られる[25]。

【題字】画面の中には、大小の二つのお椀を伏せて重ねたような図形の中に文字が書きこまれているのが確認できる（図15の下部中央）。これは石碑を模した図で、中には章番号と該当するタイトルが書かれている。例の場合、「第24章ヴィシュヴァンタラ物語」（yal 'dab nyer bzhi ba thams cad sgrol gyi rtogs pa brjod pa）となる。彩色がある場合は、石碑の中の文字は銘文と同じ色となっている。例えば、故宮所蔵のタンカの石碑は赤で塗られ、中の文字と銘文は金色で書かれており、デリーのチベットハウス所蔵のタンカに描かれる石碑は白で石碑の中の文字と銘文は赤で書き込まれている。

図15 民博所蔵『アヴァダーナ・カルパラター』版画 「右第八」下部

【釈尊の説法(現在物語)】「アヴァダーナ・カルパラター」の各章はほとんどが、過去物語が語られる前に、「釈尊が比丘たちを前にして特定の人物や事柄に関連して次のように説かれた」、と説法の開始が述べられる。絵画の中にも多くの場合、釈尊が坐し、数人の比丘たちが聴聞する様子が描かれるが(図18①と図20に相当)、それはこの現在物語(前置き)の部分を表している。またこの場面は結末の段の現在と過去の結合を釈尊が弟子たちに説示する場面でもある。

チベットの仏教説話画 | 177

【銘文】題字の他にも銘文が書きこまれる。これは版画にも見られるため、刷画して後から銘文を書き込むのではなく、版木から擦りあげた時点で銘文が書かれることになる。銘文は多くの場合、画中の地面や空などの空白に書かれるが、宮殿などの建物の壁面に書かれることも多い。例の場合（図15左部分）、宮殿の中に男性が坐し、傍らに女性がおり、彼らの前には俗人の男性が仕事をするような様子を表す。これだけでは何の場面であるか同定することは困難であるが、その宮廷の壁に銘文があるために正確に同定することが可能である。この場面同定と銘文については後述する（図18⑧と図27）。

4.3　絵画配置方法

「ナルタンのセット」は31幅からなるが、その配置方法は上述したようにそれぞれのタンカの上部に配置箇所が記されている。それに従って配置するのであるが、中央となるタンカ（主尊タンカ）があり、その左右に各15幅のタンカを配置するようになっている（図16）。主尊タンカは左右に配置される残りのタンカと大きさも表装方法も同じであるが、物語を一切表さずに、中央の釈尊とその周りに『アヴァダーナ・カルパラター』に関わった人物と物語の登場人物を表す。その主尊タンカから見て右側に、第1章から第52章までの物語を表すタンカ「右第一」から「右第十五」までを配置し、その左側に、第53章から第108章を表すタンカ「左第一」から「左第十五」まで配置する。最後の「左第十五」には物語の他に施主となった人物の肖像が挿入されている。

　このように主尊タンカを中心として横に長く配置することになるため、巡礼路に沿った壁画の一部である例や、寺院の本尊の配置に合わせて、仏像などの本尊の後ろに本尊タンカを配置し、その左右に物語を表すタンカを壁面に配置する例が見られる。図17は一例であるが、表装されたタンカを規定の配置方法に従って展示室の壁面に展示する例である。

図16 『アヴァダーナ・カルパラター』のタンカセット展示方法概念図（右3〜14と左3〜14は省略）

図17 ニューデリーのチベットハウスに展示中の『アヴァダーナ・カルパラター』タンカセットの一部（完本）

5．「ヴィシュヴァンタラ物語」

　民博に所蔵される絵画を一例に、上記の文献に説かれた物語がどのように表されているか見ていきたい。図3と9に表されるのは、『アヴァダーナ・カルパラター』第23章と24章の「シャカ族の物語」と「ヴィシュヴァンタラの物語」に説かれる場面で、それぞれが絵画中の上部と下部に描かれる。主尊タンカに対する位置は「右第八」（g.yas brgyad pa）、つまり主尊タンカから見て右側の八枚目である。

　ヴィシュヴァンタラの物語とは、釈尊の前世の物語を含む、ヴィシュヴァンタラという布施行に努めていた王子の物語である[26]。王子は布施に熱心

チベットの仏教説話画 | 179

なあまりに、王家の財宝にとどまらず、自分の妃と子供たちまで布施をしてしまうという内容で、この王子が釈尊の前世の存在であったと説かれている。

図18は第24章の物語の主要場面に番号を付した図で、この数字は下記の文中の数字（①から⑧）に対応している。線描の図（図19から図27）は民博所蔵の版画とニューデリーのチベットハウス所蔵の絵画作例をもとに、資料として新たに作成した図である[27]。図19はその全体図で図20から27はこれを見やすくするために該当する場面を切り抜いた図である。物語はタンカの右下①から始まる。

図18 図3に同じ（図中の数字は物語の番号で文中の番号に一致）

180 | 図像

図19 『アヴァダーナ・カルパラター』「ヴィシュヴァンタラ物語」線描図

① 釈尊が因縁を弟子に説こうとする（図20）

ある時、シャカ族の街で釈尊は比丘たちと一緒にいた。比丘たちに質問されると、釈尊は従弟のデーヴァダッタの話に関連して前世の話を始める。

図中①に示されているのは、建物の中に坐す釈尊と前に集まる比丘十数人である。これから釈尊が比丘たちに因縁を説こうとする場面である。

図20 『アヴァダーナ・カルパラター』「ヴィシュヴァンタラ物語」中、釈尊が因縁を弟子に説こうとする場面および現在と過去の接合

② 布施に熱心な王子は王宮にやって来る人々にあらゆるものを与える（図21）

ある時、ヴィシュヴァという繁栄している都があり、行いの正しいサンジャヤ王がその地を治めていた。王には、寛大で布施に熱心なヴィシュヴァンタラという王子があり、王子は前例がないほどの喜捨を行っていた。

図中②には王宮が表されており、その中には王子が座っている。下には品物を広げて見る人や、背中に荷物を背負う人々があり、王子が布施を行って、人々が受け取った品々を背負って王宮を出ていく姿が表される。

図21 『アヴァダーナ・カルパラター』「ヴィシュヴァンタラ物語」中、王子による布施の場面

③ ヴィシュヴァンタラ王子は戦車や象を布施する（図22）

ヴィシュヴァンタラは王子でありながら、布施行に熱中するあまりに、王国の維持に欠かせない戦車や、王国のシンボルでもある象までも乞われるがまま、物乞いに布施をしてしまう。

図中③では、王宮の下と左にそれぞれ戦車や象を布施するシーンが表

される。戦車は勝利をもたらすものであり、象は王にとって幸運の象徴であった。

図22　『アヴァダーナ・カルパラター』「ヴィシュヴァンタラ物語」中、王子が戦車や象を布施する場面

④大臣たちの諫言と王の怒り（図23）

　王子によって戦車が布施された時、大臣たちはあきれ果て、王子に対する王の愛情が足りないことを責めたてる。王国の象までもが王子によって布施されたと知ると、王はとうとう怒って王子に追放の命を下す。

　図中④では王宮の中に王が坐しており、その前に合掌して跪くヴィシュヴァンタラ王子と、その後ろに妻のマドリー妃が従うのが表される。

図23　『アヴァダーナ・カルパラター』「ヴィシュヴァンタラ物語」中、王によって王子と妃が追放される場面

⑤王子と妃は追放され、2人の子供を連れて森に行く（図24）

　王子と妃は王宮から追放されてしまう。2人には男女の子供があり、親子ともども、わずかな荷物を持って森に向かう。そこでは所有物の最後の残りである乗物でさえ、乞われて布施をしてしまい、所有する物が何もない状態になる。本文の偈には次のようにある。

　　森でも彼は乞食に　乗物などの残りの全ても布施をした
　　なぜなら偉大な心の持ち主は　豊かであっても、貧しくあっても、同じであるから　(29)

　図中⑤では左に馬を伴って家族が荷物を持って王宮を出る姿が表される。王宮を追放された時には乗物として馬があったことを示している。その右は全てを布施してその乗物さえも失い、王子と妃が2人の子供をそれぞれ背負って歩く姿を描く。

図24　『アヴァダーナ・カルパラター』「ヴィシュヴァンタラ物語」中、王宮を出て子供を連れて森に向かう場面

⑥王子は子供までも布施をし、妃は倒れる（図25）

　ある日、妃が食物を集めようとして外出していたところ、ジャンブカというバラモンが王子のもとにやって来て、召使がいないため子供が欲しい

と懇願する。頼まれた王子は躊躇せずにこのバラモンに2人の子供を渡してしまう。妃が家族のもとに戻り、その事実を知ると衝撃のあまり倒れてしまう。

図中⑥では2人の子供を引き連れるジャンブカと、上に王子の前で妃が倒れる様子が表される。

図25 『アヴァダーナ・カルパラター』「ヴィシュヴァンタラ物語」中、王子による子供たちの布施とそれを知って妃が倒れる場面

⑦ 王子は妃をも布施する（図26）

王子の前にさらなるバラモンが現れる。バラモンは妃を召使として布施するよう要求する。このバラモンはインドラが人間に化けた姿であった。王子は最初こそ取り乱したが、理性によって悲しみを抑え、妻をバラモンに与える。

王子は、恐れおののいて連れ去られようとされる妻に言う。

　　気を確かにしなさい善き女よ　貴女が悲しむことはない

図26 『アヴァダーナ・カルパラター』「ヴィシュヴァンタラ物語」中、王子が妃を布施する場面

愛する者との結びつきは　夢の中の愛情と同じで真実はない　（40）
このバラモンに仕えることで　貴女の心は法を楽しんで
この移ろう世間を渡る者に　善き法こそが堅固な友　（41）

　妃を連れ去ると、インドラは自らの本来の姿を現し、子供と再会することを妃と約束する。
　図中⑦はインドラの化身であるバラモンが妃の手を引いて連れ去るシーンを表している。

⑧バラモンのジャンブカが子供を売りに街へ行き、王子は王位に就く（図27）

　王子の布施によって子供を得たバラモンのジャンブカは街へ子供を売りにやって来る。そこでその街の王（父王）は2人を大金で買い取った。後にこの王が亡くなり、ヴィシュヴァンタラ王子は王位に就くことになった。ヴィシュヴァンタラの徳によって王国は繁栄し、物乞いはいなくなった。

　図中⑧は右上に2人の子供を連れて街にやって来たバラモンのジャンブカと、その下に王宮の中を描きヴィシュヴァンタラと妃が坐す場面を表す。ヴィシュヴァンタラは王となり、その前には都の住人や家臣たちが表されている[28]。

図27　『アヴァダーナ・カルパラター』「ヴィシュヴァンタラ物語」中、バラモンが子らを売りに出かける場面と、王子と妃が王宮に戻り王と王妃になる場面

① 過去生と現在の接合（図20）

　ヴィシュヴァンタラ王子はかつての釈尊であり、物語中に登場する、子供たちを連れて行ったバラモンのジャンブカがデーヴァダッタであると、釈尊が過去生と現在の因縁を説く。

　図では、図中①に戻り、釈尊が比丘たちに因縁を説くシーンとなる。

　以上が「ヴィシュヴァンタラ物語」の説かれる内容とそれに基づく絵となる。絵画においては物語の場面は無作為に配置されるが、絵画の中を辿ればあらすじを追うことが可能であり、文献の記述に忠実に表されていることが確認できる。

　文献と絵画を対照して明らかになるのは、文献に忠実でありながら人情味ある物語として表す絵師の表現力の豊かさである。物語の中盤の、ヴィシュヴァンタラ王子一家が王城から追い出されて森に向かう場面では、テキストには「〔子供たちを〕連れて森に向かった」と書かれるだけであるが、絵画中（図24右）には、無一文になったヴィシュヴァンタラ王子と妃がそれぞれ2人の子供を背負って物憂げに歩く様子が表されている[29]。全てを失って頼るところが無くなった心細さと情けなさが巧みに絵画に表されている例である。また読者や聴衆の多くは、子供を取られて卒倒する哀れな母（図25上）に対する同情や、子供を連れて行く欲深いバラモン（図25下）への嫌悪を感じるだろうが、これらも省かれることなく、ややユーモラスな人物の表現で絵画に表されている。物語の結末の、王子が王位に復帰し家族が再会する箇所（図27）は、絵画においては省略される場合が多くあるが、これも王子と妃が蔵を備えた王宮の中に坐る様子を銘文とともに表し、めでたい結末を取りこぼしなく表現している。このように、原文の偈文に欠ける情報を絵師たちは器用に補って絵画化し、物語の鍵となる箇所を的確に選んで構成し、見る者の情感を掻き立てるような表現をしていることが分かる。

むすび

　本稿では、『アヴァダーナ・カルパラター』の文献と絵画における全体像を示した。そのうち、版画の作例として普及した「ナルタンのセット」について詳しく述べた。民博は「ナルタンのセット」を所蔵しており、その一篇の木版画について、一つの事例として第24章「ヴィシュヴァンタラ物語」を詳細に記述した。最後に仏教教化におけるこの木版画の意義と今後の研究の展望について記して結びとしたい。

　チベットでは本稿で問題とした仏教説話画に親しむ機会は各段に多く、様々な場所で目にすることができる。寺院の壁画や内部に掛けられたタンカには必ずと言っていいほど仏教説話画があり、まさに説話画の宝庫と言っても過言ではない。またこのようなタンカを個人で所蔵することも少なくなく、寺院だけに限らずに民間にも広く流通している。さらに庶民的な芸能に説話画が使用されることも特徴的である。かつては在俗の絵解き師によって持ち運び可能なタンカを使って絵解きが行われ、農閑期の村や巡礼者の集まる町の風物詩となっていたと言われる。このような物語を聞くことや、絵画を見たりすることは宗教活動の一環としてよりも、むしろ娯楽に近く、気軽に接することができる媒体であった。一方では、物語を聞くだけで信仰上の功徳を積むことができるという認識を持ち合わせており、特定の物語の口演が世俗的な願望成就の利益をもたらすとも伝えられている[30]。しかしながら、こうした気軽に接することができる物語の背景にあるのは仏教的な価値観である。『アヴァダーナ・カルパラター』では、誰にでも分かりやすい物語の形を取って菩薩の徳目である「布施」や「忍辱」が繰り返し説かれている。上記の「ヴィシュヴァンタラ物語」の説く仏教的な価値観は「布施」である。

　チベットにおいてこのような仏教的な価値観が世俗の人間にも浸透した

要因は様々に考えられるが、本稿で述べたアヴァダーナの絵画もその一端を担っていると考えられる。仏教に基づく物語は人々に共有されており、それがチベットにおける精神文化の一部となっていると考えられるからである。チベットで仏教説話がいかに流布したかを考えれば、経典や文学のテキスト、あるいは口承で伝えられる物語だけを手段としていたら限界があったに違いない。物語に絵画があり、さらにそれが版画となって量産化されたことで広く流布し、チベットにおける仏教教化に寄与したのではないだろうか。そのように考えれば、「ナルタンのセット」のような木版画が果たした役割は非常に大きい。

　ここでは美術史における観点から『アヴァダーナ・カルパラター』を典拠に持つ木版画の全体像を明らかにしたが、その用途の解明や社会的な意義、経済的な価値を論ずるためには他分野の異なる方法論に頼ることになる。今後のさらなる研究に期待したい。

註

1）「仏教版画」に対応するチベット語は見当たらないが、本稿では、仏教に基づく画題を持つ版画という意味で日本における使用に従う。日本の仏教版画については主に、菊竹（1984）および、内山（2011）を参照した。

2）チベットの版画（主に仏画）を集めた特別展として、2017年に福光美術館において、田中公明監修「なんとの至宝展 part6　デルゲ印経院チベット木版仏画展」が開催された。チベットの仏教版画を中心に展示する展覧会はこれの他知られていない。

3）サンスクリット語文献とチベット語訳の章番号が異なるのは、チベット語訳の第10章がサンスクリット語文献には欠けており、さらにサンスクリット語文献の第49章がチベット語訳には欠けているためである。

4）西岡（1981:63）〔881〕。翻訳者は、ショントン（Shong ston）とラクシュミーカラ（Lakṣmīkara）で、パクパとシャーキャ・サンポの支援のもとで行われた。

5）西蔵大蔵経に所収される本文献で参照したのは以下。デルゲ版 No. 4155 ke 1b-329a. 北京版 No. 5655 ge 1-nge 361（第128巻〜第129巻 p. 285-120）。

6）*Boddhisattvāvadānakalpalatā*（1888-1912）は、書籍の見開きの左頁にチベット語訳、右頁にサンスクリット語偈が提示される。*Avadānakalpalatā of Kṣemendra*（1959）は、チベット語の音写から再現したサンスクリット語のみを掲載する。

7）de Jong（1979）および（1996）。

8）これらの例はほんの一例であり、筆者が共同で翻訳した章から例を挙げている。家督をめぐる父子の葛藤（第29, 37章）、美貌の出家者に夢中になる女性（第38章）、飛び級で出世する者への嫉妬（第35章）、兄弟仲と遺産相続問題（第36章）、盲目の美男子と人妻の不倫（第31章）。引田・大羽（2015）に一部を掲載。現在も翻訳を続行中である。

9）前の註と同様に一例として第31章の偈文を挙げれば、牛飼いの妻と盲目の琵琶を弾く男とのやり取りで、琵琶を男性性器に例え、（女性の身体と琵琶に）爪を立てること、それによって（女性の反応として、あるいは琵琶から）音を出させること、最後に琵琶を（女性の）腰に載せるまで（音調と気分を）高揚させる情景が偈文で巧みに表現されている。

10）Gendun Rabsal（1999）は一例として19世紀の学僧であるチョネ・ラマ・ロサンギャツォの偈を挙げる。Snyan ngag kun gyi rgyal po 'khri shing gi / shing rta'i 'phang lo g.yos pa'i bshul lam du /（全ての詩の王である『〔アヴァダーナ・〕カルパラター』の 馬車の車輪が通り過ぎた轍に）。

11) van der Kuijip（1996）には、主要な注釈が挙げられている。最も早く成立したの
が14世紀のパン・ローツァワ（Dpang lo tsa ba）の註釈であり、その後に、ジク
メ・タクパ（'Jigs med grags pa）とガワン・ジクテン・ワンチュク・タクパ（Ngag
dbang 'jigs rten dbang phyug grags pa）によるふたつの注釈が成立した。このふ
たつの註釈はそれぞれ「赤」と「黒」の註釈として知られていた。これら全てはア
ク・リンポチェ（A khu rin po che）のカタログ（tho yig）の中に挙げられている
が、現在は入手できないようである。Chandra（1963:17-18）には一覧が掲載され
る。Rabsal（1999: 103-104）はカタログに確認ができる註釈をほかにも4点挙げる
が、現在は入手できない。

12) チベット語のタイトルは以下である。*Chos rgyal dge ba'i dbang pos byas pa'i
byang chub sems pa'i rtogs pa brjod pa mdzad brgya dpag bsam 'khri shing.* これ
は、mThong ba don ldan として以下のタイトルでニューデリーから出版されてい
る。*rTogs brjod dpag bsam 'khri shing gi snyan tshig gi rgyan lhug par bkrol pa
mthong ba don ldan*（1981）. 散文版の『アヴァダーナ・カルパラター』については、
Mejor（1992）を参照。同書は第75章の原文英訳と散文版の英訳を掲載している。

13) 散文版のタイトルでニューデリーから出版された書籍（前註を参照）のタイトルに
もなっている。

14) Padma-chos-'phel ほか（1997）は英訳であるが、いかなるテキストが参照された
かは記されていない。

15) 雍和宮の作例については、雍和宮唐喀瑰宝編委員会（2002）。故宮所蔵の作例につ
いては故宮博物院編（2011）。ダラムサラに所蔵される作例については、*Forty-One
Thangkas from the Collection of His Holiness the Dalai Lama*（1980）。

16) 故宮に所蔵されているタンカの裏に書かれる中国語、モンゴル語、チベット語の3
言語による裏書から判明した。ここで言及される活仏とはおそらく、チャンキャ3
世のロルペー・ドルジェ（1717-1786）であろう。当時チャンキャ3世は雍和宮の
管理を任されている。

17) Rani（2005）。

18) Jackson（1996:259-283）に、シトゥ・パンチェンの『アヴァダーナ・カルパラター』
を含んだ芸術活動が詳しく述べられる。ほかにも、シトゥ・パンチェンのタンカ
セットの一部を所蔵する米国のルービンコレクション（Collection of Shelly and
Donald Rubin）の研究が Rhie ほか（1999:146-155）に、韓国のハンビッツコレクショ
ンのカタログが田中（1998～）にあり、シトゥ・パンチェンのタンカセットについ
ての先行研究の成果を参照できる。

19) ポタラ宮の壁画は、中国西蔵布達拉宮管理処編著（2000）に一部掲載される。

20) 羅、格桑曲培（2015）。

チベットの仏教説話画 | 193

21）Tucci（1949：437-534）。

22）誤りの一例を、引田・大羽（2014）に発表したので参照されたい。

23）一例を挙げれば、第35章（チベット語訳では第36章）に説かれる「ラーダーによる布切れの布施」の挿話はTucci（1949）の抄訳にあり、散文版にはない。タンカにおいては女性が釈尊に衣服を布施する場面が描かれているが、Tucciはこのシーンを同定していないため、これまでこの逸話を表すシーンは同定されないままであった。

24）Padma-chos-'phelほか（1997）。

25）奥山（1996：69-72）によると、多田等観氏請来「釈尊絵伝」でも、中心となる本尊タンカの左右に同数のタンカを配し、それぞれのタンカの中央の釈尊の周りに仏伝図を表すが、その物語の情景は、主尊タンカから見て右に配置されるタンカは左回りに、左に配置されるタンカは右回りに展開する。しかしながら、ナルタンのセットではそこまで整然とした配置を取らない。中には物語のまとまりから遠く離れている箇所に一場面だけ表すような例もある。

26）サンスクリット語からの翻訳は、引田（2012）を参照。「ヴィシュヴァンタラ物語」は仏教美術において作例の多いテーマである。主要な作例だけ挙げれば、インドのサーンチー第1塔北塔門浮彫や、アジャンター石窟第17窟、および中国の敦煌莫高窟第428窟の壁画、インドネシアのボロブドゥール遺跡第一回廊欄楯上段浮彫や、同主壁下段浮彫などがある。それぞれの地域におけるこの物語に関する先行研究は多いが、ここでは割愛する。チベットにおける同主題の美術作品や文献の研究は知られていない。

27）日本在住のチベット人絵師ケルサン・ギャツォ氏によって線描が作成された。

28）このシーンはニューデリーのチベットハウス所蔵の絵画の銘文で明らかとなった。"Slar yang tham cad sgrol rgyal por 'khod pa"「再びヴィシュヴァンタラが王に任命されたこと」と宮殿を囲む外壁画に書き込まれる。

29）第28偈参照。なお、「ヴィシュヴァンタラ物語」は漢訳、蔵訳のそれぞれの大蔵経に所収されている。これらの中から一例を挙げると、漢訳の『根本説一切有部毘奈耶薬事』には、同一箇所の記述に「携抱男女。漸進而行。遠至苦行林中。既到林已。」とあり、王子が男女の2人の子供を抱えて苦行林に向かったことが述べられる。大正蔵第24巻、66a。

30）金子（2009）には、『アヴァダーナ・カルパラター』にも所収されている「スダナ・キンナリー・アヴァダーナ」（第64章）の村芝居や絵解きは、夫婦和合の功徳があるとして人気が高いとの報告がある。

参考文献

梵語

Sarat Chandra Das and Pandit Hari Mohan Vidyabhushan eds. 1888-1912. *Boddhisattvāvadānakalpalatā* (Bibliotheca Indica). Calcutta: the Baptist Mission Press.

P. L. Vaidya (ed.). 1959. *Avadānakalpalatā of Kṣemendra* (Buddhist Sanskrit Series, No. 22. 2 vols.). Darbhanga: the Mithila Institute of Post-graduate Studies and Research in Sanskrit Learning.

蔵語

Gendun Rabsal. 1999. *An Analytical Study on Bodhisattvāvadānakalpalatā*, Varanasi: Central Institute of Higher Tibetan Studies Sarnath.

rTogs brjod dpag bsam 'khri shing gi snyan tshig gi rgyan lhug par bkrol pa mthong ba don ldan. 1981. Delhi: Karmapae Chodhey.

内山啓一　2011　『日本仏教版画史論考』京都：法蔵館.

奥山直司　1996　「多田等観請来「釈尊絵伝」について」『釈尊絵伝』東京：学習研究社.

金子英一　2009　「『パドマ・オェバル伝』とラマ・マニの絵解き」『絵解き研究』22: pp. 1-19.

菊竹淳一編　1984　「仏教版画」『日本の美術』第 218 号、東京：至文堂.

田中公明編　1998〜2015　『ハンビッツ文化財団蔵　チベット仏教絵画集成』第一巻〜第七巻、京都：臨川書店.

西岡祖秀　1981　「『プトゥン仏教史』目録部索引 II」『東京大学文学部文化交流研究施設研究紀要』5: 43-94.

引田弘道　2012　「ヴィシュヴァンタラ王子物語——『ボーディサットヴァ・アヴァダーナ・カルパラター』第 23 章和訳——」『愛知学院大学文学部紀要』42: 111-121.

引田弘道・大羽恵美　2014　「『ボーディサットヴァ・アヴァダーナ・カルパラター』第 32 章、33 章和訳」『人間文化：愛知学院大学人間文化研究所紀要』29: 250-232.

引田弘道・大羽恵美　2015　「『ボーディサットヴァ・アヴァダーナ・カルパラター』第 31 章、34 章和訳」『人間文化：愛知学院大学人間文化研究所紀要』30: 240-213.

故宮博物院編　2011　『中国経典：故宮唐卡図典』北京：故宮出版社.

中国西蔵布達拉宮管理処編著　2000　『布達拉宮壁画源流』北京：九洲図書出版社.

雍和宮唐喀瑰宝編委員会　2002　『雍和宮唐喀瑰宝』（上）、北京：北京出版社.

羅文華、格桑曲培主編　2015　『蔵伝佛教美術史的里程碑：貢嘎曲徳寺壁画』北京：故
　　　宮出版社.

Chandra, Lokesh. 1963. *Materials for a History of Tibetan Literature*. Part 3, Śata-
　　　piṭaka Series Indo-Asian Literatures volume 30, New Delhi: International
　　　Academy of Indian Culture.

Forty-one Thangkas from the Collection of His Holiness the Dalai Lama: Past Lives of
　　　the Buddha, with an introduction by Gilles Béguin. 1980. Paris: Editions Sciaky.

Jackson, David Paul. 1996. *A History of Tibetan Painting: the Great Tibetan Painters*
　　　and their Traditions. Wien: Verlag der Österreichischen Akademie der
　　　Wissenschaften.

de Jong, J. W. 1979. *Textrical Remarks on the Boddhisattvāvadānakalpalatā* (*Pallavas*
　　　42-108), Studia Philogologica Buddhica Monograph Series 2. Tokyo: Reiyukai
　　　Library.

de Jong, J. W. 1996. "Notes on the Text of the Boddhisattvāvadānakalpalatā. Pallavas
　　　7-9 and 11-41," 『法華文化研究』22: 1-93.

van der Kuijip, Leonard W. J. 1996. "Tibetan Belles-Letters: The Influence of Daṇḍin
　　　and Kṣemendra" José Ignacio Cabezón and Roger R. Jackson eds. *Tibetan*
　　　*Literature Studies in Genre*Ithaca: Snow Lion. pp. 393-410.

Mejor, Marek. 1992. *Kṣemendra's Bodhisattvāvadānakalpalatā Studies and Materials*.
　　　Studia Philologica Buddhica Monograph Series VII, Tokyo: The International
　　　Institute for Buddhist Studies.

Rhie, Marylin M. and Thurman, Robert A. F. 1999. *Worlds of Transformation: Tibetan*
　　　Art of Wisdom and Compassion, New York: Tibet House in association with the
　　　Shelley and Donald Rubin Foundation.

Padma-chos-'phel, Deborah L. Black, and Kṣemendra. 1997. *Leaves of the Heaven*
　　　Tree: the Great Compassion of Buddha, Berkley: Dharma Pub.

Rani, Sharada. 2005. *Buddhist Tales of Kashmir in Tibetan Woodcuts: Narthang Series*
　　　of the Woodcuts of Kṣemendra's Avadāna-kalpalatā, New Delhi: Interntaional
　　　Academy of Indian Culture: Aditya Prakashan.

Tucci, Giuseppe. 1949. *Tibetan Painted Scrolls*. Roma: La Libreria dello Stato, reprint,
　　　Bangkok: SDI Publications, 1999.

図版出典一覧

図1から図7　民博所蔵　（標本番号は表1と表2を参照）

図8から図15　図2から図7を筆者が編集して作成

図16　筆者作成

図17　筆者の現地調査による写真撮影

図18　図3を筆者が編集して作成

図19　民博所蔵の図3とニューデリーのチベットハウス所蔵のタンカをもとに日本在
　　　住のタンカ絵師ケルサン・ギャツォ氏（唐卡画家格桑）が線描を作成

図20から図27　図19を筆者が編集して作成

中央に飾り文字を書き入れるタイプの
十輻輪の意匠の護符について

川　﨑　一　洋

はじめに

　本稿で取り上げる、中央に飾り文字を書き入れるタイプの十輻輪の意匠
の護符（図1）は、仏教由来のものとしては、チベットで最も人気のある
護符の一つであり、国立民族学博物館が所蔵する護符のコレクションの中
にも、19点を確認することができる[1]。ただ、この護符の名称は定まっ
ていないらしく、研究会に招聘したノルブ・ツェリン師に尋ねたところ、
単に「護符」を意味する srung 'khor と呼ばれているとのことであった。

　この護符は、7重の同心円によって描かれ、中央（第1重）に、願意に
応じて特定の文字を1字書き入れ、それを携帯することによって成就を祈
願する。なお、書き入れられる文字は、インドの文字やチベットの文字に
限らず、ある種の記号や図形も含むため、一括して「飾り文字」と呼ぶこ
とにする。また、周囲の第2重から第7重にはそれぞれ、特定のマントラ
や祈願文が記入される。

　この護符の作例には、手書きによる写本と版木によるプリントがあるが、
プリントの作例では、中央と、祈願文を記す部分が空白になっている。

　この護符の作成法は、サンゲーリンパ（Sangs rgyas gling pa, 1341-1396）[2]
によって発見されたとされる埋蔵教法を集めた『ラマゴンドゥー』Bla
ma dgongs 'dus の中に詳細に説明されており、中央に書き入れる飾り文
字の数は109種におよぶ。

この護符については、N. ダグラス（Douglas）氏による簡単な紹介[3]と、T. スコルプスキー（Skorupski）氏による先行研究[4]があるが、本稿では、新たに判明したいくつかの事実を踏まえながら、この護符の詳しい作成法と109種の飾り文字それぞれの効能を紹介し、若干の考察を加えてみたい。

1. 護符の作成法を説くテキスト

中央に飾り文字を書き入れるタイプの十輻輪の意匠の護符を描くための規定は、『ラマゴンドゥー』の中に含まれる「十万守護の金剛鬘」Srung 'bum rdo rje'i phreng ba というテキストに説かれている。奥書によれば、このテキストは、サンゲーリンパによってプリプクモチェ（Pu ri phug mo che）という場所で発見されたとされる。

『ラマゴンドゥー』は、単独でも出版されているが、埋蔵教法の集成である『リンチェンテルズー』Rin chen gter mdzod にも収録されている。単独版は複数知られ、Buddhist Digital Resource Center のウェブサイトには、3種の版のテキストが公開されている[5]。他方、『リンチェンテルズー』については、国立民族学博物館に所蔵されるブータン版（以下、リンチェンテルズー版）[6]を参照した。「十万守護の金剛鬘」のテキストは、その第42巻（Ni 帙）に含まれる。

また、ノルブ・ツェリン師も「十万守護の金剛鬘」の異なる版本を所持しているが、テキストのおよそ30パーセントが失われており、奥書も欠けているため、その書誌的情報を得ることができなかった。その表紙には、bSrun ba'i 'khor lo bsgya rtsa brgyad pa と記されているが、これは、bSrung ba'i 'khor lo brgya rtsa brgyad pa（「108種の護符」）の誤りであると思われる。

今後調査すれば、さらなる版本や写本が発見される可能性は大きい。

なお、ダグラス氏の著作に「すべての種子（bīja-mantra）のマニュアル」

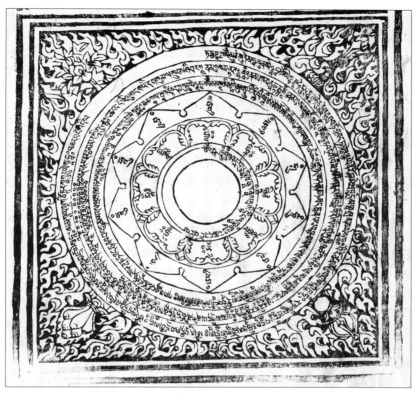

図1 H79706

として掲載される写本（図2）[7]は、「十万守護の金剛鬘」のテキストから108種の飾り文字（109番目の文字を欠く）と、それら各々の効能を解説する文言を抜粋した作品である。この写本では、個々の文字にそれぞれ異なる彩色が施されていて興味深いが、残念ながらモノクロ写真での掲載のため、色の判別は不可能である。

また、スコルプスキー氏の著作でも、リンチェンテルズー版が資料として用いられているが、図版として掲載される護符の全体図と109種の飾り文字は、氏の依頼を受けて、ムスタン在住のガクワントドゥル（Ngag dbang 'gro 'dul）という人物が新たに描いたものである。

200 | 図像

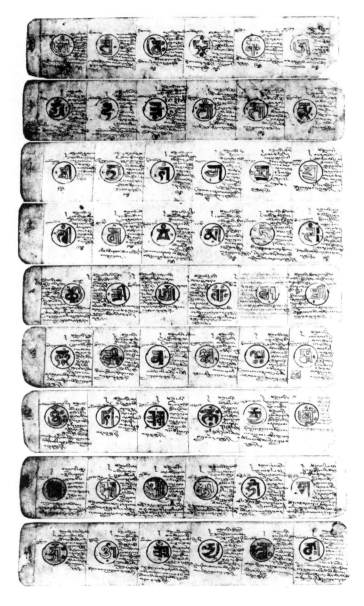

図2-1 Douglas. No.225

中央に飾り文字を書き入れるタイプの十輻輪の意匠の護符について | 201

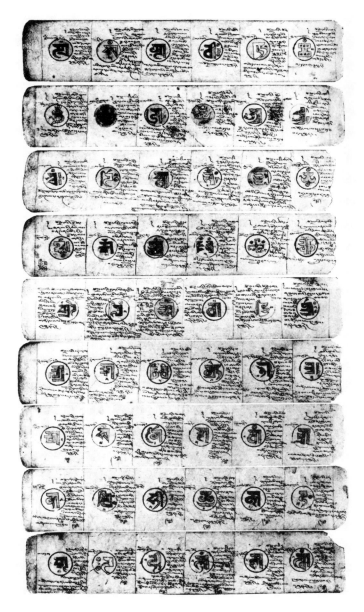

図2-2 Douglas. No.226

2．第2重から第7重に記入されるマントラと祈願文

護符の第2重から第7重には、それぞれ特定のマントラが記入される。以下では、リンチェンテルズー版のテキストの記述と、実際の作例とによって、護符全体の意匠と、マントラの内容を分析してみたい。

2.1　第2重

第2重には、oṃ āḥ hūṃ hrīḥ vajraguru deva ḍākinī sarvasiddhiphala hūṃ āḥ のマントラ（各語句の格はママ）に接続して、それぞれの願意に応じた祈願文（'dod gsol）を記す。祈願文は、護符の中央に書き入れる109種の飾り文字とともに、テキストの中に規定されているが、いずれも「この護符を保持する者に」を意味する 'chang ba 'di la あるいは 'chang po 'di la の文言ではじまる。

2.2　第3重

第3重には、八葉蓮華、すなわち8枚の蓮華の花弁の意匠が描かれ、それぞれの花弁の中央に hrīḥ の文字が記入される。テキストは、それら8つの hrīḥ 字は2本のシェー（shad）の間に記すと規定するが、ほとんどの作例で2本のシェーは省略されている[8]。

2.3　第4重

第4重には、十輻輪、すなわち10本のスポークを具えた車輪の意匠が描かれ、それぞれのスポークに hūṃ の文字が記入される。これらは、本稿3.5で考察するように、十忿怒尊を表す種子であると思われる。

2.4 第5重

第5重には、サンスクリットの母音（āli）と子音（kāli）を連ね、冒頭に帰命句の om、末尾に成就句の svāhā を付した、以下の文字鬘のマントラが記される。このマントラは、テキストでは「母音と子音のカーテン（āli kā li'i sham bu）」と呼ばれる。

om a ā i ī u ū r r̄ l l̄ e ai o au aṃ aḥ ka kha ga gha ṅa ca cha ja jha ña ṭa ṭha ḍa ḍha ṇa ta tha da dha na pa pha ba bha ma ya ra la va śa ṣa sa ha kṣa svāhā

さらに、文字鬘のマントラに続いて、「私の身語心の守護をなせ」という意味の mamakāyavākcittarakṣām kuru ye svāhā の祈願のマントラを記し、さらにその末尾に、第2重で見た祈願文を加える。

作例によっては、文字鬘のマントラを2度連続して記すものもあり、また、祈願のマントラと祈願文の順序が入れ替わったものもある。

2.5 第6重

第6重には、仏・法・僧の三宝に対する帰依ではじまる、以下の特殊なマントラが記入される。さらに連続して、「私の守護をなせ」という意味の mamarakṣām kurvantu の祈願のマントラと、第2重で見た祈願文を加える。ただ作例においては、祈願のマントラと祈願文のいずれかを欠くものもある。

namaḥ samantabuddhānāṃ namaḥ samantadharmānāṃ namaḥ samantasaṅghānāṃ oṃ sitātapatra oṃ vimala oṃ śaṅkara oṃ pratyaṅgiravajra uṣṇīṣacakravarti sarvayantramantramūlakarma bandhana tāḍana kīlanaṃ vāmamakṛte yena kenacit kṛtaṃ tat sarvam ucchinda ucchinda bhiṇḍa bhiṇḍa ciri ciri miri miri mara mara hūṃ hūṃ hūṃ hūṃ hūṃ hūṃ hūṃ hūṃ hūṃ hūṃ phaṭ phaṭ phaṭ

204 ｜ 図像

　この長いマントラについては、テキストに出典などは示されておらず、ダグラス氏、スコルプスキー氏ともに詳細を明かしていない。そこで筆者が『チベット大蔵経』を捜索した結果、般若・母タントラのクラスに分類される後期密教の聖典『ヴァジュラパンジャラ・タントラ』Vajrapañjara-tantra に、十忿怒尊のグループの中の仏頂転輪（Uṣṇīṣacakravartin）のマントラとして、このマントラが説かれていることが明らかになった[9]。なお、『ヴァジュラパンジャラ・タントラ』のサンスクリット原典は未だ発見されていないが、12世紀にアバヤーカラグプタによって著された曼荼羅儀礼の綱要書である『ヴァジュラーヴァリー』Vajrāvalī の中の「『ヘーヴァジュラ』流儀のバリ儀軌」には、『ヴァジュラパンジャラ・タントラ』が説く十忿怒尊のマントラが引用されている[10]。よって、護符あるいはテキストにチベット文字で音写されたこのマントラの誤りを、サンスクリット文を参照して訂正することが可能となる。

　仏頂転輪は、仏頂尊と呼ばれる範疇に含まれる密教の尊格である。仏頂尊は、如来の超人的な身体の特徴である三十二相のうちの、不見頂相を仏格化した尊格であるが、それぞれ特定のマントラ（真言）やダーラニー（陀羅尼）と結び付いて信仰される場合が多く、その場合には、個々のマントラやダーラーニーの威力や功徳の仏格化ともされる。

　所作タントラのクラスに分類される初期密教の経典『蘇悉地経』には、仏部の明王として仏頂転輪（金輪仏頂）が登場する。また、行タントラのクラスに分類される『大日経』所説の胎蔵曼荼羅には、三仏頂（広大仏頂・極広大仏頂・無辺音声仏頂）と五仏頂（白傘仏頂・勝仏頂・最勝仏頂・捨除仏頂・火光聚仏頂）のグループが描かれ、瑜伽タントラのクラスに分類される『悪趣清浄タントラ』所説の釈迦牟尼曼荼羅や『ナーマサンギーティ』に基づく法界語自在曼荼羅には、八仏頂のグループが登場し、その中に仏頂転輪が含まれることがある。そして、無上瑜伽タントラのクラスに分類される後期密教の聖典の中で根本となる『秘密集会タントラ』には、曼荼羅の四

方四維と上下を守護する十忿怒尊が説かれるが[11]、仏頂転輪は、そのうち上方の忿怒尊とされている。『ヴァジュラパンジャラ・タントラ』も、『秘密集会タントラ』の十忿怒尊の構成を踏襲しているが、『秘密集会タントラ』には、上記のマントラは説かれていない。

　なお、後期密教の観想法においては、『秘密集会タントラ』第18章・第81偈の「そこ〔法源〕の中央に、あらゆる輻に智慧の10種の性から生じた十忿怒尊を〔乗せた〕、黄色い十輻輪を観想すべし。」[12]という記述に基づいて、十忿怒尊はしばしば、回転する車輪の10のスポークの上に乗っているとイメージされる。よって、護符の第4重の十輻輪上の10のhūṃ字は、十忿怒尊を表しているとも考えられる。また、上記のマントラの中には、連続する10のhūṃ字が含まれるが、これらもまた十忿怒尊を象徴しており、『ヴァジュラパンジャラ・タントラ』において、仏頂転輪が十忿怒尊全体を統括する最重要の尊格と考えられていた可能性が考えられる。護符全体も、種々のマントラを巡らした輪の形態をしており、その輪を転ずる、すなわち効験を発揮させる尊格としては、「輪を転ずる者（Cakravartin）」という名前を持つ仏頂転輪が最もふさわしい。そのような理由によって、仏頂転輪のマントラがピックアップされたのであろう。

　なお、国立民族学博物館の護符のコレクションの中には、本稿で扱う「十万守護の金剛鬘」に基づく護符以外にも、十輻輪の意匠を持ち、十忿怒尊のマントラを記す護符がいくつか含まれている[13]。

2.6　第7重

　最も外側の第7重には、「すなわち」を意味するtad yathāの語に続き、以下の8種のマントラが記入され、さらに続いて、mamakāyavākcittarakṣāṃ kuru ye svāhāの祈願のマントラと第2重で見た祈願文が綴られる。祈願のマントラと祈願文は、第3重と第4重を除くすべての層のマントラの末尾に付加されることになる。

① tad yathā oṃ mune mune mahāmune śākyamune svāhā

②ye dharmā hetuprabhavā hetuṃ teṣāṃ tathāgato hy avadat teṣāṃ
ca yo nirodha evaṃ vādī mahāśramaṇa ye svāhā

③ vairocana oṃ

④ vajrākṣobhya hūṃ

⑤ ratnasambhava trāṃ

⑥ padmadhara hrīḥ

⑦ amoghasiddhi āḥ

⑧ oṃ supratiṣṭhavajrāya svāhāḥ

①は、釈迦牟尼のマントラであり、②は、「法身偈」と呼ばれる偈頌である。「諸法従縁生　如来説是因　是法従縁滅　是大沙門説」などと漢訳されるこの偈頌は、仏像や仏塔を制作して開眼する際に、布や紙に記してその内部に封入されるか、または台座や背面に刻まれる[14]。仏像や仏塔が、因縁によって一時的に生じた「仮の姿」であり、その本来の性質は「空」であることを表すために、この偈頌が用いられた。護符においても、同様の目的で、この偈頌がひとつのマントラとして記されるのである。

③から⑦は、順に毘盧遮那、阿閦、宝生、阿弥陀（持蓮華）、不空成就の、いわゆる金剛界五仏のマントラである。なお、阿閦のマントラに替えて、金剛薩埵のマントラ vajrasattva hūṃ を記す作例もある。

⑧は、プラティシュター（pratiṣṭhā）のためのマントラであり、②の「法身偈」と同様、護符を開眼するために記される。「法身偈」とこのプラティシュターのマントラは、本稿で取り上げた十輻輪の護符に限らず、多くのチベットの護符に見ることができる。

なお作例によっては、テキストには言及されていない一切智毘盧遮那のマントラ oṃ sarvavit svāhā と金剛蔵のマントラ oṃ vajragarbhe svāhā を、五仏のマントラに続けて記すものもある。

2.7 同心円の外側

7重の同心円の外側の四隅には、四仏の三昧耶形である、金剛杵（阿閦・北東隅）、宝珠（宝生・東南隅）、蓮華（阿弥陀・南西隅）、剣（不空成就・西北隅）の4つのシンボルが描かれる。これらの三昧耶形は台座の上にあり、火焔の文様によって囲まれている。ただ作例の中には、不空成就の三昧耶形として、『秘密集会タントラ』系の剣に替わって金剛界系の羯磨杵を描くものもある。

2.8 各部分の彩色

リンチェンテルズー版のテキストには言及がないが、単独版の『ラマゴンドゥー』に含まれるテキストでは、護符の各部分の彩色の方法についても説かれている [15]。以下に、その内容をまとめておこう。

中心部（第1重）…白、第2重…黄、蓮華の花弁…青、hrīḥ の文字…赤、蓮華の花弁の余白（第3重）…赤、輪のスポーク…黄、hūṃ の文字…赤、輪のスポークの余白（第4重）…赤、第5重…白、第6重…青、第7重…黄、火焔…赤、金剛杵…青、宝珠…黄、蓮華…赤、剣…青、座の金剛杵（各三昧耶形の台座となる半分の金剛杵）…黄。

3．109種の飾り文字とその効能

以下では、「十万守護の金剛鬘」のテキスト（リンチェンテルズー版）に説明される109種の飾り文字のそれぞれの効能について、それぞれの文字に付随する祈願文とともに、それらの和訳を示すことによって紹介したい。

なお、リンチェンテルズー版では、いくつかの飾り文字において、各部分の彩色（色分け）が、ma…赤（dmar）、sa…黄（ser）、ja…緑（ljang）、ka…白（dkar）の略号によって示されている。

1）八種の魔鬼（sde brgyad）による災いから守護する護符

〈祈願文〉これを保持する者を、八種の魔鬼[16]による災いから守護せよ。

この輪（tsa kra: cakra）を、朱または金などで描いて5種（五色）の絹で包み、開眼をおこなったものを身に着ける者は、ラマが、羅刹などの八種の魔鬼による災いから解き放つであろう。

2）中風（grib）と不浄（mi gtsang）から守護する護符

〈祈願文〉これを保持する者の身語心の三つを、病気をもたらすすべての敵から守護せよ。

この輪を、白い絹に描き、六つの吉祥物（bzang drug）[17]と樟脳水（ga bur gyi chu）を塗って頭頂に着ける者は、十方のすべての天王から恩恵を受け、中風のすべての恐怖から守護される。

3）眼病（mig nad）から守護する護符

〈祈願文〉これを保持する者のすべての感覚器官（dbang po）が明澄になりますように。すべての眼病から守護せよ。

この輪を、白栴檀の液で描き、蛇の皮で包んで首に着ければ、目などのすべての感覚器官が明澄になる。特に、いかなる眼病の類にも罹らない、すぐれたものである。

4）疫病（rims）から守護する護符

〈祈願文〉これを保持する者を、疫病（rims nad）や伝染病（yams nad）などのすべての感染（'go byed）から守護せよ。

この輪を、浄水の液で描き、麝香水（gla rsti'i chu）を塗って左腋に保持すれば、すべての感染症に耐えうる。特に、いかなる疫病の類にも罹らない。

5）武器（mtshon）から守護する護符

〈祈願文〉これを保持する者を、弓、矛、剣などのすべての武器の類から守護せよ。

この輪を、血で描き、赤い絹の袋に入れ、他人に見られないように肌身離さず身に着ければ、武器のすべての恐怖から守護される。

6）忿怒神（lha khros pa）から守護する護符

〈祈願文〉これを保持する者の身語心の三つにおいて、忿怒神のすべての災いと障碍から守護せよ。

この輪を、清浄な布にサフラン（gur gum）で描き、あるいは、薄い樺の樹皮に描き、サフラン水を塗り、開眼をおこなったものを身に着けるその者は、忿怒神の災いによる不安から守護される。

7）龍（klu）の災いから守護する護符

〈祈願文〉これを保持する者の身語心の三つにおいて、龍の災いから守護せよ。龍のすべての毒から守護せよ。

この輪を、手に入る絹、布、樺の樹皮などに美しく描き、麝香、浄水、サフランの液を塗って開眼をおこなったものを、蛙の皮で包んで身に着けるその者は、龍のすべての災いから守護される。

8）地神（sa bdag）の災いから守護する護符

〈祈願文〉これを保持する者の身語心の三つにおいて、地神のすべての災いから守護せよ。

この輪を、刀で殺された壮年の死者の血と、墨と塩を混ぜたもので描き、芭蕉（chu shing）〔の葉〕に四指量の橛（phur pa）とともに包んで身に着ければ、その人は、地神の災いによるすべての不安から守護される。

9) ハンセン病（mdze）を終息させる護符

〈祈願文〉これを保持する者の身語心の三つにおいて守護し、ハンセン病が治り、ハンセン病が終息しますように。

この輪を、ハンセン病の人の血で描き、蛙の腹腔に入れて身に着ければ、ハンセン病が終息する。

10) 夜叉（gnod sbyin）から守護する護符

〈祈願文〉これを保持する者を、夜叉のすべての災いから守護し、常に幸福と富貴を増大させたまえ。

この輪を、赤い絹に描き、五宝[18]とともに鼬〔の皮の袋〕に入れて身に着けていれば、夜叉の災いから守護され、夜叉たちが財産を与え、常に保護する。

11) 母天（ma mo）の災いから守護する護符

〈祈願文〉これを保持する者の身語心の三つにおいて、母天のすべての災いから守護し、救済したまえ。

この輪と7粒の白芥子を一緒にして、bhyo ma ma ru lu ru lu na tir rakṣaṃ と28回唱えて[19]、黒い絹か黒いヤクの毛の織物（snam bu）で包んで身に着けるその人は、母天のすべての災いから守護され、救済される。

12) 羅刹（srin po）の災いから守護する護符

〈祈願文〉これを保持する者を、羅刹の災いと、すべての障碍から守護せよ。

この輪を、黒黄色（rgya bo）の山羊の血で描いて身に着けていれば、その身語心の三つにおいて、羅刹のすべての災いから守護される。

13) 死霊の魔鬼（gshin 'dre）の災いから守護する護符

〈祈願文〉これを保持する者の身語心の三つを、死霊の魔鬼の災いから守護せよ。

この輪を、樟脳、麝香、栴檀の液を墨と混ぜたもので描き、開眼をおこなったものを身に着けるならば、その者は死霊の魔鬼のすべての災いから守護される。

14) 独脚鬼（the'u rang）の災いから守護する護符

〈祈願文〉これを保持する者の身語心の三つにおいて、独脚鬼[20]のすべての災いから守護せよ。

この輪を、9種の樹木とともに身に着けている男女であれば、独脚鬼に憑り付かれず、守護される。9種の樹木とは、白綿樹（bal dkar）、柏（shug pa）、沈香（a ka ru）、カディラ樹（seng ldeng）、黄檗（skyer pa）、黒槐（tsher nag）、薔薇樹（se ba）、攪拌樹（srub shing）、柳（'om bu）の九つである。

15) 女性の死霊（mo 'dre）の災いから守護する護符

〈祈願文〉これを保持する者の身語心の三つにおいて、女性の死霊のすべての災いから守護せよ。

この輪を、娼婦の頭髪で縛って、黒い毛織物の布で包んで左腋に保持すれば、女性の死霊の災いから守護される。

16) 子孫繁栄〔のための護符〕

〈祈願文〉これを保持する者を子孫繁栄ならしめたまえ。子孫の成就を与えたまえ。

この輪を、汚れや穴がない子安貝とともに白い絹の布に包み、女性が身に着ければ、子孫繁栄となる。

17) 男子を産む〔ための護符〕

〈祈願文〉保持する女性に男子を授けよ、男子の成就を。hūṃ!

この輪を、菩提樹の種子とともに、男子を7人産んだ女性の清浄な衣服で包み、男子を望む女性が身に着ければ、必ず男子を授かる。

18) 女性の生霊（gson 'dre mo）から守護する護符

〈祈願文〉これを保持する者の身語心の三つにおいて、女性の生霊の災いと、すべての障碍から守護せよ。

この輪を、一指量のカディラの木の板に朱で kṣaṃ と書いたものとともに身に着けていれば、その者は、女性の生霊の災いから守護される。

19) 男性の生霊（gson 'dre pho）から守護する護符

〈祈願文〉これを保持する者の身語心の三つにおいて、男性の生霊の災いと、すべての障碍の行為から守護せよ。

この輪とともに、一指量の黄檗の木の剣に rṇr tri jaḥ と毒の血で書いて、赤い毛織物の布で包んで首に着けていれば、その者は、男性の生霊のすべての災いから守護される。

20) 剣で殺された男性の亡霊（pho shi gri bo）から守護する護符

〈祈願文〉これを保持する者の身語心の三つにおいて、剣で殺された男性の亡霊の災いと、すべての障碍の行為から守護せよ。

この輪を、剣で殺された壮年の男性の血と墨を混ぜたもので描き、鉄の剣の一部を研いだ粉末とともに、死体を包んでいた布で包んで身に着けていれば、その者は、剣で殺された男性の亡霊の災いから守護される。

21) 剣で殺された女性の亡霊（mo shi gri bo）から守護する護符

〈祈願文〉これを保持する者の身語心の三つにおいて、剣で殺された女

中央に飾り文字を書き入れるタイプの十輻輪の意匠の護符について | 213

性の亡霊の災いと、すべての障碍の行為から守護せよ。

この輪を、殺された女性の墓場の赤い石の小片とともに包んで身に着ければ、剣で殺された女性の亡霊の災いの行為から守護される。

22) 山の死霊（ri 'dre）から守護する護符

〈祈願文〉これを保持する者の身語心の三つにおいて、山の死霊のすべての災いから守護せよ。

この輪を、生きた兎の毛皮をなめして、〔そこに描いて〕身に着ければ、山の死霊の災いから守護される。

23) ハンセン病で死んだ人の死霊（mdze 'dre）から守護する護符

〈祈願文〉これを保持する者の身語心の三つにおいて、ハンセン病で死んだ人の死霊のすべての災いから守護せよ。

この輪を、毒の紙にハンセン病で死んだ人の血で描き、その水（毒）を塗って身に着ければ、その者は、ハンセン病で死んだ人の死霊の災いから守護される。

24) 精霊（btsan）の災いから守護する護符

〈祈願文〉これを保持する者を、精霊のすべての災いから守護せよ。

この輪を、雄鶏の右の翅骨とともに、赤い毛織物の袋に入れて身に着ければ、その者は、精霊のすべての災いの行為から守護される。

25) 羅睺星（drang srong gza' ）の災いから守護する護符

〈祈願文〉これを保持する者を、羅睺星[21]のすべての災いから守護せよ。

この輪を、赤い絹に六つの吉祥物と墨で描いて、五色の糸の紐で巻いて首に着ければ、羅睺星の災いから守護される。

26）すべてのブータ鬼（'byung po）の災いからの守護

〈祈願文〉これを保持する者の身語心の三つにおいて、ブータ鬼のすべての災いから守護せよ。

この輪を、五色の糸の紐で縛り、九つの穴の開いた鉄の剣の刃とともに身に着ければ、ブータ鬼の災いから守護される[22]。

27）魔王（rgyal 'gong）の災いから守護する護符

〈祈願文〉これを保持する者の身語心の三つにおいて、魔王のすべての災いから守護せよ。

この輪の中心に、剣で殺された人の肉（gri sha）と安息香（gu gul）を納めて猿の皮で包んで、あるいは〔猿の〕毛で巻いて身に着ける者は、その身語心の三つにおいて、魔王の災いから守護される。

28）女性の魔鬼（bsen mo）の災いから守護する護符

〈祈願文〉これを保持する者の身語心の三つにおいて、女性の魔鬼のすべての災いから守護せよ。

この輪を、黒い犬の毛で巻いて、男やもめの梳いた頭髪の紐で縛って身に着ければ、女性の魔鬼の災いから守護される。

29）餓死した人の死霊（ltog 'dre bse rag）の災いから守護する護符

〈祈願文〉これを保持する者の身語心の三つにおいて、餓死した人の死霊のすべての災いから守護し、豊かな食料にますます恵まれることの成就を与えよ。

この輪に、赤栴檀（candana dmar po）と牛黄（ghi wang）の水に合わせた酪（lde bu）を塗って身に着ければ、餓死した人の死霊の災いによる虚弱体質から逃れ、富貴となり、多くの食料にますます恵まれる。

中央に飾り文字を書き入れるタイプの十輻輪の意匠の護符について | 215

30）人の伝染病（mi yams）の災いから守護する護符

〈祈願文〉これを保持する者の身語心の三つにおいて、人の伝染病のすべての災いから守護せよ。rakṣa!

この輪を、柏の木の板の中に折り畳んで入れて身に着ければ、人の伝染病のすべての災いから守護される。

31）怨霊（dam sri）の災いから守護する護符

〈祈願文〉これを保持する者の身語心の三つにおいて、怨霊のすべての災いから守護せよ。rakṣa!

この輪を、能力のある呪術師によって紡がれた黒い紐で巻き、首に着ければ、怨霊の災いから守護されるであろう。輪には、安息香を塗る。

32）夢鬼（grib gnon）から守護する護符

〈祈願文〉これを保持する者の身語心の三つにおいて、夢鬼の災いから守護せよ。

この輪を、血統が断絶した男女の人の血で描き、毒液を塗って首に着ければ、夢鬼の恐怖から救済される。

33）呪詛（gtad）の災いから守護する護符

〈祈願文〉これを保持する者が、呪詛の災いから守護され、〔呪詛による〕支配（tshud pa）の災いが鎮まらんことを。

この輪を、カディラ、黄檗、黒槐などの手元にあるいずれかの木で作った一指量の橛とともに、死体を包む布の袋で巻いて身に着ければ、呪詛の災いから守護され、解放される。

34）天魔（ya bdud）の災いから守護する護符

〈祈願文〉これを保持する者を、天魔の災いから守護せよ。

この輪を、樺の樹皮に描き、5種（五色）の絹で包んで身に着ければ、その者は、天魔のすべての災いによって害されることがなく、最高の守護となる。

35）地魔（ma bdud）の災いから守護する護符

〈祈願文〉これを保持する者を、地魔のすべての災いから守護せよ。

この輪を、黒い牝牛の毛で作ったフェルトの袋で巻いて身に着ければ、地魔の災いから守護される。この輪には、黒い浄水と黒い馬の糞を塗る。

36）食人ダーキニー（sha za mkha' 'gro ma）の災いから守護する護符

〈祈願文〉これを保持する者を、食人ダーキニーの恐怖とすべての災いから守護せよ。

この輪を、娼婦の経血で描き、黒い死体を包む布で巻いて保持すれば、その人は、世間の食人ダーキニーの危害から守護される。

37）精霊（gnyan）の災いから守護する護符

〈祈願文〉これを保持する者を、精霊から守護せよ。rakṣa!

この輪を、安息香、麝香、阿魏（shing kun）の水で塗り、描いて身に着ければ、その人は、精霊の災いから守護される。

38）炉の煙臭（thab gzhob）から守護する護符

〈祈願文〉これを保持する者を、炉の煙臭の災いから守護せよ。

この輪を、鍛冶職人の血で描き、鍛冶職人が使い古した轆の断片で巻いて身に着ければ、その人は、炉の煙臭の災いから守護され、炉の煙臭から逃れられるだけでなく、神や死霊の怒りに触れることもない。

39）地の羅刹（sa srin）から守護する護符

〈祈願文〉これを保持する者を、地の羅刹の災いから守護せよ。

この輪とともに、黒い蠍の死骸の小片をマーモットの皮で巻いて身に着ければ、その人には、地の羅刹の災いばかりか危害もなくなる。

40）牧場の羅刹（'brog srin）から守護する護符

〈祈願文〉これを保持する者を、牧場の羅刹の災いから守護せよ。

この輪を、雷鳥の血で描き、適した野獣の皮で包んで身に着ければ、その人は、牧場の羅刹の災いに遭わず、守護される。

41）痛みをともなう潰瘍（lhog gzer）から守護する護符

〈祈願文〉これを保持する者を、痛みをともなう潰瘍の災いから守護せよ。

この輪を、黒い硫黄（mu zi）と麝香と黒い馬の糞の液で描き、黄土（ldong ros）の水を塗り、蛇の皮で巻いて身に着ければ、その人は、喉の痛みをともなう潰瘍に罹らず、大いに守護される。

42）竈神の不機嫌（thab mkhon）から守護する護符

〈祈願文〉これを保持する者の身語心の三つにおいて、竈神の不機嫌の災いから守護せよ。

この輪を、黒黄色の山羊の血で描き、獺の皮で巻いて身に着ければ、竈神の不機嫌から生じる災いが起こらず、最高の守護となる。

43）年老いた魔鬼（rgan sri）から守護する護符

〈祈願文〉これを保持する者を、年老いた魔鬼の災いから守護せよ。

この輪を、枯れた木の板の中に入れて身に着ければ、年老いた魔鬼の災いから守護される。

218 | 図像

44）子供の魔鬼（gzhon sri）から守護する護符

〈祈願文〉これを保持する者を、子供の魔鬼の災いから守護せよ。

この輪を、死んだ子供の血で描いて猿の皮で包み、あるいは、猿の血で描いたものを子供の皮に巻いて身に着ければ、子供の魔鬼の災いから守護される。

45）壮年の魔鬼（dar sri）から守護する護符

〈祈願文〉これを保持する者を、壮年の魔鬼のすべての災いから守護せよ。

この輪を、剣で死んだ壮年の人の血で描いて、呪術師の頭髪で縒った紐で縛って身に着ければ、壮年の魔鬼の災いから守護される。

46）ペカル王（rgyal po dpe dkar/pe har）から守護する護符

〈祈願文〉これを保持する者を、ペカル（ペハル）[23] のすべての災いから守護せよ。

この輪を、白い犬の血で描き、または〔白い犬が〕見つからなければ、雪解け水（kha chu）で描き、白い絹の袋に巻いて身に着ければ、ペカル王の災いから守護され、家に永く隠せば、その家にペカルの通り道が備わる。

47）ダムチェン・ドルレク神（dam can rdor legs）から守護する護符

〈祈願文〉これを保持する者を、ダムチェン・ドルレク神 [24] の災いから守護せよ。

この輪を、黒黄色の〔山羊の〕心臓の皮で巻いて身に着ければ、人からの嫉妬の災いから守護され、独脚鬼の9人の兄弟の災いから守護される。

48) 30 の傲慢な悪霊の首領（dregs pa'i sde dpon sum cu）から守護する護符

〈祈願文〉これを保持する者の身語心の三つにおいて、30 の傲慢な悪霊の首領の災いから守護せよ。

　この輪を、黒い絹に能力のある呪術師の生き血で描き、一つの家族ではない名前の異なる 9 人の頭髪と爪とともに、死体を包む布で包んで保持すれば、30 の悪霊の首領の災いと、あらゆる障碍から守護される。

49) 18 の大傲慢の呪術師（sngags bdag dregs chen bco brgyad）から守護する護符

〈祈願文〉これを保持する者の身語心の三つにおいて、18 の傲慢な呪術師のすべての災いから守護せよ。

　この輪を、黒い猫の血で描き、黒い馬の心臓の皮で包んで身に着けているその者は、18 の傲慢な呪術師の災いから守護される。

50) 内輪の争い（nang 'thabs）の守護

〈祈願文〉これを保持する 2 人それぞれの恨みの心が和合し、争いと恨みから守護せよ。

　この輪を、犬の毛と山羊の毛の紐で縛って、鼠の皮で包み、師と弟子、父母や家族などに内輪の争いが続く場合、順々に身に着ければ、内輪の争いから守護される。

51) 誓いを破った罪による邪気（man'i nyes grib）から守護する護符

〈祈願文〉これを保持する者の身語心の三つにおいて、誓いを破った罪による邪気から守護せよ。

　この輪とともに、兎の耳と、穴熊の舌と、豚の鼻を、多くの死体を運ぶ人の衣服の断片の布で巻き、ラマの言葉（nang ngam）を腰の〔ベルトの〕

下か靴に入れれば、誓いを破った罪による邪気から守護される。

52) 悪い行為による罪（bya ba las thabs nyes pa）から守護する護符

〈祈願文〉これを保持する者を、行為から起こる悪い結果から守護せよ。

　この輪を、蛙と蛇と蠍との三つの肉から作った液で描き、九つの穴の開いた鉄の剣の刃とともに身に着ければ、地の精霊の掘削、岩の精霊の粉砕、木の精霊の殺生（伐採）などの罪の行為をおこなっても、罪とはならず、守護される。

53) 毒（dug）から守護する護符

〈祈願文〉これを保持する者を、毒の災いから守護せよ。

　この輪を、孔雀の血で描き、兎の口とともに猿の胃袋で巻き、首に着ければ、毒の災いから守護される。その護符をわずかでも身に着けて以降は、毒が体内に入っても護符が効力を生じる。

54) 人の病気のすべて（mi nad kun）から守護する護符

〈祈願文〉家、門、道の人たちを、多くの種類の病気の災いから守護せよ。

　この輪を、潰した鉛の液と、死霊に怯えて吠える犬の尿を混ぜて描き、家長が身に着ければ、〔家族の皆が〕同じ病気から守護される。一人で常に冬に〔輪の作成を〕おこなって保持すれば、以降、病気に罹らなくなる。

55) 悪夢（rmi lam ngan pa）から守護する護符

〈祈願文〉これを保持する者を、悪夢の災いから守護せよ。悪夢を敵のものに変えよ。

　この輪を、死霊に遭遇した人の涙で描き、自身の睫毛とともに巻き、名前の異なる一つの家族ではない9人の人の手を経由して身に着ければ、悪夢から守護され、悪い夢が良い夢になる。

56）悪兆（ltas ngan pa）から守護する護符

〈祈願文〉これを保持するそれぞれの者を、悪兆のすべての災いから守護せよ。

この輪を、梟の血で描いて猿の毛で巻き、狐の皮で包んで身に着ければ、その者は、悪兆の災いから守護される。

57）陰謀（bsam sbyor ngan pa）から守護する護符

〈祈願文〉これを保持する者を、敵なる相手（pha rol）からのあらゆる陰謀から守護せよ。

この輪を、呪術師の唾液と鼻水と、雹の水を液にした墨で描き、毒のある木の板の中に入れて身に着ければ、相手の陰謀の災いから守護される。

58）鬼神の魔術（phra men ˙gong chog）から守護する護符

〈祈願文〉これを保持する者を、鬼神の魔術のすべての災いから守護せよ。

この輪を、甘露水で薬と朱を溶いたもので描き、5種（五色）の絹で巻いて頭頂に着ければ、鬼神の魔術のすべての災いから守護される。また、自身のベッドの上もしくは帽子の中に置けば、それによって、以前の行為（すでに被った魔術の災い）からも解放される。

59）〔呪詛による〕圧迫（mnan pa）から守護する護符

〈祈願文〉これを保持する者を、〔呪詛による〕圧迫から守護せよ。

この輪を、香水で描き、開眼がおこなわれた仏塔の土とともに黒い絹で包み、首に着ければ、呪詛による圧迫から解かれ、〔呪詛を〕自分が相手に対してなしてもまた返されず、守護される。特に、言葉による呪詛の圧迫の災いから守護される。

60）離間（nye 'byed）から守護する護符

〈祈願文〉これを護持する者を、相手が離間〔の呪詛〕をなしたことのすべての災いから守護せよ。

この輪は、人の皮に描き、あるいはまた樺の樹皮に描き、人の皮で包む。〔または、〕別々の栴檀の板のそれぞれに朱で描き、2人でともに身に着ければ、離間〔の呪詛〕をなされたことの災いから守護される。

61）駆逐（bskrad gzir）からの守護

〈祈願文〉これを護持する者を、相手による駆逐の悪い行為から守護せよ。

この輪を、鍛えた金の液で描き、黄色い絹の袋に包んで左腋に保持すれば、相手の人あるいは非人（人間でない存在）が駆逐を施した、その呪詛の効力から守護される。

62）千の神や死霊からの隠身（lha 'dre stong gi sgrib shing）〔のための護符〕

〈祈願文〉これを保持する者への、存在するすべての神や死霊の災いを遮れ。

この輪を、人の皮の袋に入れて身に着ければ、その人は、劫火の炎の中にいるように見えて、あらゆる悪霊の災いから守護される。

63）家に入る泥棒（khyim la rkun ma）から守護する護符

〈祈願文〉これを保持する者を、泥棒の悪い思いや行為の実行から守護せよ。

この輪を、大泥棒の血で描き、鼠の皮に包んでテントなどの柱に付ければ、そのテントに泥棒は現れず、守護される。これを握って相手のものを盗もうとすれば、それを得て、捜査されても見つからない。

64) 魔鬼による穢れ（sris rme ba）〔から守護する護符〕

〈祈願文〉これを所蔵する家から、魔鬼による穢れを除け。天災と酒の〔醸造の〕あらゆる失敗から守護せよ。

この輪を、壮年の人の精液で描き、黄色い桑の木の一指量の板に rakṣa と刻んで鼠の皮で包んだものとともに、裸麦の容器などの上、あるいは、革袋（sgro snod）の取っ手に結び付ければ、魔鬼による穢れや、魔鬼による窃盗の災いから守護される。

65) 紛失（god kha）から守護する護符

〈祈願文〉これを保持する者を、家、門、廊下における紛失から守護し、紛失をなす死霊を防げ。

この輪を、樺の樹皮に描き、朱あるいは砒素を塗り、外の門の框に、外に向けて見えるように付ければ、常に、紛失が生ぜず、紛失をなす死霊の災いから守護される。

66) 死霊の通路（'dre'i rgyu lam）を絶つ〔護符〕

〈祈願文〉これを保持する者の家、門、廊下が、悪霊の通路となることから守護せよ。

この輪を、死霊に怯える狼あるいは犬、夜に行動する類に属する鳥の血で描き、門の鏡に、外に向けて見えるように付けることによって、家、門、廊下の、あらゆる死霊の類の通路が絶たれ、守護される。

67) 火事の恐怖（me'i 'jigs pa）から守護する護符

〈祈願文〉これを保持する者の家を、出火のあらゆる災いから守護せよ。

この輪を、蛙の血で描き、四指量の流木の橛とともに穴熊の頭蓋骨に入れ、住宅の奥に隠せば、火事の災いから守護される。

68）農作物（lo tog）を守護する護符

〈祈願文〉これを保持する者を、農作物に災いをなす黒穂病、霜、雹、昆虫、雀などのすべてから守護せよ。

この輪を、野兎の生の毛皮で包み、未婚で無垢な女性が紡いだ白い糸で縛り、死体を包む布で包んだものを、畑の中心に、長い棒の先端に付けて立てれば、畑の農作物に対するあらゆる災いから守護される。

69）死霊に悩まされる子供（byis pa 'dres gtser）を守護する護符

〈祈願文〉これを保持する者の身語心の三つを、死霊の災いから守護せよ。

この輪を、マングースの皮で包み、死霊に悩まされて大声で泣く子供の首に着ければ、泣き止み、守護される。

70）虫歯（so nad）から守護する護符

〈祈願文〉これを保持する者を、虫歯から守護せよ。

この輪を、阿魏、安息香、黒い硫黄で作った液で描き、犬の毛で包んで身に着けることによって、虫歯から守護される。既に痛みがあれば、およそ痛い部分に、痛みのある人に着けさせよ。

71）雷の恐怖（thog gi 'jigs pa）から守護する護符

〈祈願文〉これを保持する者を、雷の災いから守護せよ。

この輪を、女性の胎盤の血で描き、未亡人の下着で包んで身に着ければ、雷と雹の災いから守護される。

72）毒のあるものに噛まれること（so dug can）から守護する護符

〈祈願文〉これを保持する者の身語心の三つを、毒のあるものに噛まれるという災いから守護せよ。

この輪を、強い毒と麝香の水で描き、豚の皮で包んで身に着ければ、あ

らゆる毒のあるものに噛まれることから守護される。

73) 猛獣（gcan gzan）から守護する護符

〈祈願文〉これを保持する者を、猛獣から守護せよ。

この輪を、鉄の剣を訶梨勒（a ru ra）の水で〔浸して〕顔料とした液で描き、麝香の水を塗って身に着けるその人には、猛獣の災いが生ぜず、守護される。

74) 天然痘（'brum nad）から守護する護符

〈祈願文〉これを保持する者の身を、天然痘から守護せよ。

この輪を、漆の木の液で描き、天然痘で死んだ人の瓶（bum pa）を磨いた液を塗って身に着ければ、天然痘の類に罹らず、守護される。

75) 錯乱させる死霊（smyo 'dre）から守護する護符

〈祈願文〉これを保持する者の身を、錯乱させる死霊から守護せよ。

この輪を、インドの朱で描き、驢馬の心臓の皮で包んで身に着ければ、その者は、錯乱させる死霊の災いから守護され、心が高ぶったときに有益となる。

76) タイトルなし（誹謗中傷から守護する護符）

〈祈願文〉これを保持する者を、あらゆる誹謗中傷（mi kha bram chu）から守護せよ。

この輪を、宿泊所（mgron khang）の煤、あるいは、娼婦が使った汚れた陶器の墨で描き、齧歯類（bra ba）の〔皮で作った〕袋に入れて常に身に着ければ、誹謗や噂話（gleng gzhi）の災いから守護され、中傷されることがなく、すでに〔中傷〕されていれば、以後、常になくなる。

77）タイトルなし（犬の災いから守護する護符）

〈祈願文〉これを保持する者を、犬の災いから守護せよ。

この輪を、豹の血で描き、豹の皮の一つの小片とともに身に着ければ、犬に噛まれず、あらゆる犬の恐怖から守護される。

78）泥棒（rkun ma）から守護する護符

〈祈願文〉これを保持する者を、相手から盗まれることの災いから守護せよ。

この輪を、山犬や狼の血で描いて身に着ければ、相手がだれであれ、盗難の被害に遭うことがなく、守護される。

79）強盗（dgra jag）から守護する護符

〈祈願文〉自身もしくは周囲のだれかがこれを保持している者を、強盗や盗賊（chom po）の災いから守護せよ。

この輪を、黒い犬の血で描いて身に着ければ、相手からの強盗や盗賊による災いや損害から守護される。

80）寝言（bla brdol）や夢遊病（sad langs）から守護する護符

〈祈願文〉これを保持する者を、寝言や夢遊病の災いから守護せよ。

この輪を描いて、折り畳み、未亡人あるいは男やもめの頭髪を縒った糸で巻いて身に着ければ、寝言や夢遊病の災いから守護される。

81）馬や牛を強盗や猛獣（rta phyugs la dgra jag gcan gzan）から守護する護符

〈祈願文〉これを保持する馬や牛たちを、猛獣と強盗（dgra rkun）の災いから守護せよ。

この輪を、一つの家族ではない名前の異なる９人の頭髪で包んで、馬や

牛に付ければ、強盗や猛獣の被害に遭わず、守護される。

82) 射精（thig le 'dzag pa）を守護する護符

〈祈願文〉これを保持する者の身語心の三つにおいて、射精から守護せよ。

この輪を、経血（padma rakta）で描き、未婚で無垢な女性が紡いだ青と赤の糸で縛って身に着ければ、精液が漏れず、守護される。

83) 悪い星（gza' skar ngan pa）から守護する護符

〈祈願文〉これを保持する者を、悪い星の災いから守護せよ。

この輪を、悪い星のために死んだ人の死体を焼いた灰と骨を粉砕した墨で描き、九つの穴の開いた銅の板とともに身に着ければ、悪い星から守護される。

84) 悪い日柄（tshes grangs ngan pa）から守護する護符

〈祈願文〉これを保持する者を、悪い時間や日柄の災いから守護せよ。

この輪を、いずれでも適切な月の、〔日付を〕間違えることなく15日の日に描いて、さまざまな薬の液を塗って身に着ければ、悪い時間や日柄の災いから守護される。

85) 悪い方角（phyogs ngan pa）から守護する護符

〈祈願文〉これを保持する者を、悪い方角の災いから守護せよ。

この輪を、雄の柏の木と雌の柳の木の板の間に挟んで身に着ければ、悪い方角の災いから守護される。

86) 5種の死霊（'dre lnga）から守護する護符

〈祈願文〉これを保持する者を、5種の死霊[25]の災いから守護せよ。

この輪を、白い浄水、サフラン、白栴檀の三つのうち揃うものだけの液

で描き、あるいは、輪に塗って身に着ければ、5種の死霊の災いから守護される。

87）破壊をもたらす魔（bdud gcod）から守護する護符

〈祈願文〉これを保持する者を、破壊をもたらす魔の災いから守護せよ。

この輪を、朱または任意の宝石を顔料とした液で描き、あるいは、それらで塗り、五色に染めた絹で包んで身に着ければ、破壊をもたらす魔がなすあらゆる災いから守護される。

88）水の死霊（chu 'dre）から守護する護符

〈祈願文〉これを保持する者を、水の死霊の災いから守護せよ。

この輪を、金のほか、任意の宝石で描き、微量の金を輪の中心に置いて身に着ければ、その者は、水の死霊の災いから守護される。

89）洪水（shwa sbud）から守護する護符

〈祈願文〉この地域を、洪水の災いから守護せよ。

この輪を、泥像（sā tstsha）の中に納め、開眼をおこない、洪水が起こる土地において、黄色い石を積み重ねてその中に納めて祀れば、洪水の災いを回避し、守護される。

90）隠れた死霊が憑く（'gab 'dre 'grul rngur）ことから守護する護符

〈祈願文〉これを保持する者を、行き去る死霊（pha rol gyi gdong 'dre）[26]と老いた憑依霊の災いから守護せよ。

この輪は、病人などの〔隠れた死霊に〕憑かれた人において〔用いる〕。安息香と肉とインドの紙（rgya shog）の煙で病人と輪の両方を燻蒸すれば、憑依の災いから守護される。

中央に飾り文字を書き入れるタイプの十輻輪の意匠の護符について │ 229

91）膿疱（shu thor）や皮膚病（zha grum）から守護する護符

〈祈願文〉これを保持する者を、あらゆる不幸の類から守護せよ。

この輪を身に着けたその人の身体に、関節の硬化（rengs pa）、あるいは、肉や皮膚への腫物や皮膚病などの突然の不幸が生じたら、〔それらに〕効果がある。将来においても生じず、すでに生じていても効果がある。

92）寿命を生じる（tshe srog skyed pa）〔護符〕

〈祈願文〉これを保持する者に、寿命を生じさせよ。寿命を延ばせ。寿命を断つあらゆるものから守護せよ。

寿命を生じるこの輪を、寿命が衰えた人が保持すれば、長寿となり、現在の寿命に災いをなすあらゆるものから守護される。

93）身体を若返らせる（lus skyed pa）〔護符〕

〈祈願文〉これを保持する者の身体に、活力を生じさせよ。あらゆる身体の災いから守護せよ。

身体を若返らせるこの輪を、身体が衰えた人が保持すれば、身体が若返り、身体に災いをなすあらゆるものから守護される。

94）力を生じる（dbang thang skyed pa）〔護符〕

〈祈願文〉これを保持する者に、力を漲らせよ。快楽（健康）という財によって満たされますよう。

力を生じる如意宝珠のこの輪を、力が衰えたその人が保持すれば、力が増し、力に災いをなすあらゆるものから守護される。

95）ルンタ〔による幸福〕を生じる（klung rta skyed pa）〔護符〕

〈祈願文〉ルンタ（klung rta, ＝rlung rta）が広まり、盛んにならんことを。福徳が増さんことを。

ルンタを生じる（作る）ことによるあらゆる効能をもたらすこの輪を、ルンタの力が衰えた人が保持することによって、ルンタ〔の効力〕が広まり、ルンタに災いをなすあらゆるものから守護される。

96）望み（don gnyer）を成就させる〔護符〕

〈祈願文〉これ保持する者が思う目的が、心のままに成就せんことを。

目的を成就させる如意宝珠であるこの輪を、〔それぞれの〕分野において望みに向かって努力するとき、その人が身に着けることによって、目的が成就し、望みが成就されるまでに災いをなすあらゆるものから守護される。

97）交易で成功する（tshong rgyal ba）〔護符〕

〈祈願文〉これを保持する者の、あらゆる店の経営が成功せんことを。吉祥な交易が生ぜんことを。

交易を成功させる、ダーキニー（ḍā ki: ḍākinī）と握手するこの輪を、交易に行くときに身に着ければ、交易が成功し、交易の失敗から守護される。

98）戦争に勝利する（g-yul rgyal ba）〔護符〕

〈祈願文〉これを保持する将軍が、戦争に勝利せんことを。

戦争に勝利させるこの威勢の輪を、将軍の頭頂に着けて相手と戦えば、戦争に勝利し、戦争に敗北することから守護され、〔敗北を〕回避する。

99）財が増える（nor 'phel ba）〔護符〕

〈祈願文〉これを保持する者に、財物を享受することの成就を与えたまえ。貧困をもたらす死霊（dbul 'dre）の災いから守護せよ。

倉庫の財〔を増やす〕この輪を保持するその人は、財が増え、貧困をもたらす死霊の災いから守護される。輪とともにまた、五宝を納めるべし。

100）飲食物が増える（bza' btung 'phel ba）〔護符〕

〈祈願文〉これを保持する者に、飲食物を享受することの成就を与えたまえ。飢渇の災いから守護せよ。

　無尽の甘露壺であるこの輪を身に着けるその者は、飲食物の成就を生じ、飲食物が増え、飢渇をもたらす死霊の災いから守護される。

101）帽子や衣服が増える（zhwa gos 'phel ba）〔護符〕

〈祈願文〉これを保持するそれぞれの者が、寒さの恐怖から救われんことを。帽子や衣服の成就を与えたまえ。

　装飾を具えた光であるこの輪を、多くの種類の絹で包んで身に着けるその人は、帽子や衣服の成就を生じ、帽子や衣服がなくなる災いから守護される。

102）皆の心に適う（thams cad kyi yid du 'ong ba）〔人気を得る護符〕

〈祈願文〉これを保持する者は、あらゆる衆生の心に適い、優しくされる。

　美しく飾られたこの輪を、鉛丹（sindhūra）と朱で紅花色の絹に描いて保持するその人は、あらゆる衆生の心に適い、皆に優しくされ、望まれる。今まで心に適わなかった者（人気がなかった者）は、〔人々が自分から〕離れてゆくことのすべてから守護される。

103）十万の神や死霊（lha 'dre 'bum）から守護する護符

〈祈願文〉これを保持する者を、乾闥婆、鳩盤茶、摩睺羅迦などの地下、地上、天上のあらゆる存在（'byung po）から守護せよ。

　この輪を、人と馬と犬との三つの血で描き、鷲の皮で包んで身に着ければ、乾闥婆、鳩盤茶、摩睺羅迦などの災いから守護される。乃至、地下、地上、天上のすべてに住み、往来する、あらゆるものによる災いから守護される。

104）風病（rlung nad）から守護する火輪〔の護符〕

〈祈願文〉これを保持する者を、〔体内を流れる風の〕動揺と変動（skyod cing g-yo ba）の災いから守護せよ。

〔体内を流れる風を〕安定させるこの輪を、犬、龍、牛、羊の４種の骨とともに保持すれば、〔風の〕動揺と変動など、不安定にさせるすべてを安定させ、不動となし、心が穴に移動させられること（sems par bur phya phyo byed pa）[27]より守護される。

105）熱（tsha ba）から守護する水輪〔の護符〕

〈祈願文〉これを保持する者を、熱から起こる災いから守護せよ。

〔身体を〕冷やすこの水輪を、樟脳と麝香の水で描いて身に着ければ、熱から起こるあらゆる災いから守護される。

106）タイトルなし（身体の冷えから守護する火輪の護符）

〈祈願文〉保持する者を、冷たい風から起こるあらゆる災いから守護せよ。

〔身体を〕温めるこの火輪を、三種の草の汁で描いて身に着ければ、〔体内を流れる〕冷たい風から起こるあらゆる病気の類から守護され、すでにそう（冷え症）であるなら、以後、〔冷えが〕起こらなくなる。

107）愚鈍（rmugs）や蒙昧（'thib）から守護する風輪〔の護符〕

〈祈願文〉保持する者を、愚鈍（bying）や蒙昧の災いから守護せよ。

〔頭脳の〕働きを活発にするこの輪を、緑の絹に包んで身に着ければ、あらゆる愚鈍や蒙昧の災いから守護され、聡明で大きな智慧〔を具えた者〕となる。

108）すべての要素（'byung）に対処できる輪〔の護符〕

〈祈願文〉保持する者が〔地・水・火・風・空の五つの〕要素の神によっ

て守護されんことを。〔五つの〕要素の乱れ〔から起こる身体の不調〕の災いから守護せよ。

すべての要素に対処できるこの輪を、5種（五色）の絹で包んで首に着ければ、五大（'byung ba lnga）[28]の機能のバランスを整えて、五大の〔不均衡から起こる〕災いから守護される。

109）自分を守護する如意宝珠

〈祈願文〉瑜伽者（護符の制作者）自身を、〔護符によって〕守護される者が回避したところのあらゆる災いから守護せよ。

自分を守護する如意宝珠であるこの輪を、賢者が、六つの吉祥物で描き、5種（五色）の絹で包んで自分の身に着ければ、上記のこれら〔108種〕の護符をだれか他の人が身に着けていても、自分に〔これらの護符の効力によって駆逐された悪鬼などの〕害が及ぶことはなく、守護される。はじめにこれを身に着けておくことが重要である。

234 | 図像

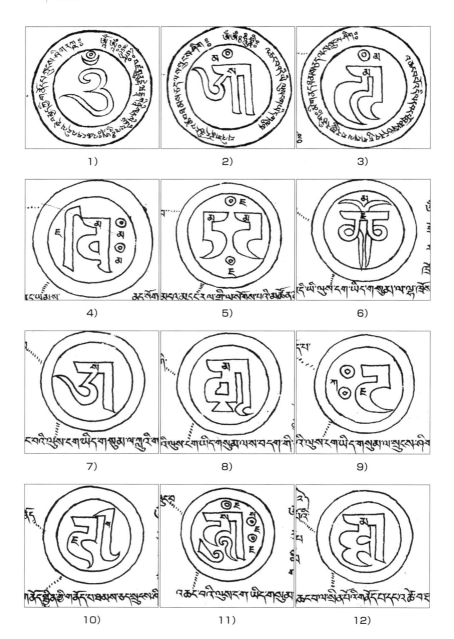

中央に飾り文字を書き入れるタイプの十輻輪の意匠の護符について | 235

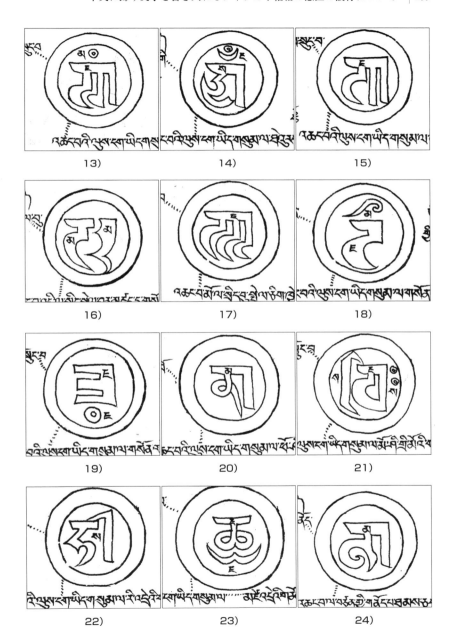

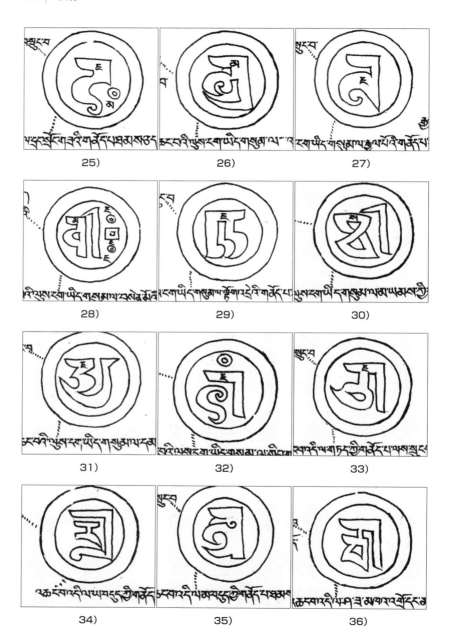

中央に飾り文字を書き入れるタイプの十幅輪の意匠の護符について

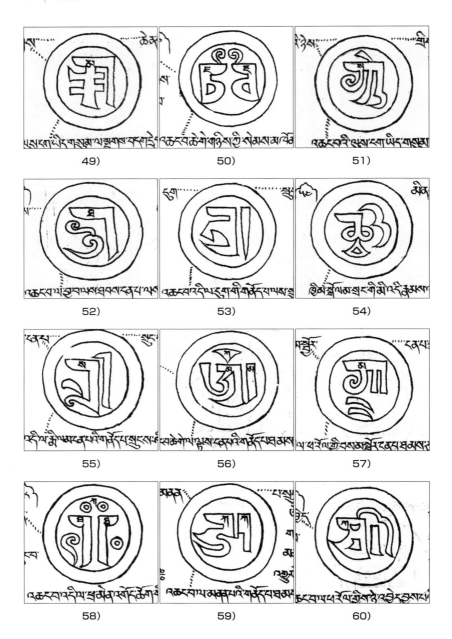

中央に飾り文字を書き入れるタイプの十輻輪の意匠の護符について | 239

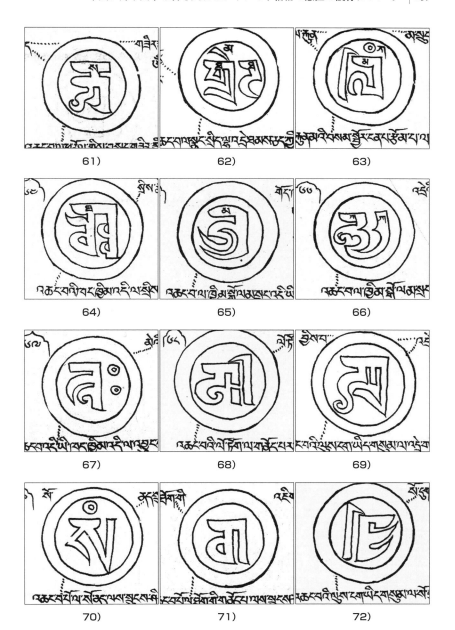

中央に飾り文字を書き入れるタイプの十輻輪の意匠の護符について 241

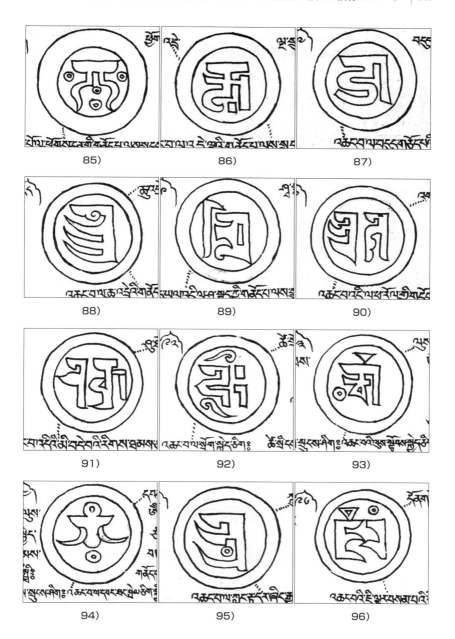

242 | 図像

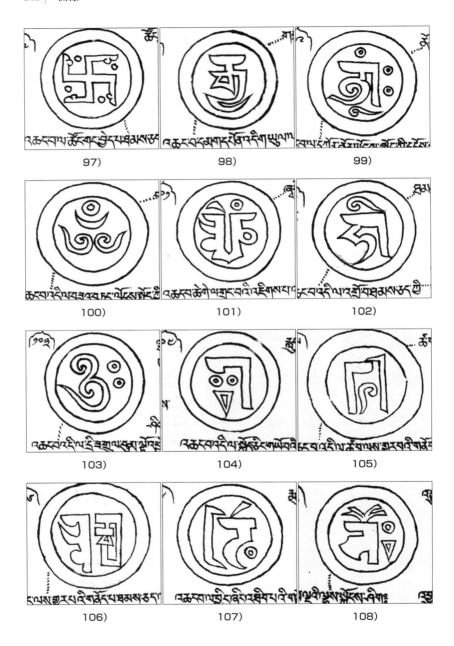

109)

註

1) Nos. H79137, H79138-1, H79138-2, H79138-3, H79378, H79504, H79574(=H80468), H79589(=H79634), H79638, H79706, H79707, H79708(=H80374), H79709(=H80037), H80036, H80038, H80367, H80427, H80467(=H80469), H80507.

2) サンゲーリンパと『ラマゴンドゥー』については、Fabian Sanders & Margherita Pansa, "On some rDzogs chen aspects in a gCod Text from the Bla ma dgongs 'dus, a gTer ma collection discovered by Sangs rgyas gling pa (1341-1396)", *Revue d'Etudes Tibétaines*, No. 35, 2016. を参照。

3) Nik Douglas, *Tibetan Tantric Charms and Amulets, 230 Examples Reproduced from Original Woodblocks*, Dover Publications, Inc., New York, 1978. Nos. 222-226.

4) Tadeusz Skorupski, *Tibetan Amulets*, White Orchid Press, Bangkok, 1983. pp. 9-50.

5) https://www.tbrc.org/ を参照。

6) Jamyang Khentse ed. *Rin chen gter mdzod chen mo.* (発行地、発行年不明)

7) N. Douglas 前掲書、No. 225-226.

8) T. Skorupski 前掲書 p. 11 掲載の挿図では、このシェーが記入されている。

9) デルゲ版 Nga 帙 41a7-b1.

10) Masahide Mori, *Vajrāvalī of Abhayākaragupta, Edition of Sanskrit and Tibetan Versions*, The Institute of Buddhist Studies, Tring, UK, 2009. p. 507.

11) 十忿怒尊については、森雅秀「十忿怒尊のイメージをめぐる考察」『講座 仏教の受容と変容3 チベット・ネパール編』（佼成出版社、1991）を参照されたい。なおこの論文は、同『密教美術の図像学』（法蔵館、2017）に再録されている。

12) daśāraṃ cakram āpītaṃ tatra madhye vibhāvayet, sarvāreṣu daśakrodhān daśajñānātmakodayān. Yukei Matsunaga, *The Guhyasamāja Tantra, A New Critical Edition*, Toho Shuppan, Inc., Osaka, 1978. p. 119.

13) Nos. H79241, H79142, H79484, H79485, H79496, H79497, H79613, H79632.

14) 法身偈については、大柴清圓「弘法大師請来の『梵字法身偈』について―『東寺講堂御仏所被籠』の法身偈―」『空海研究』第4号（2017）に、既存の研究がまとめられている。

15) ここでは、Sangs rgyas gling pa, *Bla ma dgongs pa 'dus pa*, Palri Parkhang, Kathmandu, 2006 の第6巻（Cha 帙）3a（p. 739）を参照。

16) 八種の魔鬼とは、神（Lha）、精霊（bTsan）、天魔（bDud）、星（gZa'）、水腫を起

こす魔（dMu）、羅刹（Srin po）、天王（rGyal po）、母天（Ma mo）をいう。

17）ノルブ・ツェリン師より、六つの吉祥物とは、6種の薬物であるとの教示を得た。

18）五宝の組み合わせには諸説あるが、金、銀、銅、鉄、黄銅の五種の金属をいう。

19）マントラの中の na tir は mātri の誤りか。

20）独脚鬼は、さまざまないたずらをなす子供の死霊。

21）羅睺星は、日月蝕を起こすとされる彗星の一種で、凶星とされる。

22）ブータ鬼（サンスクリットでは bhūta）は、墓場に住むとされる死霊の一種。また、九つの穴の開いた金属製の武器の一部は、dgu mig（九つの眼）と呼ばれ、単独でも魔除けとして用いられる。

23）ペハル（ペカル）は、サムイェー寺建立の際にパドマサンバヴァが勧請したとされる護法神。

24）ダムチェン・ドルレクは、パドマサンバヴァに調伏されて護法尊となったチベット土着の神。

25）5種の死霊は、各人に、それぞれ占星術によって決定される。

26）行き去る死霊とは、カレンダーによって定めらた特定の日時を支配する悪霊の類。

27）「心が穴に移動する」とは、風に乗って意識が身体にある九つの穴から抜け出すこと、すなわち「死」を意味する。

28）五大とは、実在を構成する地・水・火・風・空の五つの要素。

付記

　護符の分析および小論の執筆に際し、ノルブ・ツェリン師、長野泰彦、村上大輔、津曲真一の各先生をはじめ、研究会の皆様から貴重なご教示を賜りました。記して感謝申し上げます。

実　践

チベットにおけるヤントラ受容の一例

倉 西 憲 一

はじめに

インドにおいて古くから作成使用されてきたヤントラ（yantra）や護符（rakṣā）は、仏教やヒンドゥー教などの宗教を通して、様々な国々に形を変え、伝えられている。インドと影響関係の強いネパールやチベットでは、その伝統が現在にも色濃く残されている。日本においても、御守りやお札の形で伝わっており、中でも、除災招福のための牛王宝印護符はヤントラの作成法と同じく牛黄（牛の胆嚢に出来る結石）をインクの材料として使用している。ヤントラや護符がインド文化圏だけでなく、東アジア文化圏にも受け入れられ、様々に影響を及ぼしている事実は、ある特定の文化事象の異文化における受容と展開を考察する上で興味深い事例であると言えよう。

本稿では、国立民族学博物館に所蔵されているチベット護符のコレクションの中でも、インドのヤントラと密接な関わりを持っていると考えられる作品（標本番号 H79493）に焦点を当てて、それらをインド伝来のヤントラと比較分析することで、チベットにおけるヤントラ受容の一側面を考察したい。

1．ヤントラとは

まず、本題に入る前に、ヤントラについて触れておく。ヤントラはサンスクリット語であり、文法的解釈をすると、「制御する」等といった意味

を持つ動詞語根√yamから派生した言葉である。元来、何かを縛り付けたり、制御したりする道具、また「カラクリ」を意味する。例えば、絡繰り人形自体やそのカラクリ構造を表すのである。本稿で取りあげるヤントラは、呪術に使用されるものであり、その目的である願望を叶えるための「カラクリ」を持つものであると言える。

　インドやネパールの一般家庭、レストランなどの店舗の壁上に貼られ、祀られているのをしばしば目にする。また、本来の使い方とは異なるが、美術品や骨董品、土産物として売られている。ヤントラの基本的な構造は、文字と線によって構成されており、単純な幾何学的図形で表される。しばしば、形状が類似していることから比較されるマンダラと比べて、尊像が描かれることはなく、色鮮やかに表されることはない。文字と線の色は呪術の目的である願望によって決まっている。大きさは、およそ20センチ四方という持ち運び可能なサイズで作成される。素材は紙や金属の他に植物の葉あるいは布きれなどである。色材は、サフラン、ターメリック、朝鮮朝顔などの植物の汁、人の血液、火葬後の灰などによって作られる。そして、筆記用具はベルノキの枝、カラスの羽、人骨などで作られたペンとされる。こうした素材や色材も願望によって規定されている。

　一般的にヤントラはその役割に応じて、以下３つのカテゴリーに分類される。

　　１．儀礼で使用する道具に聖なる力を与えるためのもの
　　２．日常行う供養儀礼で使用するためのもの
　　３．願望を叶える呪術に使用するためのもの

　概して、上記３つのカテゴリーのうち、２番目が最も複雑な構成をしており、次いで３番目、最も簡略な構成をしているものが１番目である。こ

うした構成の相違は、それらの用途に基づいている。最も複雑な構造をしている供養儀礼で使用する２番目は、ヤントラ自体が神の媒体として崇拝対象となることから、曼荼羅と同じような構成をしている。また、このヤントラは、半永久的に使用できるように金属などの素材で作成されることが多い（図１）。一方、最も簡略な構成である１番目は、儀礼の中で使用する道具の聖性化という役割を担うもので、それ自体に複雑な構成を必要とせず、ただ幾何学模様や文字が記されているだけである。３番目は、本稿で扱うヤントラであり、願望によって作成方法、構成が異なっており、他の二分類に比べ、圧倒的に種類が多い。図２は、３番目に分類されるヤントラであり、ネパール・カトマンドゥのとある雑貨屋に祀られていたもので、商売繁盛を目的としている。これには、吉祥天（ラクシュミー）を中心としてシヴァやヴィシュヌ、弁財天（サラスヴァティー）への帰依が

図１　大英博物館所蔵金属製ヤントラ（著者撮影）

図2 ネパールの雑貨店に祀られたヤントラ（著者撮影）

記されている。この種のヤントラは汎宗教的に極めて共通性を持っており、インドだけでなく、その文化影響圏においてしばしば見られる。

　願望成就を目的とするヤントラは、インドにおいて、ある時期より急速に発展していく。タントリズムの台頭がその背景にあるとされる。汎宗教的に活性化していくタントリズムの中で、特に仏教に焦点を当てると、インド後期密教が拡がりをみせる9世紀頃に願望成就ヤントラのヴァリエーションが増加している。それまでのインド密教でも、息災や増益、

呪殺などといった願望成就の呪法は様々な形（護摩など）で行われていたが、ヤントラを媒体としたものはこの時期に採用されていったと考えられる。例えば、9世紀頃の成立とされる『クリシュナヤマーリ・タントラ』[1]には、願望成就を目的とするヤントラ呪法が主たるトピックの一つとして扱われている。そこでは、9つの願望「息災（Skt. śāntika）、増益（Skt. pauṣṭika）、敬愛（Skt. vaśya / vaśīkaraṇa）、鉤召（こうちょう）（Skt. ākarṣaṇa）、動けなくする（硬直、Skt. stambhana）、沈黙させる（Skt. vākstambhana）、呪殺（Skt. māraṇa）、離間（Skt. vidveṣa）、駆逐（Skt. uccāṭana）」が挙げられており、各呪法を分類すると、最初の3つは比較的穏やかな白魔術的な呪法、残りの六つは恐ろしい黒魔術的な呪法（総称して調伏法・降伏法と言われる）となる。概して、これらのヤントラを使用する呪法の手順は、大きく分けて、①ヤントラの作成、②ヤントラへの処置、③呪法者による観想という3つのステップで構成されている。そして、それぞれ願望によって作成方法や観想内容が異なっている。

2. 四魔降伏のための護符に見られるヤントラ的要素

　国立民族学博物館所蔵の護符（版画）［標本番号 H79493］（図3）は、その描写内容から、チベットにおいて、四魔降伏およびあらゆる障碍降伏のための護符として主に仏教徒が携行していたものと考えられる。そこに記されている事柄から、この護符とインド伝来の、上記第3番目の分類である願望成就を目的とするヤントラとの密接な関わりが垣間見られ、大変興味深い。

　この護符の基本的な構造は、四方に切っ先を向けている金剛杵の一つである羯磨杵が中心に置かれ、廻りに円が描かれている。そして、羯磨杵の臍の部分、切っ先、四維、外周円にそれぞれ真言や文章が記されている。インド伝来のヤントラの一般的な構造とは異なり、幾何学模様ではなく、

図3　国立民族学博物館所蔵（H79493）

羯磨杵という仏具が描かれているが、記述されている事柄にヤントラの要素が見られるのである。

　結論から述べると、願望成就を目的とするヤントラの「動けなくする法（硬直法）」と「呪殺法」の要素を含んでいる。すなわち、この護符には「動けなくする法」の真言に表れる「laṃ」「stambhaya」、「呪殺法」の真言からは「māraya」が記されているのである。なお、「stambhaya」は「動けなくさせよ」、「māraya」は「殺せ」というサンスクリット語の命令形である。

　インド伝来のヤントラと本稿で考察対象とする護符との比較資料として、『クリシュナヤマーリ・タントラ』所説の「動けなくする法」と「呪殺法」の手順を簡単に示しておく。なお、影響関係が類推できる箇所には下線を引いた。

(1) 動けなくする法 [2]

①ヤントラの作成：屍林（墓場）で得た死体の着けていたボロ布にウコンの汁で二重円を描き、そこに2つの「lam」で挟み、対象の名前を書き入れる。

②ヤントラへの処置：半球形の皿に入れ、黄色い皿の上に乗せ、その上に7本あるいは4本の線、あるいは8つの頂をもつ須弥山を描く。そして、「hūṃ」「vaṃ」「laṃ」を所定の位置に記す。羯磨杵で押さえつけ、黄色い糸で巻く。

③呪法者による観想法：処置の終わったヤントラを前に南向きに座り、対象が須弥山などの山々に押しつぶされていると観想しながら、所定の真言を唱える。

④真言：oṃ hrīḥ ṣṭrīḥ vikṛtānana hūṃ hūṃ phaṭ phaṭ laṃ〈対象の名前（devadattasya）[3]〉sthānaṃ stambhaya laṃ オーン、フリーヒ、シュトゥリーヒ、醜いものよ、フーン、フーン、ファット、ファット、ラン、〈対象の名前〉の姿勢を動けなくさせよ、ラン。

(2) 呪殺法 [4]

①ヤントラの作成：屍林（墓場）で得た死体の着けていたボロ布にカラスの羽ペンを使い、黒芥子の汁、あるいは毒、あるいはニンバの汁などで二重円を描き、そこに2つの「hūṃ」で挟み、対象の名前を書き入れる。

②ヤントラへの処置：上記のようなヤントラへの処置は記されていないが、他の調伏法と同じく、頭蓋骨か半球形の皿に入れ、青黒い糸で巻くと考えられる。

③呪法者による観想法：処置の終わったヤントラを前に南向きに座り、対象が悲惨な状態で死を迎えることを観想する。例えば、大病を患ったり、猛獣に食い殺されたりと他の呪法とは比べものにならないほど

256 　実践

　　詳細に紙幅を割いて説かれている。そして、観想しながら、所定の真
　　言を唱える。
④真言：om hrīḥ ṣṭrīḥ vikṛtānana hūṃ hūṃ phaṭ phaṭ〈対象の名前
　　（devadattam）〉māraya hūṃ hūṃ phaṭ phaṭ オーン、フリーヒ、シュ
　　トゥリーヒ、醜いものよ、フーン、フーン、ファット、ファット、〈対
　　象の名前〉を殺せ、フーン、フーン、ファット、ファット。

　それでは、本稿で対象とする護符の各部分に記されている真言と文章を
見ていきたい。なお、チベット文字の rnam bcad（2つの円が上下に並ん
でいる記号）はローマ字化しない。

羯磨杵先端部

　羯磨杵の切っ先部分の四方すべてに「hūṃ lam stambhayanana[5]（フーン、
ラン、動けなくさせよ）」と記されている。（図4）「laṃ」は、上記『クリシュ
ナヤマーリ・タントラ』所説の「動けなくする法」で主たる種字として使
用されている。また、「lam」は、特にインド密教の観想法において五輪（五大）
のうちの地輪（地大）を象徴する種字とされることから、まさに大地によっ
て、対象が押さえつけられ、動けなくなることも意味している。この羯磨
杵の先端部分に記されている真言は、まさにインド伝来の「動けなくする
法」のエッセンスが記されているといえる。さらに、この護符に羯磨杵が
描かれているのは、同じく「動けなくする法」の手順②ヤントラへの処置
の中で、羯磨杵と共にヤントラを黄色い糸で巻くことが背景にあると考え
られる。

羯磨杵の中心部

　羯磨杵の中心部分には、右廻りの文字鬘で二重円が記されてい
る。　外円は「bdud bzhis bar du gcod pa thams cad stambhayanana

チベットにおけるヤントラ受容の一例 | 257

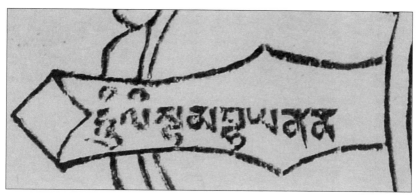

図4 羯磨杵の先端部拡大

図5 羯磨杵の中心部拡大

stambhayanana（四魔障碍すべてを動けなくさせよ、動けなくさせよ）」、内円には「stambhayanana mārayanana（動けなくさせよ、殺せ）」とある。そして、その中心には「hūm」が記されている。なお、「hūm」は調伏法すべてに適用される種字である。

四維

　そして、ちょうど羯磨杵の先端と先端の間、四維に位置する四箇所に四魔それぞれの名称と「mārayanana（殺せ）」が記されている。（図6・7）①には死魔（Skt. mṛtyumāra, Tib. 'chi bdag gi bdud）、②には蘊魔（Skt. skandhamāra, Tib. phun po bdud）[6]、③には煩悩魔（Skt. kleśamāra, Tib. nyon mongs pa'i bdud）、④には天魔（Skt. deva[putra]māra, Tib. lha yi bdud）[7]が記されている。

外周円

　最外周の円には、仏道に支障をきたす障碍魔を動けなくさせ、取り除く（殺す）という主旨の文章が記されている。残念ながら、所々判読困難であり、また、管見の及ぶ限り、同様の文章を経典類に見つけ出せなかったので、文章の意味を十全に理解することはできない。

　　「rgyal 'gong dam sri 'byung po thams cad stambhayanana mārayanana hūm laṃ oṃ laṃ stambhayanana dam sri pho mo che sri chung sri phung sri [byangs?] dgra bgegs bdud dpung thams cad mārayanana chu srin gdug pa'i [gre par rdza? 判読困難…] gtad do | [rgyan cha? 判読困難…] chen pa'i gting du bskyur ro [na?] ri rab che [判読困難…ma?] yang ldang bar ma byer cig」

　この文章は、悪霊（rgyal 'gong）、三昧耶違越悪霊（dam sri）、ブータ（悪

チベットにおけるヤントラ受容の一例 | 259

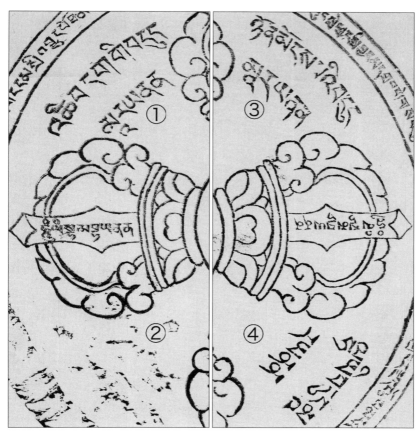

図6・7　羯磨杵四維部

霊、'byung po)、父母子供の悪霊 (pho mo che sri)、赤ん坊の悪霊 (chung sri)、破滅魔 (phung sri) などのすべての障碍魔を動けなくさせ、殺すことが説かれている。また、須弥山 (Skt. sumeru, Tib. ri rab) という語が登場するが、これはまさに「動けなくする法」のヤントラ呪法を行う際に呪法者が動けなくさせる対象の上に須弥山を載せるという上記③呪法者による観想手順に基づいていると考えられる。

まとめ

　本稿で考察対象としたチベットで作成使用されていた四魔降伏のための護符（H79493）は、インド伝来の、特に「動けなくする法」および「呪殺法」のヤントラに基づき、構成されていることを確認した。この四魔降伏護符は、仏教徒、おそらく仏道を歩む僧侶も携行していたのであろう。

　インド後期密教が隆盛を誇っていた時期に整備されたヤントラを用いた呪法は、タントラ文献とともにネパール・チベットへもたらされた。一方で、護符の歴史はここで考察した願望成就のヤントラよりも古く、チベットにおいてもすでに作成使用されていた。護符は、基本的に守護尊の種字、陀羅尼や真言、あるいは経典の一部が記され、その名の通り、お護りの役割が強かった。そして、ヤントラとその呪法がチベットにもたらされて後に、護符との融合がなされ、四魔降伏護符のような新たな種類の呪物が登場したと考えられる。これからのヤントラや護符の研究は、チベットだけでなく、インド文化圏や東アジア文化圏における同様の事例を探索し、インド伝来のヤントラがどのように受容展開したのかについて、文化学的にも文献学的にもさらに掘り下げていく必要があるだろう。

註

1) インド後期密教文献である『クリシュナヤマーリ・タントラ』はヤマーリ（閻魔の敵）という尊格を信奉するタントラ文献である。閻魔の敵という名を冠することから、「死を司る閻魔」をも凌駕する尊格とされ、さらに延命や呪殺といった死をコントロールする呪法の主尊としてインド、ネパール、チベットにおいて信奉された。
2) 『クリシュナヤマーリ・タントラ』第4章第32偈〜39偈（Ed. pp.29-30）
3) devadatta というのは、便宜上、某という意味で使われている。こうした真言に対象が2人登場する場合（離間法など）は、devadatta と yajñadatta を使うのが、一般的である。
4) 『クリシュナヤマーリ・タントラ』第4章第42偈〜67偈（Ed. pp.31-36）
5) 「stambhayanana」の「-nana」という語尾はサンスクリット語の語形ではないので、本稿では「stambhaya」と同じ動詞の命令形ととった。
6) 版木の問題なのか当箇所は文字が完全に写っておらず、判読できない。
7) 一般的に天魔は devaputramāra、チベット語訳では lha'i bu'i bdud である。

参考文献

一次資料

Dvivedi, V., S. Rinpoche. 1992. *Kṛṣṇayamāritantram with Ratnāvalīpañjikā of Kumāracandra*. Sarnath: CIHTS.

二次資料

倉西憲一　2009　「ヤントラ考──ヤマーリ文献を中心に──」『仏教学』50: 69-92.

Bühnemann, Gudrun et al.(revised). 2007. *Maṇḍalas and Yantras in the Hindu Traditions*. New Delhi: D.K. Printworld (P) Ltd.

Kuranishi, Kenichi. 2014. "Yantras in the Buddhist Tantras—Yamāritantras and Related Literature." *Puṣpikā Tracing Ancient India, through Texts and Traditions Contributions to Current Research in Indology*, Vol.1. Oxford: Oxbow Books, pp. 265-281.

ネワール仏教における護符の実際
──チベット仏教の護符との比較を通して──

スダン・シャキャ

はじめに

　人間は諸々の災いから身を護るため、超自然的な力に頼ることがしばしばある。仏教において、そのような時に経文、陀羅尼、真言などを唱えたり護摩を焚いたりなどの儀軌を行う。本稿で取り上げる護符は、神仏の真言や図形などを描いた神秘的な効力を有するものであり、これを持することで邪鬼をはじめ種々の災いを防ぐことに繋がるという信仰がある。このような信仰は古代インドにおいて既に存在しており、とくに守護を目的とするヤントラ（yantra）[1] と呼ばれる神秘的な力を備えた種々の図形が描かれていた。それが後に仏教にも取り入れられ、民衆に広く浸透していく。今日でも護符に対する信仰はチベット仏教及びネワール仏教において受け継がれている。

　国立民族学博物館（以下、民博）には種々のヤントラが描かれた護符が所蔵され、そのほとんどはチベット自治区やネパールから請来されたものである。チベット仏教及びネワール仏教において護符を制作し、所持する信仰は根強い。本稿はネワール仏教において実践されている護符の制作過程、制作者、制作時期、制作目的について、チベット仏教の護符と比較しながら、それぞれの特徴について述べたい。

1．ネパールに現存する三種の仏教

　ネパールでは①テーラヴァーダ仏教、②チベット系仏教（チベット仏教）、③ネワール仏教（ネパールの伝統的仏教）の三種の仏教が信仰されているが、それについて概観する[2]。

　①テーラヴァーダ仏教はミャンマーやスリランカから近年導入されたネパールにおける新しい仏教であり、その歴史は 100 年未満である。この仏教の教団には、シャーキャ、ヴァジュラーチャールヤのようなネワール語（nw.）を母語とする仏教徒だけでなく民族・カーストの人びとが所属する開かれた仏教である。

　②チベット系仏教（チベット仏教）はタマン、シェルパ、グルンなど主にネパールの山岳民族に古くから信仰されている仏教である。一方、19世紀から 20 世紀半ばまでネパールでネワール族がチベット地域で貿易を始めたことがきっかけで、彼らもチベット仏教の信者となり、現在はネワール・コミュニティーにもこの仏教が定着している。

　③ネワール仏教（ネパールの伝統仏教）はインドから伝わった大乗仏教・密教の伝統を継承しており、カトマンドゥ盆地に点在するバハー、バヒーの仏教寺院を中心として広まっている。その担い手はネワール人であるため、「ネワール仏教」と称する。ただし、現在のネワール人の皆が仏教徒というわけではなく中にはヒンドゥー教徒もいる[3]。また、この仏教は「金剛乗」（Vajrayāna）とも呼ばれ、他宗派の影響を多少受けながらも、長年にわたって独自に発展を遂げてきた。特に、13 世紀初頭に滅びてしまったサンスクリット語（skt.）を中心とするインド仏教が様々な変遷を経て今日でもネワール文化の下で継承されている。ネワール仏教は最も古い伝統を受容しながら、ネワール固有の在り方で仏教文化を形成している生きた仏教であり、ネパールを代表する仏教であるため、「ネパール仏教」と

も称される。ネワールの仏教徒たちは自らの伝統仏教であるネワール仏教を信仰しつつ、テーラヴァーダ仏教とチベット仏教も同時に信仰していることが特徴的である。

2．チベット仏教の護符とその制作過程

冒頭に述べたように、民博にはチベット仏教の種々のヤントラが描かれた護符や白描画などが保存されている。それらは和紙に類似するネパールのロクタ（lokta）紙[4]を使用したものである。ここではとくに護符の制作過程とそれに関する儀礼について取り上げる。

民博の共同研究国際展開の一環として共同研究代表者、長野泰彦教授が中心となり、ニンマ派のノルブ・ツェリン（Norbu Tsering）師を 2018 年 10 月 31 日から 11 月 6 日までネパールから日本に招聘した。ツェリン師は護符の専門家として広く知られており、筆者は同年 11 月 3 日と 4 日の両日に同師による護符制作の実演を見学する機会に恵まれた。本稿では、まずその制作の過程及び一連の儀礼を簡潔に紹介する。

2.1　木版から護符を摺る作業

初日はロクタ紙を使用して護符の木版から護符を摺る作業を行った。その後の過程は以下の通りである。

まず、護符の木版のサイズに合わせてロクタ紙を切る。木版に墨を塗り（図 1）、その上にロクタ紙を乗せ、紙を木版に押し当てるように図 2 の如くローラーを動かす。また、必要に応じてタンポを押し当てることもある。木版のヤントラ模様が紙に摺られたことを確認し、木版から紙を剥がし、墨を乾かす。この作業を繰り返し、種々の木版を用いて複数のヤントラをロクタ紙に摺る。その後、それら全てに赤いサフラン（skt. kuṅkuma, クンクマ）水を散布する（図 3）。これは浄化または結界を意味するという。そ

実践

図1　木版に墨を塗る

図2　木版に紙を押し当てるようにローラーを動かす

図3　サフラン水を散布する

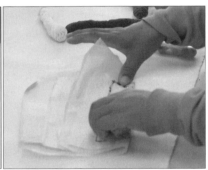

図4　正方形になるように折り畳む

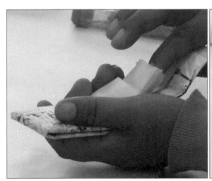

図5　サフランパウダーを入れる隙間を作る

図6　サフランパウダーを振り入れる

ネワール仏教における護符の実際 | 267

図7 赤い糸を巻く　　　　図8 青、緑、黄、白い糸を繰り返し巻く（裏面）

してサフラン水が乾燥するのを待つ。初日の作業はここで終る。

2.2 護符の入魂儀礼

2日目の作業は、摺り終わったヤントラ模様のロクタ紙を折りたたんでいくことから始まった。摺り終わったロクタ紙を正方形になるよう折りたたむ（図4）。その際、図5のように折り目を開き、その中にサフランパウダーを振り入れる（図6）。そして、正方形を調え、その上を赤い糸で両面が十字になるように巻く（図7）。

さらに、正方形のヤントラに青、緑、黄、白い糸で繰り返し巻き、仕上がりは図8及び9のように両面に十字と四角が折り重なった模様になる。これで五色に巻かれたヤントラを摺った護符ができあがる。五色の糸はビルシャナをはじめとするマンダラの核に安置される五仏を象徴し、護摩（homa）儀礼の際に結界を目的として日本やネワールの儀礼にも多く用いられている。なお、それら摺り終わった

図9 十字と四角が重なった模様（表面）

護符に守護の力をもたらすため、いわゆる入魂儀礼「プラティシュター」（skt.= サンスクリット語 pratiṣṭhā, tib.= チベット語 rab gnas）が執り行われ

たが、その詳細はここでは省く。

前日から摺り始め、その作業を終えた全ての紙（護符）を図10の通りツェリン師が自身の手前に置く。そして、手で印を結び、経文を唱えるなど密教特有の作法を開始する。ダマル（skt. ḍamaru）太鼓を鳴らして出る低音と金剛鈴を振って出る高音をシンクロナイズさせた空間は神秘的である（図11）。約15分間続いたこの儀礼の終わり際に壺の中の水を孔雀羽根で散布し（図12）、再びダマル太鼓を鳴らし、金剛鈴を振り、一連の儀礼が終了する。

ツェリン師によれば、これをもってロクタ紙に摺られたヤントラは呪術的な効力を持った護符になり、自宅の壁に貼ったり、肌身離さずガー

図10 印を結びながら経文を唱える

図11 ダマル太鼓を鳴らし、金剛鈴を振る

図12 護符に水を散布する

ウに収めたり（後述）して保持すると、災害・病気などの種々の災いが取り除かれるという。

3. ネワール仏教におけるヤントラ

　すでに述べたように、ヤントラは元々道具、機会などという意味であり、それがのちに超自然的な力を有する神秘的図形と解釈されるようになり、ヒンドゥー教と仏教共に広く浸透している。ネワール仏教において守護（rakṣā-）を目的としてヤントラを描き、それによる効力を期待する習慣は広く伝わっている。ヤントラに関する梵語および梵語・ネワール語の混成文献（古写本）はアーシャー・アーカイブス（Āśā Saphu Kuthi）などさまざまな研究機関では数多く保管されている。この点からもネパールにおいてヤントラの信仰が定着していることが伺える。ここで注目すべき点は、ネワール語（nw.）でヤントラのことをジャントラ（jantra）もしくはジャンタラ（jantara）と呼び、それが写本の題名でも確認できることである[5]。なお、本稿でネワール語として使用する場合「ジャントラ」を用いる。
　ここでは種々のヤントラの描き方について記されるアーシャー・アーカ

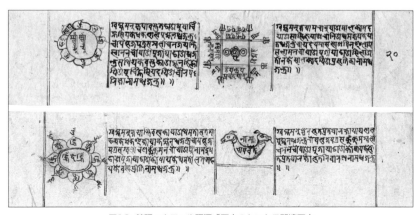

図13　梵語・ネワール語混成写本のヤントラ関連写本

イブス所蔵の Digital Project（以下、DP）No. 1277 *Yantra-Cintāmaṇi* の梵語・ネワール語混成写本（図13）の内容の一部を紹介する。

　　21r（*l*1）gva mha manuṣena bhūta pretaya rakṣāyāyabhāla

　　　　（*l*2）pu mhana na thva jantra choye……

　　（餓鬼、亡霊、羅刹などからの防護を願う人のためにこのジャントラを描く

　　べきである……）

　上記のように、ネパールにおいて、餓鬼、亡霊、羅刹などによる災いから身を護るためにヤントラを描いた護符を作成していたことがわかる。では、現在の制作過程はいかなるものかをカトマンドゥにおける現地調査に基づいて考察を進める。

3.1　ネパールにおける現地調査の報告

　今回パタン市在住でヤショダラ寺院（Yaśodhara Mahāvihāra）所属の僧侶ディッリラジュ・ヴァジュラーチャールヤ（Dillirāja Vajrācārya）師とアヴィシェカ・ヴァジュラーチャールヤ（Abhiṣeka Vajrācārya）師と共にヒラニャヴァルナ寺院（Hiraṇyavarṇa Mahāvihāra、通称ゴールデン・テンプル寺院）所属のディーパカ・ヴァジュラーチャールヤ（Dīpaka Vajrācārya）師の二組に2017年9月下旬及び2018年3月下旬の2回聞き取り調査を実施した。ヤントラに関する儀礼作法は秘されたものであるために、儀礼そのものの詳細は知ることができなかったが、現在でも制作されていることが確認でき、本報告はそれに基づく。

ヤントラの制作者

　言うまでもなくヤントラの制作は複雑な密教儀礼も伴うものであるため、ネワール仏教徒の中でもヴァジュラーチャールヤ家系で生まれて、灌頂を受けた僧侶（阿闍梨）に限られる。ただし、彼ら僧侶の皆が占星術や伝統的な医療に関する知識を有するわけではない。僧侶の中でもとくに占

星術の伝授を受けた者だけがヤントラを使用した護符を作ったり、関連儀礼を執り行ったりすることが許されるのである。筆者が聞き取り調査した３人の僧侶がそうであるように、彼らは占星術の知識を持つ「ジョーティシャ」（jyotiṣa）と呼ばれ、決まってネパールの伝統医学の知識も持つため「ヴァイディヤ」（vaidya）としても知られ、僧侶の中でも上層に位置する階級であるという。このように伝統医学と占星術の特別な伝授を受けた僧侶のみが携わり、悪霊などを払い、種々の災いからの身体・家内の防護を望む信者たちのためヤントラが描かれた護符が作られる。[6]

護符の制作時期とその過程

　護符などを求めて僧侶のところを訪れる信者は一年中いるが、ジャントラ（ヤントラを伴う護符）はその都度いつでも作るわけではない。これは地元のガターンムガ・チャーレ（nw. Gathāmmuga-cahre）という祭で、後述するように毎年ネパール暦のシュラーワン月の黒分十四日（Śrāvaṇamāsa-kṛṣṇapaṣka-caturdaśī）の真夜中に読誦を中心とした特別な密教儀礼（神秘的な機能を植え付ける）を執り行いながら制作するという。[7]詳細を把握することは叶わなかったものの、上述した二組の僧侶への聞き取り調査を通してヤントラを描いて護符を制作する過程を知ることができた。

　まず、儀礼の時期に先立って10センチほどの正方形に切ったロクタ紙を100枚（僧侶の信者数によって異なる）以上用意する。チベット仏教の護符と異なり、そこに摺るのではなく紙に直接描くのである。すなわち、ロクタ紙に八幅輪を描き（図14）、その内側と外側に「oṃ caṇḍamahāroṣanāya hūṃ phaṭ svāhā」という13音節（oṃ-ca-ṇḍa-ma-hā-ro-ṣa-nā-ya-hūṃ-phaṭ-svā-hā）からなる真言をそれぞれに図15のようにoṃ字が中央になるように配置する。これは不動明王の真言であり「オン、チャンダマハーローシャナ（Caṇḍamahāroṣana、不動尊の異名）に対して礼拝し

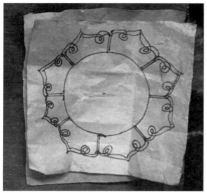

図14　八幅輪を描いた正方形の紙　　　　図15　真言の文字が附置されたヤントラ

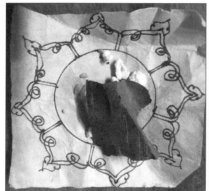
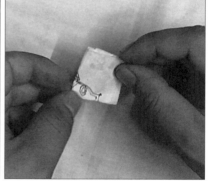

図16　ヤントラに乗せる供物　　　　　　図17　手で折りたたむ

図18　折りたたんだ護符　　　　　　　　図19　ひもを括った護符

ます、フンハッタ　幸あれ」という意味である。[8]

　儀礼次第に基づき、真言を描き終わった紙でアークヤ（nw. ākhya, 籾殻を取っただけの米）、シノォ（nw. sinha 赤またはオレンジ色の神仏に捧げる粉末）、ターヤ（nw. tāya、米を炒ってはじきだしたポップコーンのようなもの）、ボジャパトラ（nw. bhoja-patra、skt. bhūrja-patra、カバノキ属の落葉樹の樹皮）[9]、イーカ（nw. īkā 白い芥子実）、パーカー（nw. pahkā 黒い芥子の実）を含む供物を図16、17、18のように包むが、この作業は上述の図4、5、6と類似する。そして十字を描く形で左右から五色の糸で括る（図19）。これをもって「モノ」としてヤントラを描いた護符は完成するが、守護する機能は備わってないという。その儀礼作法はチャター祭りの夜中に行うが、これ以外の日に行っても効力はない。これはチベット仏教でいう入魂儀礼であり、ネワール語でニャーサ・タエグ（nw. nyāsa-tayagu）またはジニャーサ・タエグ（nw. ji-nyāsa-tayagu）という。この儀礼の終了と共にヤントラに守護の神秘的機能を有する一年分の護符が完成する。

　ji-nyāsa はサンスクリット語の jīvanyāsa- に由来する。このうち、nw. ji はサンスクリット語の jīva- すなわち「命」であり、nw. nyāsa はサンスクリットの ni√as（置く）からの派生語で「置くこと、布置」を意味する。また、Grimes（1996: 214-215）にも記しているように jīvanyāsa-（nw. ji-nyāsa-）は「命を置くこと」である。ただし、ネワール仏教では仏像、仏塔、寺院などに命を植えつけたり、取り除いたりする場合、さらにそれを表す動詞を重ねる。護符以外にも、たとえば新たに作られた仏像などに命を植え付ける場合にも ji-nyāsa-tayagu というが、その中の tayagu は「加える、付ける」というネワール語の動詞である。一方、それらを修復する際、命を抜き出して一時的に壺の中に保管し、修復・修理後に再び元に戻すが、そのことを「ジニャーサ・リカーエグ（nw. ji-nyāsa-likāegu）」という。この場合のリカーエグ（likāegu）は「取り出す、抜き出す」という動詞である。このように、ji-nyāsa（jīvanyāsa）は、本来は「命を置くこと」を意味するが、

さらにそれを「加える」、「取り出す」などの動詞と組み合わせて、儀礼の名称が作られていることがわかる。[10]

3.2 護符の用途

上記の一連の過程を経て作られた護符はどのように使用されているのだろうか。大きく分けて二種の用途がある。

　①身体の防護
　②家屋の結界

まず、①身体の防護は無病息災などを祈願するものである。この場合、後述するように僧侶からもらった護符を「ジャンタラ」と呼ばれる箱型の入れ物に収めて、紐をつけて首にぶら下げる。無病息災を祈願して子どもから大人までペンダント形のジャンタラを身につけるが、特に幼児の場合ジャンタラのような箱に入れず、布の守り袋を作って肌身離さず持する。

次に②家屋の結界は邪鬼をはじめとする種々の災いから家屋の安全を保つために、玄関扉の上枠の中央に釘で護符を止めることである。カトマンドゥ盆地に在住する多くのネワール人の家屋の玄関扉の外側の上枠に図20、21、22のような孔雀の羽と合わせた護符の形跡を確認することができる。

家屋の安全を祈願する一連の宗教儀礼を伴うが、それは同然ながら僧侶の指導の下で行われる。ここで護符を用いる方法に注目したい。護符を扉の上枠に供えるためには特別な釘を使用するが、これはネワール語ではソクワ・ナキン（sva-khvā-nakiṃ、三つの面を有する釘）という三面をもった釘という意味である。即ち、

図20　玄関扉

これは上からみると図23のような人字形で、それぞれ三箇所から三つの鋭い釘が伸びており、便宜上これを「三面釘」と呼ぶ。儀礼を執り行う「場」に結界を目的として釘を打つことが曼荼羅儀礼などでも多く行われている。

次に、クシャ（kuśa）草と孔雀の羽が左右に開くように付け根同士を五色の糸で結ぶ（図24、25）。その結び目にヤントラが描かれた護符を置く。

図21　三面釘のみが残る扉の上枠の中央

図22　三面釘で留めている護符、孔雀の羽

図23　三面釘

図24　クシャ草と孔雀の羽の結び目

図25　魔除けを象徴する孔雀の羽

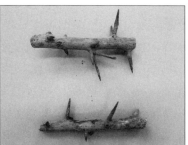
図26　鋭い棘をもつ枝

図27 五色の糸　　　　　図28 玄関扉の外側上枠の中央に使用する護符の一式

　また、場合によって鋭い棘のある枝（図26）を一緒に打ち付けることもあるという。図28のようにそれらを挟みながらその一式を玄関扉の外側の上枠に直接打つ。ネパールの家屋の多くは木造であるため、そのような釘も打ちやすい。また、時間の経過と共にその効力も失われるようである。そのため、これは1回だけではなく、数年毎に守護を願い複数重ねて打たれている形跡も見られる。[11]

　興味深いことに、三面釘、クシャ草、孔雀の羽、五色の糸（図27）いずれもネワールの仏教儀礼の中で魔除けとして結界のために用いる。そのような一式をヤントラが描かれた護符と一緒に使用する背景には防護の機能を増長する目的が含まれているのであろうと考える。

3.3　護符の入れ物「ガーウ」

　「ガーウ」はチベット語の ga'u「ガウ」を音写したものである。これは先述したヤントラなどが描かれた護符を折り畳んで収める小さな金属製の箱であり、チベットの仏教徒は首に掛けて保持することが多い。ここに護符の他に小さい仏像などを入れて守り本尊として携帯することも多々ある。そのために様々な大きさで、2センチから十数センチ以上のものも現存する。ただし、護符を収める箱は比較的小さく、首から下げられるようにペンダント型をしている。その形は図29、30、31、32でも見られるように筒形、四角形、丸形、六角形などである。さらに、入れ物そのものに

ネワール仏教における護符の実際 | 277

図29 羯磨金剛のふたを持つ箱型のガーウ

図30 サンゴ製の阿弥陀如来のガーウ

図31 六字真言のガーウ

図32 種々の護符入れ（ガーウ）

図33 ガーウ（北村コレクション）

実践

図34 ナムチュワンデン 民博所蔵（H79779）　　図35 ナムチュワンデン民博所蔵（H79778）

　八吉祥の模様の彫刻や細工が施され、宝石が散りばめられる。金や銀や銅で作成され、宝石を使用した美術品でもあるため、ガーウは護符の入れ物としてだけではなく家宝として持つこともある。
　ここで、ガーウの作例について簡潔に述べる。例えば、図29は丸い箱形で直径3センチである。蓋の表側にサンゴがはめられ、その上に金メッキされた羯磨金剛が接着されている。この中にヤントラ、真言などを描いた護符を丸めて収め、ペンダントとして使用する。図30[12]も同様に箱形（3.5×3センチ）のガーウであるが、ここにはサンゴ、トルコ石を使用し禅定印の阿弥陀を象っている。さらにその蓋の内側にはナムチュワンデン（tib. rnam bcu dbang ldan、十種の力を有するもの）と呼ばれ、『カーラチャクラ・タントラ』所説の宇宙観を表す十の要素から構成されるランジャナー文字（下から順にヤ ya、ラ ra、ヴァ va、ラ la、マ ma、クシャ kṣa、ハ ha の七つか

らなる種字の上に、ṃ荘厳点、空点、ナーダ点）から成るチベット仏教を代表するモノグラムの細工がみられる。この模様は図34、35のように民博も複数所蔵している。

　図31のガーウは直径3.5センチあり、裏表にoṃ ma ṇi pad me hūṃの観音菩薩の六字真言の細工が確認できる。図32の二つのガーウはチベット系の寺院で僧侶達が参拝者に配布するものであり、同様のものが市販されていて、手ごろな値段で購入できる。プラスチック製の箱には護符が収まっており、ペンダントとして使用できようになっている。図33[13]は7.8×5.5センチの精巧な細工を施した銀製のガーウであり、これは図9のようなチベットの護符または小さい仏像を収めて保持するものである。

3.4　ネワール仏教の護符ジャントラの入れ物「ジャンタラ」

　では、ネワール仏教徒にとってガーウと同様なものがあるだろうか。ネパール仏教ではヤントラが描かれた護符の入れ物をガーウと呼ばず、好んで「ジャンタラ」（nw. jantara）と呼ぶ。これは既に述べたようにヤントラ（ジャントラ）に由来する。厄払い、無病息災などいわゆる守護の機能を保つためにガーウと同様に肌身離さぬよう首から下げる。なお、ネワール仏教では図形を示すヤントラのことをジャントラ（jantra）、そしてそのガーウのような入れ物をジャンタラ（jantara）と別々の言葉が存在するものの、混同して使用することもしばしばある。

　ネワール仏教のジャンタラはガーウのように仏像も収めたりすることが少なく、純粋なヤントラの入れ物として用いることが多い。また、それは筒形、四角形がほとんどであるが、最近はハート形も作られているようである（図36）。このようなジャンタラは銀製が多く、紐を通して首から下げることができ、図37のような筒形が最も人気がある。特に幼児の身体に降りかかってくる災い、病気などから護ることができるという信仰が流布しているために、幼児が肌身離さず首から下げられように大きさも3セ

 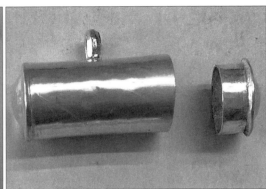

図36 種々のジャンタラ　　図37 筒形のジャンタラ

ンチ前後である。そのためか、この「ジャンタラ」はチベット系のものと比べて彫刻などの装飾を施さずシンプルなものが多い。なお、このような「ジャンタラ」を金や銀を扱う「ルカミー」(nw. lukamī) と呼ばれるネワール族のシャーキャやヴァジュラーチャールヤの職人が作成して、販売している。

むすび

　以上のようにチベット仏教とネワール仏教の護符について述べてきた。両者において護符の制作目的、使用する材料、折り方、制作者は占星術知識を有する僧侶に限ることなど類似点は多く見られる。その一方で、制作時期をはじめとする相異点も認められる。
　チベット仏教においては、上述の調査報告からも明らかであるように、ヤントラを手で描くことも木版から摺ることも両方行われるが、ネワール仏教の場合、現在は手で描くことがほとんどで紙に摺ることは少ないようである。ネワール仏教においてはチベット仏教と同様に図形を描いたヤントラを伴った護符を制作することはいつでもできるが、入魂儀礼は「ガター

ンムガ・チャーレ祭り」の時期に限り、しかも秘儀とする。一方、チベット仏教において、儀軌を実施する時期に制限がなく、儀軌そのものもオープンである。

その他、守護を目的として肌身離さぬ形で護符を持する場合、箱形の入れ物を使用するが、それはガーウまたはジャンタラとチベットやネワール仏教徒の間でそれぞれ呼び名があり、形や装飾にそれぞれ異なった特徴があるものの、「護符」としての機能には相違がなく、日本の寺社などで求められるお守り袋に類似する。

一般に仏像などの開眼作法に相当する言葉はサンスクリット語の「プラティシュター」であり、民博で実施した儀礼もそれに相当する。ネワール仏教においても作法全体のことをプラティシュターと呼び、文献上も確認することができる。[14] ただし、開眼法要、落慶作法などと共に宗教舞踊に用いる種々の尊格の仮面に神秘的な機能を植え付けることは、上述したように「ジニャーサ・タエグ」や「ニャーサ・タエグ」という。新しく制作したヤントラが描かれた護符に神秘的な機能を植え付けることも「ジニャーサ・タエグ」などと呼ばれる。その儀礼全体に相当するいわゆる入魂儀礼がプラティシュターに相当すると考えられるが、このふたつの儀礼をどのように区別するかについては、今後の検討課題としたい。

謝辞：本稿をまとめるにあたり、国立民族学博物館・長野泰彦教授、立川武蔵教授、金沢大学・森雅秀教授よりご助言とご指導をいただきました。先生方に心より御礼を申し上げます。また、チベット仏教の護符の調査に関してノルブ・ツェリン（Norbu Tsering）師、そしてネワール仏教護符に関しての調査ではディッリラジュ・ヴァジュラーチャールヤ（Dillirāja Vajrācārya）師、ディーパカ・ヴァジュラーチャールヤ（Dīpaka Vajrācārya）、アヴィシェカ・ヴァジュラーチャールヤ（Abhiṣeka Vajrācārya）師に多大な協力をいただきました。深く感謝を申し上げます。

本稿は平成 30 年度科学研究費助成事業「基盤研究(C)」課題番号［16K02171］、［18K00063］および「Samaya プロジェクト 21」による研究成果の一部である。

註

1) ヤントラ（yantra）は√yam（制止する、抑える、支える、鎮めるなど）を語源とし道具、機会、保持する手段、支えるもの、神秘的図形などを意味する。これは現在のヒンドゥー教おいても流布しており、シュリー・ヤントラ（śrī-yantra）はその代表格である。ヒンドゥー教においてヤントラはマンダラを単純化した神秘的図形として扱うこともあるようである。詳細は Chawdhari(1985)、Chawdhari(1992)、Bunce（2001）、Bühnemann（2003）を参照。

2) スダン（2010a: 16-23）を参照。

3) ネワール人が主流だったネパールの伝統仏教の一つの転換期は、マッラ王ジャヤスティティの統治期間 1382〜1395 年であるといえよう。彼が即位してから社会全体を整備するために 64 に分配するサブカーストをヒンドゥー社会とともに仏教社会にも進めた。その後に仏教社会の中でも僧侶（ヴァジュラーチャールヤ、金剛阿闍梨）等の職業も世襲となり、「希望する人誰でもが僧侶になれる」という理念から離れていくのである。田中・吉崎（1998: 22）を参照。

4) 破れにくく丈夫で和紙のそれに匹敵するネパールの紙はロクタなどの植物繊維を原料とし、伝統技法手漉きで作られる。主な原料はロクタであるためロクタ紙とも呼ばれている。ネパールの公文書や書写された紙写本は決まってこの紙が使用されていたが、それは今日も変わらず継続されている。ネパールの手漉き紙に関しては、小西（1982）を参照。

5) Āśā Saphu Kuthi DP No. 1277 *Yantra-Cintāmaṇi* と DP No. 5433 *Bhūtanātha-jantra* はヤントラ関連のアーシャー・アーカイブス所蔵の梵語・ネワール語混成写本であり、前者は題名にヤントラを使用するが、後者はネワール語のジャントラを使用する。

6) ネパールでは子どもが生まれたら直ぐ、占星術に基づいて生年月日や星座などを記録した紙を作成する。これはジャータ（nw. jāta）またはチンノ（cinno ネパール語）と呼ばれ人生の運勢や結婚など人生の節目の行事の吉日を決めるために用いる（スダン 2014: 298）。これに基づき占星術上の厄年など災厄の時期が決まるが、それを逃れることを期待して護符を身につける。護符を作り、儀礼を行う僧侶に占星術の知識が不可欠なのもこのような理由からである。

7) 「ガターンムガ・チャーレ」は西暦でいえば、毎年 7 月下旬から 8 月上旬に当たり、家屋に迷い込んだ種々の悪霊・魔などを払う祭りとしてカトマンドゥ盆地のネワール族に広く浸透している。この祭について山口（2005: 35-126）が詳しい。

一方、護符の制作には時間の制限がないものの、それに描かれたヤントラに関して、「ガターンムガ・チャーレ」以外の日にいわゆる入魂儀礼を行ったとしても、その効力には差があるという。護符に対してこのような信仰があるため、特別な密教儀礼は「ガターンムガ・チャーレ」に行われ、年中儀礼の一環となっているのである。ただし、万が一「ガターンムガ・チャーレ」までに入魂儀礼が済んだ追加の護符が必要な場合、パーハン・チャーレ（nw. Pāhāṃ-cahre）というネパール暦のチャイトラ月の黒分十四日（Caitramāsa-kṛṣṇapakṣa-caturdaśī）で西暦3月の下旬に当る祭の真夜中も特別な密教儀礼を行うことが可能だという。ヤショダラ寺院やゴールデン・テンプル寺院をはじめとする僧侶達は「ガターンムガ・チャーレ」にヤントラに神秘的な機能を植え付ける秘儀を実施するが、効力の面では、パーハン・チャーレはあくまでもオプションに過ぎないようである。

8) 不動尊のこの真言は『チャンダマハーローシャナ・タントラ』（*Caṇḍamahāroṣaṇatantra*）の第5章 "Mantrapaṭala" では「根本真言」（mulamatra）と呼び、タントラ全体に亘って複数回登場する（George 1974: 26, 5.20 を参照）。またネワール仏教においてこの章全体を抜粋し *Karavīra-Caṇḍamahāroṣaṇatantre Mantrapaṭalaḥ* と題する読誦文も唱えられる（Āśā Saphu Kuthi DP. No. 3230, 3237 及び Vajrācārya 2007 を参照）。不動尊は「サンカター」（Saṃkatā）という異名でも呼ばれ、ネパールでは除災を司る尊格として仏教徒とヒンドゥー教徒の両者から根強く信仰されているが、その信仰体系については改めて記す。ヤントラに不動尊の真言が選ばれている理由もうなずける。

　ところで、『チャンダマハーローシャナ・タントラ』はネワール仏教の儀礼の側面を支える重要な典籍であり、その全体は25章から構成されており、『グヒヤサマージャ・タントラ』（*Guhyasamājatantra*）の釈タントラとして、Poussin をはじめ19世紀前半から注目されている。近年も研究がさらに進められ、テキスト校訂と共に、フランス語、英語による全訳も発表されている。詳しくは George（1974: 1-5）及び Samuel & Szántó（2018: 649-652）を参照。

9) これは学名を *Betula Utilis* といい、カバノキ属の樹皮である。本来ヤントラはボジャパトラに描くべきであると明記するヤントラ関連の文献も現存するが、現在は図15のようにロクタ紙に描き、ボジャパトラのかけらを供物として使用している。

10) 命を一時的に抜き出し、修理後に再び植え付けるという同様の表現は、2008年から2010年にかけてカトマンドゥのスヴァヤンブー仏塔を修理した際にも用いている。詳しくは von Rospat（2013: 277-278）を参照。なお、ニャーサ（nyāsa）はインドで用いる瞑想の一種で行者の護身法でもある。詳しくは、Padoux（2011: 54-80）および佐久間（1993: 938-935）を参照。

11）三面釘、クシャ草、孔雀の羽など使用するネワールの仏教儀礼についての詳細な報告は山口（2005: 89-99）でも見られる。
12）http://www.asianart.com/exhibitions/nepal-treasures/large/02_bhairab_det_open.jpg（2018年7月21日閲覧）より写真を転写。
13）北村（1992: 204）より転写。
14）田中・吉崎：（1998: 173-196）を参照。

参考文献

小西正捷　1982　「ネパールの手漉き紙──伝統的技術と歴史」『季刊民族学』6(3): 42-53.

北村太道　1992　『チベット仏教美術』大阪：隆昌堂.

佐久間留理子　1993　「『サーダナ・マーラー』におけるニヤーサ」『印度學佛教學研究』41(2): 938-935.

スダン・シャキャ　2008　「『ナーマサンギーティ』と「法界語自在マンダラ」について」『密教学研究』40: 60-76.

スダン・シャキャ　2010a　「ネパールの仏教寺I──ゴールデン・テンプルから見るネパール仏教の特徴」『善通寺教学振興会紀要』15: 16-42.

スダン・シャキャ　2010b　「ネパールにおける弁天と文殊の信仰」『サラスヴァティー』創刊号: 99-113.

スダン・シャキャ　2014　「生き神クマリ信仰から見るネパール仏教」『龍谷大学アジア仏教文化研究センター 2013年度研究報告書』龍谷大学アジア仏教文化研究センター、pp. 292-307.

スダン・シャキャ　2015　「ネパール仏教における三宝帰依と三種のマンダラ」『密教学』51: 211-227.

田中公明・吉崎一美　1998　『ネパール仏教』東京：春秋社.

立川武蔵　1991　『曼荼羅の神々──仏教のイコノロジー』東京：ありな書房.

立川武蔵　2015　『曼荼羅観想と密教思想』東京：春秋社.

森　雅秀　2011　『インド密教の儀礼世界』京都：世界思想社.

山口しのぶ　2005　『ネパール密教儀礼の研究』東京：山喜房仏書林.

Bunce, Fredrick W.. 2001. *The Yantras of Deities and Their Numerological Foundations: An Iconographic Consideration*. New Delhi: D. K. Printworld.

ネワール仏教における護符の実際 | 285

Chawdhari, L. R.. 1985（2005 reprint edition）. *Practicals of Yantras*. New Delhi: Sagar Publication.

Chawdhari, L. R.. 1992.（2006 reprint edition）. *Secrets of Yantra, Mantra and Tantra*. New Delhi: New Dawn Press.

Bühnemann, Gudrun. 2003. *Maṇḍalas and Yantras in the Hindu Traditions*. Leiden: Brill.

Chazot, E., Chazot, P., & Delamotte, E.. 2015. *Le Tantra de Chandamahârosana*. Monaco: Editions du Rocher.

George, Christopher S.. 1974. *The Caṇḍamahāroṣaṇa Tantra Chapters I-VIII A Critical Edition and English Translation*. American Oriental Series（Vol. 56）. New Haven: American Oriental Society.

Grimes, John. 1996. *A Concise Dictionary of Indian Philosophy: Sanskrit Terms Defined in English*. Albany: State University of New York Press.

Grimes, Samuel & Szántó, Péter-Dániel. 2018. "Mahāsukhavajra's Padmāvatī Commentary on the Sixth Chapter of the Caṇḍamahāroṣaṇatantra: The Sexual Practices of a Tantric Buddhist Yogī and His Consort." *Journal of Indian Philosophy*. 46（4）: 649–693

Malla, Kamal Prakasha（ed.）. 2000. *A Dictionary of Classical Newari Compiled from Manuscript Sources*. Kathmandu: Cwasa Pasa.

Mical, Wiesiek. 2016. *The Tantra of Caṇḍamahāroṣaṇa*, DhTC. The Dharmachakra Translation Committee.〈http://read.84000.co/#UT22084-080-015/title〉

Padoux, André. 2011. *Tantric Mantras Studies on mantrasastra*. Routledge: Oxon.

Vaidya, Janaka Lal & Kamsakar, Prem Bahadur. 1991. *Āśā Saphu Kuthiyā Abhilekha-granthaya Varṇātmaka Dhalaḥ*（A Descriptive Catalogue of Selected Manuscripts kept in Āśā Archives）. Kathmandu: Cvosāpāsā.（in Newari and English）

Vajracarya, Yajñamānapati. 2007. *Viśvamāridha Ekalavīrā*. Kathamandu: Baudha Darśana Adhyana Pucaḥ.

von Rospat, Alexander. 2013. "Buddhist strategies of keeping its sacred images and shrines alive: the example of the Svayambhū caitya of Kathmandu." *Art of merit: studies in Buddhist art and its conservation: proceedings of the Buddhist Art Forum 2012*. London: Archetype Publications, pp. 275–285.

信 仰

魔除けと護符の「境界性」をめぐって
——民間信仰のフィールドから——

村 上 大 輔

> ……やはり家屋をある観点では拡大された身体とみる
> ことができる。そして人間は、同じような仕方で自分
> を家屋と同一視し、また同様に家屋をとおしてより大
> きな周囲の空間のなかへ組み入れられているのである。
> ——ボルノウ『人間と空間』

はじめに

　2008 年 10 月 6 日。ラサの北方、当雄を震源とする地震はラサに震度 2 程度の軽い揺れをもたらした。

　日本の感覚からするとたいした揺れではなかったのだが、四川省の大地震の記憶もまだ鮮明な時期に起きたこの地震は、ラサの人々を不安に陥れた。自分たちの住んでいる家屋の構造が、四川省のそれとあまり変わらないことを知っているチベット人たちは、まるで神仏にすがるかのように夜な夜なジョカン寺周辺に集まり野宿をはじめたのだった。チベットの伝統建築に住んでいる者よりも、最近建てられた建物に住んでいる者のほうが余震を恐れていた。中国の建築は「豆腐建築」なので信用ならないと、人々は口々に言い合っていた。

　その数日後のことである。ラサの集合住宅ゴラ（sgo ra）のドアというドアには、ある護符が貼られるようになった。それは、ヤクと羊と思しき動物が上下に配された手書きの絵画のコピーである（図1）。ヤクは怒り顔

であり、一方の羊はやや温和、そして、二つの顔の間に挟まれるかのように、三部主尊の真言「オム・アー・フム」のチベット文字が記されている。「地震除け」の護符としてラサの人々の間で固く信じられていたが、なぜこの文様なのか、なぜこれが効くのか、それを説明してくれる者は私の周りには誰もいなかった。ただ、僧侶や尼僧の友人に聞くと、口を揃えて「迷信」（rmongs dad）だという。

図1　ヤクと羊の護符

　一方、ある別の図柄もラサの人々の家の屋上や中庭、居間などに溢れるようになった。こちらは伝統的なモチーフである。チベット仏教でお馴染みの右回転の聖なる方向とは逆の、左回転を表わす「卍」の記号（g.yung drung）である[1]。居間に描かれる場合は、お椀を卍の中心に伏せて置いたりする（図2）。両者とも「縁起の悪い」とされる表象であるが、この左回りの「卍」記号は、障りや禍などを「反対側に押し返す」（ldog phyogs byed）はたらきがあるとされ、地震後しばらくのあいだラサのあちこちで見かけるようになった。

　地震という天災は、ラサではそれほど頻繁に起きるものではない。それだからこそ人々は精神的に無防備なのであり、そういうときに忘れ去られた習俗がまるで掘り起こされたかのように護符や聖記号が街に溢れたのであった[2]。普段は護符を目にすることの少ないラサの都市風景であるが、現代でもその信仰は秘かに生きている。

＊　＊　＊

　本稿は、チベットの護符を「悪霊や天災などから守護するためのモノ

図2 「卍」の中心にお椀が伏せておかれる。

(物的工夫)」として押し広げて解釈し、チベットの人々が日常的に携える御守や、伝統民家などに描かれる様々な魔除けの記号・モチーフを紹介しつつ、護符を含めた魔除け一般について人類学的な議論を試みるものである。いうなれば、民間信仰の習俗を足掛かりに、チベットの護符文化についてより広い視野から考えていくことをその目的としている。本稿ではまず、「邪視」を撥ね返すとされる御守などラサの人々の間で広く使用されている様々な魔除けを紹介したのち、ラサで最もよくみかける護符であるシバホ (srid pa ho)[3] について民族誌的な記述を試みる。そして、チベット文化における〈建築物と身体の親密性〉について論じているスタン (Stein 1972 [1962]) やトゥッチ (Tucci 1988 [1980]) の議論を踏まえ、空間性の観点から伝統民家のコスモロジーについて考察していく。そのなかで、護符のモチーフとしてもポピュラーなものである蠍の文様や三部主尊の表象など、民家に施される様々な魔除けと聖化記号を取り上げていきたい。民間信仰と密接な関係のある魔除けを横断的にみていくことになるが、通底するテーマは〈境界性〉である。もっとも脆弱とされる境のような時空間

に、護符はその目的・効果を期待されて添えられるのである。

　なお筆者は、2000 年から 2014 年までのあいだ約 10 年近く、中国チベット自治区・ラサに滞在しつつ中央チベットを中心にフィールド旅行した。本稿で紹介するデータはその際に蒐集したものであり、その多くは経典に記されたものではなく、人々の習俗や口承、行為の類である。

1．ラサにおける御守

　護符はチベット語で「ゴスン」（sgo srung）や「スンコル」（srung 'khor）などと呼ばれるが、よりポピュラーには「禍を抑止するもの」（gnod pa bkag yag）、「禍を寄せつけないもの」（gnod pa 'gog byed yag）などと、その機能を説明するよう表現される。先に紹介した「反対側に押し返すもの」（ldog phyogs byed yag）は、魔除けの呪術一般に用いられるが、これも護符を指すものとして日常語のひとつとなっている。

　本節では、魔除けの機能を持つものであり、かつ俗人にも比較的簡単に入手しやすいものを紹介していくが、そのなかで携行に適するよう作られたものは、日本語でいうところの御守のようなものとして機能していく。

　その最もポピュラーなものは、神仏やラマの写真（sku par）である。ブロマイド風に仕立てられたそのイメージは、ジョカン寺の釈迦牟尼仏やグルリンポチェ、ラサの現世利益の女神タプチラモ[4]、そしてダライ・ラマをはじめとする活仏たちの写真である。これらは信仰心のあらわれである一方、禍を祓う御守としての役目も期待されている。ふだんそれらは財布などにしまわれるが、ダライ・ラマの写真など中国政府から厳しく禁じられたものは、簡単には人目につかないよう隠されて携帯される[5]。

　護符そのものを携帯する場合は、木版印刷されたそのイメージに行者が加持（phyin rlabs）を与えた後、折り畳まれ、カラフルな糸で幾何学模様風に封をされたものを用いる（図3）。それらはスンク（srung skud）と呼

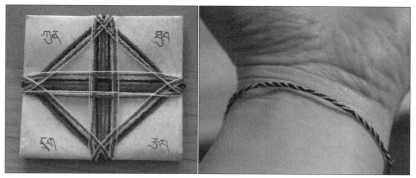

図3 スンク   図4 チミグディ

ばれ魔除けになるほか、穢れ（sgrib）をも祓うはたらきがあると信じられている。様々な神仏・曼荼羅のスンクが存在するが、ラサでは白傘蓋仏母（gdugs dkar）や馬頭明王（rta mgrin）のものが比較的多く流通している。一般的にスンクは、ペンダントのように個々の首にかけられるが、大きなものは家の戸口の上部や自動車のバックミラーにも吊り下げられる。

　ほかにも携帯用の御守としてラサで人気があるのは、九宮八卦図の描かれたメロン（me long）があるが（図7）その詳細は次節に譲るとして、ここではもうひとつ、チベットの特徴的な魔除け「チミグディ」（phyi mig dgu sgril）について述べておく。白と黒の糸を交互に縒り合わせた、手首に巻く携帯用の魔除けである（図4）。単純に縒り合わせるのではなく、その縒りの方向を九回反転させた独特の美しい構造となっている。白黒が反転するその九つのポイントは「眼」（mig）であるとされ、合計九つの眼がこの糸に刻まれている。チミグディとは、「振り返った九つの眼差しが縒り合さったもの」といったような意味あいであり、現に、振り返りの横目でこちらに視線を投げ返しているような白黒の複雑な文様をしている。これは一種の邪視除けであり、外部から投げかけられる嫉妬や憎悪の視線を撥ね返すと信じられている。この「振り返りの九眼」は、遊牧民たちが羊やヤクの放牧に従事するときに使用する投石ロープ「グルトー」（'ur rdo）[6]

の縄部分にも刻まれていることが多い（図5）。さらには、その石を添える部分にも眼を模った文様が九つ編み込まれている。グルトーは事実、テントの入り口に吊るされたり、就寝時に自分の布団の上に置かれたりするようであり、一種の魔除けとしても用いられている。チミグディは主にナクチュ地方などラサ近郊の遊牧地域において手作業で作られることから、グルトーの携帯用として作られている可能性も考えられる。ちなみにラサでは、グルトーは家屋の柱や自動車のハンドルの軸の部分に巻きつけて御守として使用される。

　「九つの眼差し」で思い出されるのが、「スィ」（gzi）と呼ばれる瑪瑙である（図6）。日本や中国では「天眼石」の名称で知られるが、その名のとおり、眼のような文様が表面に浮き出ているものがある。目が九つあるものは「グミ」（dgu mig）と呼ばれ、魔除け、邪視除けの御守としてチベットでは非常に重宝されている。天然の物は稀少なため、グミのイミテーションが出回っており、上記のスンクなどとともに首にかけて御守としている。一方、「チャンブグミ」（byang bu dgu mig）もしくは単にグミと呼ばれる、九つの小穴の空いた金属片があるが（図7）、これも魔除けとして利用される。古代・中世のチベットにおいては、これらチャンブグミを編み合わせて兵士の鎧を造成していたようだが、その霊的功能が暗に期待されていたのである。おそらくは十進法とも関連していると思われるが、「9」という数字には呪術的な力があるとされ、九つの眼でもって悪霊の影響を撥ね返すという。上記の九眼の御守はすべて悪霊一般に対して用いられるが、特に、悪評を広めるとされる「風評霊」ミカ（mi kha）[7]のネガティブなエネルギーから心身を守護すると信じられている。

　そのほかラサでは、ギャンツェなどツァン地方からのものと思われる子安貝（'gron bu もしくは mgron bu）もよく見かける。乳幼児を悪霊たちから護る御守であり[8]、乳幼児をくるむ布などに縫い付けられる。その形状から女性器や子宮を連想させるものであるが、子安貝の聖性は特にチベッ

魔除けと護符の「境界性」をめぐって 295

図5 グルトー

図6 スィ

図7 メロン（右）とチャンブグミ（左）

296　信仰

トに限定されたものではなかろう。上記のチャンブグミや次節で示すシバ
ホの亀などともに、聖なるモチーフとして護符のなかに描かれることもあ
る。

2．シバホの護符

　本稿の冒頭で、現代のラサの都市空間にはほとんど護符は見られないな
どと述べたが、ひとつ例外がある。「シバホ」（srid pa ho）と呼ばれる護
符である（図8）[9]。シバホには紙に印刷されたものや、木版によって黄色
い布に刷られたもの、また、小さい金属板のキーホルダー状のものまであ
るが、その意匠は大概、次のようになっている。宇宙を司るとされる亀（一
説には聖獣キールティムカ）が炎に囲まれながら腹部をこちらに向け、九
宮（sme ba dgu）[10]、八卦（spar kha brgyad）、そして十二支（lo skor bcu
gnyis）を同心円状に抱え込んでいる。その上部には三部主尊（中央は観音
菩薩ではなく文殊菩薩）、そして時輪タントラのシンボルであるナムチュワ
ンデン（rnam bcu dbang ldan）が描かれ、亀の周囲には数種類の曼荼羅と
ともに、太陽や月、そして、諸惑星やラフラ（羅睺星）のシンボル、さらに、
土地神（sa bdag）や龍神（klu）など俗神たちを封印するための徴（phyag
rgya）が両側に配置されている。古代中国の五行思想を反映したモチーフ
や、インド仏教由来のもの、そして民間信仰の神々まで、多様な伝統要素
が複合した不思議な意匠となっている。
　このシバホであるが、ラサの集合住宅の大門（rgyal sgo）や、戸口のド
アなど人の出入りする場所に貼られることがある。また僧院では、お堂の
入り口付近に壁画として描かれたりする（図9）。護符を指すチベット語「ゴ
スン」（sgo srung）は「扉を護るもの」という意味であり、これらはいわ
ばその常用パターンなのであるが、シバホで興味深いのは次のような例で
ある。新たに家を建てる現場、それがたとえ近代建築物であろうと、その

魔除けと護符の「境界性」をめぐって 297

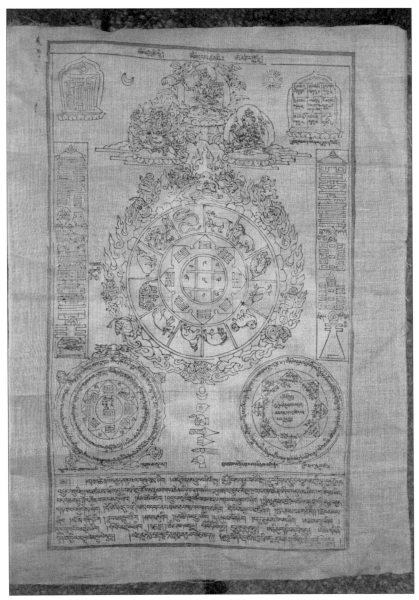

図8　シバホの護符

298 | 信仰

図9 シパホの壁画

魔除けと護符の「境界性」をめぐって | 299

図10 バルコル南側の住宅街にて（向かって左側の壁面と正面奥にシバホの護符が見える）

工事現場のすぐそばにこのシバホの護符が四方に貼られることがある（図10）。ラサの都市部であろうと農村部であろうと、建築の種類如何に問わず貼られるのである。

また、葬儀にもこのシバホは用いられる。早朝、遺体を家から運び出す際、自動車に載せてジョカン寺に祈禱に行く。そして、その遺体を家族や親族などが担いでバルコルを周回させたあと、鳥葬場にその同じ車で運ぶのであるが、その車には必ずシバホの旗がたなびいているのだ。一方、地方からラサに巡礼に来る信者たちの手押し車や、自動車で来る場合はその自動車に貼られることもあり、巡礼の長旅には欠かせないアイテムとみなされている。そのほか、農村での結婚式の際に花嫁を迎えるために用いる自動車（以前は馬やヤク）や引っ越しの際に荷物を運ぶ車、そして結婚式の宴会場や引っ越し先の新居にもシバホは掲げられる[11]。

このようにシバホは民家のドアなどある特定の場所に貼られたりする一方、新しい場所に移動する際など様々なシーンで用いられている。これは、

300 │ 信仰

シバホの図柄の下部に刻まれている祈禱文を読んでみると、その背景が窺えようか。

　　八大惑星神よ、誓いを守れ／　東方の元素である木の神よ／　南方の元素である火の神よ／　西方の元素である金（属）の神よ／　北方の元素である水の神よ／　間の方向[12]の元素である土の神たちよ、この偉大な誓いを守れ／　亀の元素の五大神たちも、この偉大な誓いを守れ／　（こちら［srid pa ho］を）ご覧あれ／　施主である我々を見るな／　探し求めるな／　元素の五大神たちすべては、誓いを守れ／　昴{すばるぼし}から胃{えきえぼし}までの二十八宿の諸々よ、誓いを守れ／　今日のこの集まりに（いる）あらゆる悪徳の土地神よ、誓いを守れ／　土地の王よ、今日は怒るな／　八卦を踏むな／　九宮を引き裂くな／　年（の運行に）に害を加えるな／　月（の流れ）を妨害するな／　日を盗むな／　時間（の流れ）を変えるな／　（星々の）昇り降りを逆にするな／　無数の魔が降りて来ぬよう／　大地を揺するな／　怒りや嫉妬に駆られるな／　嫉妬に縛られるな／

　まず「八大惑星神」とは、太陽、月、火星、水星、木星、金星、土星と、日月食を司るラフラを指している。八つの惑星、そして、四方八方に対応する木・火・土・金・水の五行（'byung ba lnga）や二十八宿の星座などの自然物がそれぞれ神として扱われ呼びかけられている。「この偉大な誓い」（gta' chen 'di）とは、シバホに表象された自然の秩序そのもの（あるいは仏法）を指し、いわば宇宙の運行をそのまま遵守するよう教え導いている。自然の時間の流れを変えぬよう嫉妬に駆られぬよう呼びかけ、嘆願しているのである。
　さらに、シバホの護符には下記の祈禱文が加えられることがある。

魔除けと護符の「境界性」をめぐって 301

龍王であるナンダとタクシャカ、王族クシャトリヤの龍神たち、貴族
ヴァイシャの龍神たち、隷属民シュードラの龍神たち、司祭であるバ
ラモンの龍神たち、不可触民の龍神たちなど、あらゆる龍神、ニェン、
そして土地神よ、癒されよ！／　行者である私が、土地（の状態）や水（の
流れ）を変えてしまったこと、つまり、地面に穴を掘ったり、石をひっ
くり返したり、ニェンの棲む樹を切ったり、ニェンの岩を壊したり（な
ど、私の犯してしまった乱行、それが）平安的なものであろうと、暴力
的なものであろうと、その行いすべてに対して怒ったり、嫉妬なさら
ぬよう／　そしてまた、四大ニェン、十六の小さなニェン、大地の族
である土地神、龍神、ニェンのすべてに、平安と幸せが訪れ、癒され
るよう／　助けと友情を与えよ／

　ここでまず興味深いのは、龍神への呼びかけにおいて、古代インド社会
の身分階層に対応させている点である。八卦や干支、五行など古代中国の
要素を先に確認したが、シバホのモチーフの混淆ぶりが窺える。さらに、
祈禱文全体から分かるよう、チベットの民間信仰の世界でよく登場する
三界（sa gsum）それぞれの神域に祈願が向けられている。最初に、惑星
神や星宿など天界（sa bla）に棲む神々に、それから地下世界（sa 'og）に
棲むといわれる龍神たち、そして最後に地上（sa steng）にいる俗神ニェ
ン（gnyan）に対して呼びかけている。それに続いて、「年の王、月の大臣、
日の兵士、時の武器」（lo rgyal po zla ba blon po zhag dmag mi dus tshod
mtshon cha）などと呼ばれる、時間の神々に対する短い祈禱がはじまる。
祈禱文全体を見渡すと、空、地上、地下の垂直軸を貫く空間全域と、長短
様々な時間単位へ働きかけていることが分かる。まさにシバホとは、〈時
空間〉を統べるそれぞれの神々に対して向けられたものであり、彼らの棲
む場所、彼らの目前で人間の成したイレギュラーな行為に怒らぬよう嫉妬
せぬよう、懇願するものなのである。

ここで、先にみたシバホの掲げられる時と場所について考えてみる。結婚式や葬式などは言うまでもなく時の節目であり、さらには花嫁や遺体が新たな場所へ移動するあいだの「境界的な空間」においては、普段の時の流れとは異なるリミナルな時間になる。大切な人・モノが（一大事を前に）見知らぬ外界に曝される脆弱な過程なのであり、それは無防備で危険な時空間となる。巡礼や引っ越しも、普段慣れ親しんだ場所ではないどこかへ移動するという意味で同様の位相にあるといえよう。そう見ていくと、前節で紹介した携帯用の御守にシバホが好んで選ばれるのは至極ロジカルであるように思われる（図7・図11）。人間が移動するというのはいわば「空間の遷移」であり、それは（普段は意識されないものの）境界性を内包した所作なのである。また、新たに家屋を建造することは、時間的にも空間的にも「安定」していたところに（何もなかったところに）、人間の都合で土地に変化を加えるプロセスであるといえる。上の祈禱文では「土地の状態や水の流れを変えてしまったこと、つまり、地面に穴を掘ったり、石をひっくり返したり」などと具体的に言及し、赦しを乞うている[13]。

　毎年夏の吉日[14]に、ラサの郊外ではオンコル（'ong skor）と呼ばれる収穫の祈願祭が催される（図12）。正装で着飾った100人ほどの村人たちが祈禱矢（mda'）を持ち、背中に経典を担ぎ、太鼓やチベタンシンバルを打ち鳴らしながら、自分たちの村の畑を右回りに周回（skor）して豊作を祈願するものである。この長い列の先頭、お香の煙の出る籠を背負った者のそばに、シバホのタンカを高く掲げる者がいる。夏の畑には害虫もいれば、季節外れの雹が降ることもある。また、雨期である夏に雨が適度に降ってくれなければ、せっかく実った大麦は枯れてしまう。そういうクリティカルな時期を見計らって、麦畑の「境い目」を練り歩きつつ聖化していくのである[15]。

魔除けと護符の「境界性」をめぐって 303

図11 携帯用の金属製シバホ

図12 オンコル。ラサ東郊外・リン村にて

3．聖化される伝統民家

　本節では、近代化著しいラサから少し離れ、その農村部やツァン地方の
伝統民家に目を向ける。チベットの民家がどのように聖化され守護されて
いるか、その多様性や空間的特徴を見ていくことにより、前節で触れた魔
除けと護符の境界性について別の角度から考えていきたい。護符は身体に
携えられるだけではなく建築物にも貼られるのであり、その行為の背後に
は身体と建築物のあいだに潜むある種の親近性・類似性が垣間見える。

　また興味深いことに、チベットの建築物には護符の代替物であるかのよ
うな宗教的・呪術的モチーフが描かれることがある。そこには護符の図柄
としてポピュラーなものと、必ずしもそうではない（分かりにくい）もの
があり、谷ごと部落ごとにそれぞれ独自のクリエイティブな意匠が用いら
れている。

3.1　多様な魔除け・吉祥のモチーフ

　ラサでは見かけることのなくなった護符や魔除けは、シガツェやギャン
ツェなどの農村では一般的であることが少なくない。図 13 は、ギャンツェ
近くのベナン村の民家の門であるが、代表的な魔除けのモチーフがまるで
競合するかのように描かれている。本稿冒頭で見た、障りを撥ね返すとさ
れる卍（g.yung drung）や吉祥の徴である太陽と月（nyi zla）は、ポン教
やチベット仏教とも関連が深い。左側のドアにある渦巻き状の文様は村人
の説明によると、右巻きの「歓喜の輪」（dga' 'khyil）を模ったものであり、
これも同じくチベット仏教の吉祥の徴である。分かりにくいのは、右側の
門戸に描かれた三つの三角形である。この三角形は他の村では斑点模様で
描かれることが多いが、これは「穀物の山」（'bru phung）を表わすという。
無論、豊作を願ったものであるが、このほかにも「宝」（nor bu）や「加持」（byin

rlabs）の山などとも言われている。赤・白・青の三色で三つの三角形がそれぞれ彩られているのは、下記で説明するよう仏教の神仏である三部主尊の連想からである。

　図13の門には護符も貼られているが、ツァンの伝統家屋で見られるものの多くは、蠍や鉄鎖などで悪霊を封じる意匠のものや前節でみたシバホであり、それらが家屋に貼られる場合はほぼ決まって門（sgo）となっている。門に聖化の工夫が集中しているのは、そこが悪霊の跋扈する外部環境と直に繋がっている、いわば危険と隣り合わせの空間であるためといえよう[16]。上記のほかにも、巨大な角のあるヤクの頭蓋骨を魔除けとして門の上に置いたり[17]、白色の石を「バター」に見立てて吉祥の徴としたりする。余談であるが、ラサにある邸宅風の伝統家屋の門や、民宿やレストランの出入り口などには、「インド行者が象を引く図」（a tsa ra glang khrid）や「蒙古人が虎を引く図」（sog po stag khrid）が一種の伝統壁画として描かれることがあるが（図14）、これらも広い意味においては建築物の聖化といえる。

図13　ツァン地方ギャンツェ近くのベナン村にて

図14 「蒙古人が虎を引く図」。ラサのグルカホテル（旧ネパール領事館の建物）の大門にて。

外から富がやってくるよう、宝の積んだ象は家の内側に向かって引かれるよう描かれる一方、魔は外に追い出すよう虎は門外に向かって吠えるように描かれており、呪術的な効果も暗黙裡に期待されている。

　さてここで、民家に描かれる様々な伝統モチーフのなかから、興味深いものをふたつ取り上げたい。両者ともウ・ツァン地域を越えて広く存在するものであり、その図柄の意味合いにはチベットの民間信仰の世界によく見られるような矛盾した要素が交錯している。まずひとつ目は、上でも見た白・赤・青の三色の文様である（図15）。サキャやティンリー、そしてネパールのムスタン地区などチベット高原の南部で特に見られるこの文様は、三部主尊（rigs gsum mgon po）の徴であるとされている。白が観音菩薩、赤が文殊菩薩、そして青が金剛手菩薩に対応するとされ、これら仏教の神仏が、まるで門戸を護る神であるかのように扱われている。門戸のほか、村の出入り口や畑の境界などにもこのトリコロールの人工物が置かれることがあり、結界を護る道祖神のような働きを担わされている（図16）。

魔除けと護符の「境界性」をめぐって 307

図15 ティンリーにて。ドアの上部にトリコロールの縦ラインが見える。

図16 ネパール・ジャルコットの村の入口にて。向かって左手前にトリコロールの立方体が並ぶ。

この三色の徴の起源に関しては古くからスタン（Stein 1972［1962］:203-4）などが指摘しているよう、民間信仰（スタンは"nameless religion"と呼ぶ）もしくは古代ポン教のパンテオンと関連がある。白色が天空に棲む神（lha）、赤色がツェン（btsan）やニェン（gnyan）と言われる地上を漂っている鬼神、そして青色が地下世界の龍神（klu）に対応する。これらの神々は、天と地上と地下の三つの世界それぞれを統べる三種の俗神（'jig rten gyi lha）であり、前節のシバホの祈禱文で確認した三界（sa gsum）の神々に相当する（ところでシバホの護符には、三部主尊も描かれていた）。三界の神は人間に禍とともに加護をも齎す民間信仰の神なのであるが、チベットに仏教が広まってからはこれに三部主尊の聖性が重ねられ、現在では民間信仰のものとも仏教のものとも明確には判別し難いものとなっている。僧院のお堂の入り口に三部主尊の神仏像が描かれ、ラサのノルブリンカの門の上部にこの三体の神仏像が祀られ、そして、ジョカン寺の東西南北に三部主尊寺（rigs gsum mgon po'i lha khang）[18]が建立されているのが顕著な例として挙げられようか。それぞれの神仏像に込められた意味合いは仏教的なのかもしれないが、その配置のされ方（空間性）をみると護符や魔除けのそれに近い。

　さて次に、護符の意匠としても非常にポピュラーなものである蠍（sdig pa rwa tsa）について触れながら、その意味あいについて考えていきたい[19]。チベット語で「ディッパラツァ」と呼ばれる蠍は、罪業を意味する「ディック」（sdig）という名を背負わされていることからも分かるように、チベットでは不吉な生き物として扱われている。異名に「煙で死ぬもの」（du bas 'chi）や「醜い体」（lus mi sdug）などもあり、人々にあまり歓迎されているとはいえない。「ディッパラツァ」と言葉を発しただけで不運を呼び込むなどと言われることもあり、大概において忌み嫌われている。一方、この不吉で醜い蠍が強力な魔除けになると信じられており、門の両側を挟み込むようにして描かれることがある（図17）。蠍は悪霊のなかでも特

魔除けと護符の「境界性」をめぐって | 309

図17 民家の門に描かれた蠍。シガツェにて。

に、ゲルボ（rgyal po）と呼ばれる僧の悪霊（死んだ破戒僧の「霊」が転生できず現世に漂っているもの）やゲルボの伴侶であるマモ（ma mo）を追い払うとされている。護符のなかには、炎の出ている九本の鋏と牙でゲルボを捕えているものもあり、その下にある呪文には「ここに居留まるな、別のところへ行け！もし少しでも近づけば、炎の鉄蠍がお前の心の臓の血をすべて飲み干すことになる」などと脅しをかけている（図18）。余談であるが、悪霊退散の祈禱でよく登場するパドマサンバヴァが悪霊を調伏させる際、「ディッズプ」（sdig mdzub）と呼ばれる印を結ぶが（sdigはディッパラツァの「ディッ」、mdzubは「指」の意）、2本の角が出たようなその印は、蠍の形に酷似している[20]。

　さて、不吉で強力な蠍であるが、その同じ蠍がラサ郊外の民家などでは竈のある台所（thab tshang）に描かれることもある（図19）。ただしこの竈の蠍は「ディッパラツァ」とは呼ばれず、「ルモラー」（もしくは単に「ルー」）などと親しみを込めて呼ばれている。この蠍は一種の竈の神（thab lha）

310 | 信仰

図18 蠍の護符。ブータン・ティンプーにて入手。

図19 竈のそばに描かれた蠍。ラサ郊外の民家にて。

図20 竈のそばの祠に祀られる蠍のフィギュア。毎年チベットの正月前などに、小麦を練ったものを揚げて作られる。

とみなされており、僧院の台所などでは祠や祭壇が竈のそばに設置される場合もある。寒いチベットでは蠍は暖かさを求めて竈に集まる習性があるせいか、俗信では蠍は竈で生まれるなどとも言われる。そしてルー（klu）という呼び名からも分かるよう、この竈の蠍は地下世界に棲む龍神の化身として敬われている（「ルモラー」は龍女様の意）。外で焚火をしたときなどに、龍神が土中から寄ってくるなどとも言われるが、竈（の火）を通して龍神の地下世界と繋がっているのが民家の台所なのである。

　一方、地を這うものである蠍は、大地の地形に見出されることもある。ラサのポタラ宮殿の南のキチュ川の対岸には、２本の鋏をポタラに向けて前進している巨大な蠍がいるとの言い伝えがある。この蠍の山並みは、「破仏王」ランダルマゆかりの山とされることもあるが（反仏教のイメージが蠍と重ね合わせられているのも興味深いが）[21]、山容を確認すると確かに蠍の形状に似ている（図21）。蠍が前進してキチュ川が氾濫するのを防ぐよう1950年代以前のラサでは、この山の蠍に向かって穢れを込めたトルマを

図21　ラサ北方よりポタラ宮殿の北側（写真中央）を撮る。こちらに向かって延びている二つの山の尾根が蠍の鋏だという。

放り投げ（gtor rgyag）、軍が大砲を放つという儀式まで行われていた[22]。

　チベットの蠍は、禍や脅威を齎すものとして忌み嫌われ恐れられていながら、恐ろしいが故に外部に向けられるときには悪霊除けにもなり、またときには台所の親しみ深い俗神にもなっている。蠍の意匠・イメージには、両義的な意味合いが附与されているのである。

3.2　民家と身体性

　前節では、チベットの民家が様々な伝統意匠や護符によって彩られていることを見てきた。しかしそれにしても、なぜそうまでして執拗に聖化されるのであろうか。その問いに簡潔に答えるならば、チベットでは建築物というのは単なる「入れ物」ではないことがまず挙げられる。スタンはその主著 *Tibetan Civilization* のなかで、家屋に対するチベット伝統の思考パターンについてこう述べている。「自然を表象するとき、または身体を表象するときもそうなのだが、（チベットの思考においては）居住している家というものをモデルにしてきた。（中略）身体、家、そしてその外環境というのは、互いに入れ子状になっているいわば多数の小宇宙（microcosm）なのであり、この三者は同等の有効性をもつ」[23]。身体も民家も（周囲の自然も）存在論的な意味合いにおいては全く同一なのであり、家を中心にそれぞれがそれぞれを反映させた鏡のような関係になっているというのである。またこうも言う。「（部族などの）小集団や家族は、その小さな相似形の世界、つまりは家に住む。この制限された空間はそれだからこそよりいっそう重要なのであり、宗教感情を宿らせたものとなる。その意味するところはつまり、家という空間は、大宇宙［即ち自然］と身体の両者を象徴化し表象する上でその大きな源泉であり続けてきたということである」[24]。家という空間は家族であり、個々の成員であり、外界の自然と個々の身体を表象する上で（感得する上で）その宗教的拠り所となってきたという。本稿に即して言うならば、表象の次元においては、家は身体であり、身体

は家そのものなのであるが、両者は──ときに単なる表象をこえて──存在論的に相互に浸透し合う。

　問題はそのメカニズムである。いかにして家と身体が交じり合えるか、同等であり得るか。スタン自身は同書ではっきりとは明示していないものの、理解の道筋をひとつ仄めかしている。

　それは神の存在である。人間が生まれる瞬間、五体ないしは六体の神が同時に生まれる。「宿り神」（'go ba'i lha）[25]と呼ばれるその神々は、新しい生命をその一生のあいだ加護するため身体の様々な部位に宿るとされる。例えば土地神（yul lha）は頭頂に、ダラと呼ばれる敵神（dgra lha）や父神（pho lha）は肩に宿る。そのほか母神（mo lha）やシャンラと呼ばれる伯父神（zhang lha）[26]、ソラと呼ばれる命神（srog lha）などがいるが、どの宿り神が身体のどの部位に対応するかは、特に統一されていない[27]。トゥッチは、右肩に敵神、左右の脇の下にそれぞれ母神と父神、そして心臓に伯父神などと報告している[28]。いずれにせよ宿り神は遠くにいる抽象的な存在ではなく、身体の具体的な部位に棲んでおり、それだからこそ、なおいっそう当人の現世利益に直結するといわれる。つまりは、父（母）神によって男（女）の子孫が増え、敵神によってライバルを凌駕し、伯父神によって他者との関係がよいものになるとされる[29]。

　本稿にとって興味深いのは、この身体に宿る神が家の空間（や外部環境）にも棲んでいるという信仰である。家の屋上にある小石の積まれたふたつの盛りはそれぞれ父神と母神、そのそばに掲げられた旗（タルチョを含む）は敵神を象徴するとされ、さらにこれら屋上に祀られた三体の神々は、山上や峠に宿る神々──これらの場にも小石は盛られ、旗は掲げられる──と本質的に同一のものであるという[30]。一方トゥッチによると、父神は屋上の縁もしくは4つの角の張り出し部分に宿る一方、母神ないしは「内神」（phug lha）と呼ばれる神は、家の柱や台所の中を棲み処としており、いうなれば父神は敵神とともに外部の脅威から護り、母神は家の内部の財産

や家族を守護する[31]。スタンもトゥッチも直接的には言及していないが、頭頂に宿るとされる土地神は、当人の属する村や谷の土地神と同一であり、その谷を見下ろす山や岩がその棲み処とされる。

　チベットの「宿り神」は、身体と家と外環境を媒介しながら、この三者を存在論的な意味合いで相互浸透させる働きがある[32]。そして、身体の「小宇宙」として想像的に具現化された民家においては、外部に曝され最も霊的リスクの高い場所——たとえば、門戸——に威嚇と聖化の物的工夫が施されるのである。

3.3　脆弱な「端っこ」

　一般的にチベットの民家では、南側の壁を切り抜くようにゲクン（sge'u khung）と呼ばれる窓が設置されている（図22）。窓の上部には雨よけのため木組みの縁取りを設けたり、窓枠全体を黒や朱色などの色彩で太く縁取ったりすることが多い。一方、このゲクン・スタイルとは異なる、最近流行りの様式で窓を設置することがあるのだが、この新スタイルを新居に用いたために家族が病気や怪我をしやすくなった、などと言われることがある。それは窓の一辺を家の張り出しの部分に露出させたような構造となっており、ギャタ（「幅の広い縁」の意）[33]と呼ばれている（図23）。ふたつの窓の縁を直角に組み合わせるため、屋内に入ってくる日光が増えるようになり、以前から貴族やラマの邸宅（pho brang）には見られるものであったが、家の角の縁を土煉瓦でしっかり固めた旧来のものより構造的には弱くなる。ラサ郊外に広がる農村の民家では、脆弱だが高級感あるこのギャタ・スタイルは憧れでありながらも、「縁起の悪い」（bkra ma shis pa）作りとされ、タブー視されることが少なくない。

　もうひとつ、別のケースを見てみる。民家の四隅の縁を朱色で彩るという習慣である（図24）。村々によって、どのような意味合いをこの朱線に込めるかは異なっているのだが、多くの場合、このような分かりにくい徴

魔除けと護符の「境界性」をめぐって | 315

図22 ゲクン・スタイル

図23 ギャタ・スタイル

図24 隅に朱線の入れられた民家

は村外・部落外に対しては秘匿とされる場合が少なくない。例えば筆者が見聞きしたケースでは、この朱線は、現在中国政府によって信仰が厳しく禁じられているダライ・ラマ 14 世の誕生日を祝う日（'khrungs skar dus chen）に彩られたのであった。朱線は吉祥の記号でもありながら、その家に住む者の信仰表明（それも非常にリスクを伴う表明）だったのである。本稿との関連でいうと、それを家の四隅という場所で表明しつつ（表明することで）、ダライ・ラマの加護を直接家に呼び込んでいるといえる。

　家にプロテクションを施す工夫として、民家の「隅っこ」や「端っこ」という場がキーとなっているが、逆の立場、つまり加護ではなく呪い、他者を貶めるブラック・マジックの視点からみてみるとより鮮明になろうか。
　ネベスキー・ヴォイコヴィッツ（Nebesky-Wojkowitz）は大著 Oracles and Demons of Tibet のなかで、護法神や俗神の詳細な記述とともに様々な呪術を紹介している。そのなかで最も複雑でありかつ効力のある呪い（古

魔除けと護符の「境界性」をめぐって | 317

ポン教もしくはニンマ派に伝わるとされる）として、ゲンテー（ngan gtad）と呼ばれる儀式を報告している[34]。詳細は原著に譲るが、ごく簡略に述べると、まず、呪いの文句や文様の書かれた紙（それは悪霊を脅す護符に描かれるものと酷似している）や、「穢れ」（sgrib）とされる物質（たとえば、売春婦の経血など）を何種類かヤクの角に入れ込み封をしたものを準備し、憤怒の護法神の加持力を召喚する。そして、儀軌の実行に入る。

　　黄昏時や夜明けのころ——それは、呪術を行うには最も好ましいとされる時間帯なのであるが——呪術師はゲンテー（ヤクの角）を、彼の餌食となる人間の家の土台に隠すため、注意深くそこに近づく。その角は、家の主柱の下、もしそれが困難であれば、家の四つ角のうちのひとつ、そのすぐ下かその近傍に埋められることになる。この儀式のために掘られる小さな穴であるが、それは三角形の形にしなければならない。その三角形の底辺は呪術師自身の家に向くように、そしてその頂点は、敵の居住空間の内部に向けられるようにする。そして石を三つ、穴の中に入れるが、それは巨石を表わしている。それから水を注ぐが、それは湖を模している。最後に……[35]（傍点は筆者）

　この呪術の儀式で興味深いのは、まず第一に、敵を弱体化させるにあたって彼の家を攻撃すること、第二に、その具体的攻撃先として家の「角」を選んでいることである。黄昏時や夜明けという昼夜どちらでもない淡い時間帯に、家の境界で最も脆弱なポイントを選んで行われるこの呪いは、前節で展開した「身体＝家」の概念に呼応したものといえる。実際のところは、現在（そしておそらくは以前からも）、個々の「宿り神」のアイデンティティや名称については人々の間でほとんど忘却されているものと思われるが、建築物に対する行為を観察すると、まるで身体と民家が命運を共有するかのように緩やかに浸透し合っていることが窺えるのであり、それだからこ

そ人々は自分の家の境界的な空間に対して非常に鋭敏になっている。

よく知られるようチベットの民家の屋上にはタルチョが掲げられる。風に吹かれてタルチョがたなびくことによって、仏法が広まるよう祈願しているなどと説明されることが多いが、同じ意匠のタルチョが峠や

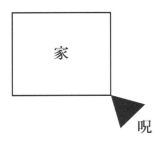

図25　呪術ゲンテーの空間イメージ

橋など境界的な場所にも掲げられている。境界性ということに注目すると、家の屋上とは、いわば家と空の境界に位置しており、その屋上の四隅には（単なるデザイン性を超え）一種の「余剰」であるかのように立方体の張り出しが設けられている。さらにそこに日月などの聖化記号が彩られ、タルチョはそこに掲げられる（図26）。ここで忘れてはならないのは、タルチョは護符であるということである。トゥッチはこう言う。「家というのは、（チベットの伝統世界の）秩序が地上の存在物に投影されたものとしてコスモロジカルに解釈されうる」[36]。もし屋上が空との境界であるとするならば、地下との境界は台所の竈に相当し[37]、民家の水平面状（地上面）における境界とは門や窓、そして側面の縁(へり)になってくる。シバホの祈禱文やリクスムゴンポの魔除けの箇所で触れた、天上（sa bla）、地上（sa steng）、地下（sa 'og）の垂直方向のモチーフがここでも反復されているのであり、「三界」（sa gsum）それぞれに対応した工夫が、民家という小宇宙のなかで展開されているといえよう。

結びにかえて

チベットの民間信仰の御守や護符、聖化モチーフの種類は無尽蔵にある。本稿では、その断片を筆者が中央チベット（ウ・ツァン）で見聞きしたものから一部紹介し、背後に潜む世界観について論じてきた。この終節では、

魔除けと護符の「境界性」をめぐって | 319

図26 民家屋上の立方体の張り出し

　前節まで紹介した多様な魔除けを、限られたデータながらそのカテゴリー分けを暫定的に試みたい。そして、（図像学で注目するような、その意匠や文字内容ではなく）護符というフォルムそのものに注目し、本稿で展開できなかった重要な論点を付け加える。この終節は、チベットの民俗信仰の視点から護符文化の理解を目指すべく、その素描あるいは覚え書きのような位置づけとしたい。

　魔除けを分類するにあたって、〈その効力（魔を祓う力）をどのように生みだしているか〉に焦点を絞ると、大きく次の4つのモードに分けられるのではないかと考えられる。

(1) 仏教に関する意匠や祈禱、吉祥の記号など positivity（陽）によって聖化するもの
(2) 魔を脅す攻撃性を示す意匠など negativity（陰）によって魔を祓うもの

⑶positivity と negativity の両義性や反対物を伴う意匠によって魔を
祓うもの [38]
⑷宇宙の秩序もしくは仏法を護るよう教え導くもの [39]

　⑴に関して本稿で紹介した例を挙げると、タルチョやリクスムゴンポ
を表わすトリコロール、そしてダライ・ラマに関連したものや仏教の神
仏の護符、その他日月など伝統的に吉祥とされるモチーフに相当する。
⑵に関していえば、邪視を撥ね返すとされるチミグディやグミ、門に描
かれる蠍が思い起こされよう。蠍はしかし、民家の竈に描かれるタイプを
含めると⑶の分類により近くなるのかもしれない。そして、障りや禍を
反対側に押し返すとされる左回りの「卍」の記号は、仏法の永遠を示す右
回りの逆卍と意味は正反対なものの、その対称性から大衆レベルでは両者
をひっくり返して（誤って）用いていることがよくあり、⑶の両義性を宿
した聖記号といえる。⑷は言うまでもなく、第三節で紹介したシバホで
ある。
　前節まで論じてきたように、⑴〜⑷のどの様式の魔除けであれ「境界」
というものが重要になっている。魔や邪悪なるものを追い払うためには、
最も脆弱な空間である境界あるいは「端っこ」に魔除けを配置させるので
ある。
　ここで敢えて執拗に問うてもいいかもしれない。なぜ端っこなのだろう
か。なぜ端っこに危機意識が向かうのであろうか、あるいは、向かってし
まうのであろうか。
　このような哲学的な（あるいは「陳腐な」）問いに正面から対峙するつも
りは毛頭ない。しかし、チベットにはひとつその解答があるように思う。
それは、風土である（そして、それは全く陳腐ではない）。チベットの大地
の空間性といってもよい。隠れるべき森もなく、生命を潤してくれる湿気
もなく、身体が外部にそのまま剥き出しに曝されているようなチベットの

大地なのである。そこでは、過剰ともいえる水と森で護られた日本の風土感覚からは容易には想像することのできないある種の不安感（守られていない感覚）が自然と湧きあがる。悪霊（や賊、そして見知らぬ余所者）など危険な外部に曝されているという触知的な感覚、逼迫感があるのであり、無意識のうちに自身の境界という「最初に欠けてしまう内部」に鋭敏になっていく。こういった中央アジア独特ともいえる乾いた外部への「曝され感」は、おそらくチベットの護符文化の発達と無関係ではなかったであろう。

　そして興味深いことに、この護符文化そのものにパラドックスがある。様々な護符や魔除けを身に携え、家を聖化し護っていけばいくほど、逆に外に徘徊する悪霊たちに対する恐怖感が大きくなることがある。護符の存在がかえって、悪霊に生命力を与えているという逆説である。これは譬えるなら、欧米や日本の大都市にある、出入りを監視・制限されたセキュリティ完備のゲーテッド・コミュニティの人々の心理と似ている。堅固に囲い込まれた内側で安全であると感じれば感じるほど、外部に対して恐怖感が増幅すると社会学者のあいだで論じられているが（例えば、バウマン2017など）、これとまったく同じような構造がチベットの護符文化にもある。護符（を使用する習慣）は、もともとなかったものをあらしめてしまう。

　護符というフォルムに纏わりつくこの論理は、護符の効用そのものにも形を変えて現れている。それはチベット文字そのものの呪術性・宗教性からくるものである。『無文字社会の歴史』のなかで川田順造は、文字というものの志向性を大きく「規約性」と「秘儀性」に分けて論じている[40]。法的なとりきめや行政上の連絡など部族を超えて国家の統治に力を発揮する規約性の強い文字に対して、文字を書いたり読んだりすることのできるのが聖職者など特定の者に限られており、呪術的・宗教的な世界に深く関わるような文字を秘儀性の強い文字と呼ぶ（例えば、殷の甲骨文、古代エジプトの神聖文字など）。チベット文字はあきらかに秘儀性の要素を強くもっ

ている。護符にはさらにサンスクリットを音写した文字が多用されている
ことからその神秘性は増大する。書かれている内容ではなく、文字そのも
ののフォルムに深遠さが宿るというその信仰は、魔除けの多様性に彩りを
もたらす。先に挙げた４つのカテゴリーに「チベット文字の聖性」を加え
てもよかろう。

　本稿を締めるにあたって、筆者がラサに滞在していたとき僧や尼僧たち
から魔除けとして教わった、ある「呪文」を紹介したい。彼らはラサの地
震の時、ヤクと羊の護符は「迷信」だと私に諭すよう教えてくれた人たち
である。彼らの話では、彼らのその呪文というのはどんな護符よりも強力
で、これを唱えるだけで目の前の悪霊は退散していくという。

　　　ラマに帰依致します。
　　　世尊に帰依致します。
　　　仏法に帰依致します。
　　　僧伽^{サンガ}に帰依致します。
　　　ラマと御本尊、そして仏法僧の三宝に帰依致します[41]。

　ヤクと羊の護符の呪術性とこの魔除けのそれは、そもそもどれほどかけ
離れたものであろうか、あるいは（構造的に）どれほど近いものといえる
であろうか。こういった問いは外部者の限られた規範から生まれるもので、
チベットの人々にとってはあまり意味をなさない問いであろう。

註

1) 国立民族学博物館所蔵の護符のうち「卍」を含むものは、標本番号 H79625=H79645, H79642=H79643=H79644, H79703=H79704 などである。

2)「卍」や「ヤクと羊」の護符のほか、自然の四元素（地・水・火・風）に対応する神々をパドマサンバヴァの加持力で調伏させる内容の祈禱文も、一種の「地震除け」として民家の戸口によく貼られていた。

3) 国立民族学博物館所蔵の護符のうち、九宮や八卦、干支などシバホの特徴をもつものは、以下の標本番号である。H79158, H79159, H79168≒H79575≒H79911≒H80407, H79275=H79653, H79300, H79362, H79423, H79430≒H79498, H79443, H79447, H79470, H79471, H79476, H79552=H80191≒H80314, H79561, H79633, H79907=H79908, H79909, H79910≒H80087, H79912≒H80190≒H80254, H79913, H79914, H79915, H80185 ≒H80248, H80186, H80189, H80406（以上、亀が支えるもの）H79140-1, H79140-2, H79258, H79262, H79286, H79313, H79324, H79369, H79446, H80188。

4) この女神に関しては拙論（2013）を参照されたい。なぜ、どのようにしてラサの人々のあいだで急激に崇拝されるようになったのか、その社会的・歴史的背景を考察した。

5) 用心して隠す場合には、例えば、ダライ・ラマ14世の前世である13世の写真、もしくは14世の幼少期の写真などが選ばれることがある。より安全を確保するため、（ダライ・ラマが観音菩薩の化身であるとの信仰から）観音菩薩のブロマイドを代わりに携帯することも少なくない。

6) 'ur rdo は綴りを自然に発話すると「ウルド」となるが、数字「九」（チベット語で「グ」と発音）を強調するためか、ラサでは「グルトー」と呼ばれる。

7) このミカに関する民族誌的な記述、および、この悪霊を祓うための祈禱書については拙論（2013）を参照されたい。

8) 乳幼児や子供を襲う悪霊の文献学的研究に関しては、例えば Lin（2013）などを参照されたい。

9) 立川（2009）によるとシバホとは、アジアや中近東地域に広く存在する聖獣キールティムカがチベットに紹介されたものであるという。このキールティムカの多様性と図像学的解説に関しては同書 35-78 頁を参照されたい。

10)「九宮」とは、古代中国の五行の算術において亀の甲羅に描かれた1から9までの数字であり、それぞれある特定の自然物や神に対応する。

11) ラサの人々の引越しにおいては、アチェラモの創始者でありチベットに数多くの橋を建設した伝説で知られる15世紀の行者タントンゲルボの像をまず新居に掲げる

ことがある。旧家にその像がある場合には、それを最初に新居に移動させる。一方、ラサ郊外の農村では、家屋の守護神である「竈の神」（thab lha）に対する信仰であろうか、竈をまず最初に新居に移動させることが多いようである。

12) 東・西・南・北の四方の間にある方向。つまり、北東、南東、北西、南西。

13) ラサの東方・タクツェ県出身である筆者のインフォーマントの弟が、トラックを運転していた際に横転させてしまい、肋骨を十本も折ってしまったことがある。その「原因」は、最近実家を新しく建て替えたからだと（本人はもちろん）家族も村人も信じているという。このような「障り」（bar chad）をなくすために、ラサではシバホを掲げるほか「十万懺悔経」（sa bdag bshags 'bum）と呼ばれる祈禱書を読経し、土地神の赦しを乞うこともある。

14) Hugh Richardson の *Ceremonies of the Lhasa Year*（108 頁）によれば、オンコルはチベット暦 7 月に催されると報告されているが、筆者がラサ滞在中に確認したオンコルは、どれもチベット暦の 5 月に行われていた。

15) 土地に変化を加えたことに対する赦しの懇願、自然の禍に対する警戒心のほか、「収穫」という好運に注がれる近隣の嫉妬の目から護る働きも、このオンコルには期待されているように思われる。前節で垣間見た「邪視除け」の別の形態である。

16) このほかに「窓」も考えられる。民家の窓は僧院の場合と同じく黒色で縁取られることが多いが、農村などに行くと（魔除けとして門の上に置かれることも多い）ヤクの角が窓縁の上部に描かれることもあり、単なるデコレーションを超えた意図が伺える。太い黒縁に関しても、ある種の魔除けの記号が時とともにデフォルメされ、その機能が忘却され、現在のような形になったと推定するのは妄想に過ぎるであろうか。

17) このほか、悪霊の類が門を通過しないよう構造上の工夫が施されている民家もある。ある種の悪霊は、背骨や首、膝などを曲げることができず「直立して摺り足のように歩く」と信じられていることから、門の高さを故意に低くしたり、敷居の横木（them pa）をやや高めにしたりするなどして、その侵入を防ぐようにしている。

18) 三部主尊寺の北院はガリ尼僧院（gar ri dgon）、南院はガンデン僧院（dga' ldan dgon）、西院はヤマリ僧院（g.ya' ma ri dgon）がそれぞれ管理している。東院はかつてジョカン寺東方のイスラム寺院近隣にあったが、現在は存在しない。

19) 国立民族学博物館所蔵の護符のうち「蠍」を含むものは、標本番号 79125, 79126-1=79127=79741=79742, 79126-2, 79310=79739=79972, 79377≒79425≒79740, 79465, 79576, 79629 などである。

20) 「祈克印」とも呼ばれるこの印は、親指と中指、そして薬指の先を軽く触れ、人差し指と小指を伸ばして外に突き出させるものである。その形状が蠍（の鋏）に似ていることから、「ディッズプ」と呼ばれるようになった可能性が指摘されている（Heller 1997: 290）。

魔除けと護符の「境界性」をめぐって | 325

21) Nebesky-Wojkowitz (1993 [1956]: 482)

22) Richardson (1993: 39-51)

23) Stein (1972 [1962]: 204)

24) ibid., 210.

25) 本来 'go ba は「伝染する」という意味であるが、『蔵漢大辞典』の記述では 'go ba'i lha は「同伴して守護する神」（'grogs nas skyob pa'i lha）と定義されており、本稿ではそれにならって「宿り神」と命名した。

26) 母方の伯父や叔父。

27) Stein (1972 [1962]: 222)

28) Tucci (1988 [1980]: 187)

29) Stein (1972 [1962]: 222-223)

30) ibid., 222

31) Tucci (1988 [1980]: 188-189)

32) 人類学者 Toni Huber は、チベットの聖地に関するその理論的・民族誌的考察のなかで、建築用語がチベット人の居住地域を包みこむ自然環境に適応されていることに我々の注意を向けさせている（Huber 1999: 81-82）。

33) 綴りは rgya krag か。rgya は「幅広い」、krag は「縁」の意味。またギャタは、角を形成していることから rgya khram（幅の広い十字架）である可能性も否定できない。

34) Nebesky-Wojkowitz (1993 [1956]: 483-486)

35) ibid., 485

36) Tucci (1988 [1980]: 187)

37) こうしてみると、竈（thab）に吉祥の文様や蠍のモチーフが描かれるのは至極当然であるように思える。現在でこそ竈の蠍は一種の「竈の神」として親しまれてはいるものの、以前は門戸に描かれるディッパラッァと類似した役割が期待されていた可能性も想像されうるのである。

38) この(3)の項目を拡大解釈すれば、冒頭に触れたヤクと羊の護符もここに含まれるのかもしれない。

39) 本文中の「positivity（陽）」や「negativity（陰）」というタームは暫定的なものであり、(1)を「引力」、(2)を「斥力」、(3)を「引力と斥力のせめぎ合い」、(4)を「ニュートラル（無）」などと表現してもよかろう。

40) 川田（1990: 219-234）

41) bla ma la skyabs su mchi'o/ sangs rgyas la skyabs su mchi'o/ chos la skyabs su mchi'o/ dge 'dun la skyabs su mchi'o/ bla ma yi dam dkon mchog gsum la skyabs su mchi'o/

参考文献

オットー・フリードリッヒ・ボルノウ　1978　『人間と空間』東京：せりか書房.

川田順三　1990　『無文字社会の歴史：西アフリカ・モシ族の事例を中心に』東京：岩波書店.

ジグムント・バウマン　2017　『コミュニティ：安全と自由の戦場』東京：筑摩書房.

立川武蔵（著）・大村次郎（写真）　2009　『聖なる幻獣』東京：集英社.

村上大輔　2013　「悪霊ミカ祓いの祈禱書 Mi kha'i bzlog 'gyur 校注」『国立民族学博物館研究報告』38(1): 91-118.

Heller, Amy. 1997. "Notes on the symbol of the scorpion in Tibet" in Samten Karmay and Philippe Sagant eds. *Les Habitants du Toit du Monde; études recueillies en hommage à Alexander W. Macdonald* (Recherches sur la haute Asie, 12). Nanterre: Société d'ethnologie, pp. 283-97.

Huber, T. 1999. "Putting the Gnas Back into Gnas-skor: Rethinking Tibetan Buddhist Pilgrimage Practice." in Toni Huber ed. *Sacred Spaces and Powerful Places in Tibetan Culture: A Collection of Essays*. Dharamsala: Library of Tibetan Works and Archives, pp. 78-104.

Lin, Shen-Yu. 2013. "The Fifteen Great Demons of Children." *Revue d'Etudes Tibétaines*, 26: 5-33.

Murakami, D. 2013. "The Trapchi Lhamo Cult in Lhasa." *Revue d'Etudes Tibétaines*, 27: 21-54.

Nebesky-Wojkowitz, Réne de. 1993 [1956]. *Oracles and Demons of Tibet: The Cult and Iconography of the Tibetan Protective Deities*. Delhi: Book Faith India.

Richardson, H. 1993. *Ceremonies of the Lhasa Year*. London: Serindia Publications.

Stein, R. A. 1972 [1962]. *Tibetan Civilization*. California: Stanford University Press.

Tucci, G. 1988 [1980]. *The Religions of Tibet*, translated by Geoffrey Samuel. Berkeley and Los Angeles: University of California Press.

真言・事物・護符
―― 疾病の来源と猪の護符について ――

津 曲 真 一

はじめに

　古来、宗教伝統に於いて動物は、特徴ある価値を持つものとして様々な
かたちで表象されてきた。『創世記』に於いて蛇は楽園でエバとアダムを
誘惑する存在だが、ギリシア神話に登場する名医アスクレーピオスの杖に
巻き付く蛇は、どんなに表面が傷ついても脱皮すると元の姿に戻ることか
ら医術のシンボルと見做されてきた。また沖縄諸島では古くから烏は疫神
の使い、或いは凶鳥として忌み嫌われてきたが、北欧では戦士が烏に出会
うと縁起が良いとされ、またトリンギットの神話では烏は世界を創造し、
プロメテウスのように人間に火を授け、その使い方を伝えたとされる。更
に仏教伝統に目を向ければ、烏・蛇・豚は三毒、即ち貪・瞋・癡を象徴す
るとされ、チベットの仏教寺院の壁面に掲げられる六道輪廻図には、これ
ら３つの根本煩悩が一体となって人間の苦悩の根源を成していることを示
す為に、烏・蛇・豚が互いの尻尾を銜える姿や、一本の樹木の幹に絡み付
く様子が描かれることがある（立川論文、図１～３参照）。だが日本人の感
覚からすれば、烏・蛇・豚がそれぞれ、貪りと瞋りと無知を象徴するとい
う意見には得心が行かない部分もある。蛇の猛り狂う姿を想起すれば、蛇
が瞋りの象徴であるという点には合点がいくとしても、鳥頭という言葉が
あるように、我が国では古来、烏を無知で記憶力の劣った存在と見做すこ
とが少なくなかった。また現代中国語に於いて豚が大食いという意味を併

せ持つのと同様に、日本でも豚には貪りのイメージが付き纏うことが多い。このように人間が動物に対して抱くイメージは、様々な歴史的・文化的・宗教的要因の中で構築され、複雑で多様な様相を呈するに至っている。

　ところで、豚は家畜化した猪に対する呼称であり、生物学上も両者は同じ種（*Sus scrofa*）に分類される。猪の祖先は 350〜530 万年前に東南アジアに出現し、その後分布域を広げて、80〜160 万年前にはアジアと欧州の系統に分かれたと考えられている（Groenen 2012: 394）。その後、1 万年前頃に猪の家畜化はアジアと欧州でそれぞれ独立に行われ、そこで初めて豚が〈誕生〉することになる。こうした知見に基づけば、猪は野生の豚であり、豚は人間によって家畜化され、飼い慣らされた猪ということになる。このことは、チベット語において猪が、「野生の（飼い慣らされていない）豚」（phag rgod）、「山の豚」（ri phag）、「黒い豚」（phag nag）などと表現されることがあることを思い起こさせる。今日、四川省西部、雲南省西北部の広い地域に生息する藏猪は、毛色が全身黒色のものが殆どであり、被毛は剛毛で、背線部には鬣のような長毛がある。藏猪は標高 2000m 以上の高地で放牧飼育され、3500m 以上においても飼育が可能であり、山岳地帯での飼育に適応したためか、四肢は鹿のように細いという（『中国農業全書畜牧業巻下』）。家畜化による形質変化は免れないとはいえ、黒々とした剛毛と長い鬣を持つ藏猪は、嘗てチベットに生息していた家畜化以前の野生の猪の形質を少なからず引き継いでいると考えられる。

　国立民族学博物館（以下、民博）が所蔵するチベット宗教図像のコレクションには、猪の姿を描いた護符が幾つか含まれているが、その姿は藏猪の姿を彷彿とさせるものがある。護符の中心に描かれた猪の多くは、被毛が黒く、長い鬣と細い四肢を持っている。中には口から火を噴く恐ろしい姿で描かれたものもある（図1）。その姿は、六道輪廻図の中で貪りの象徴として描かれる豚のそれとは異質なものであり、その忿怒の形相は、人間に飼い慣らされる以前の豚、即ち野山を駆け巡る獰猛で荒々しい猪に対

真言・事物・護符 | 329

図1　猪の姿を描いた護符（民博標本資料番号 H79136）

するチベット人たちの畏れを反映しているように見える。

1．疫病の原因

　猪が描かれた護符の多くは疫病除けを目的としたものである。だが、私たちが猪の護符と疫病の克服との間に合理的な因果関係を見出すことは困難である。チベット人たちの如何なる思考が両者を媒介しているのだろうか。この点について考えるためには先ず、疫病の原因に関する彼らの観念について理解しなければならない。

　図1の護符では、猪の胴部に四重の輪があり、第二重の輪の外側には4つの輻が描かれている。中心の輪の中央にはNriとtriという種子が記されている。ネベスキー・ヴォイコビッツに依れば、これら2つの種子は魔鬼を象ったリンガの中心に記されることがあり、その場合、Nri字は敵対する諸力（dgra）を、tri字は障礙を生み出す魔鬼（gegs）を象徴するという（Nebesky 1976: 106）。この護符に記された種子にも同様の意味があるのだろう。また2つの種子の周りには「これ（護符）を持つ者を、ガク（gag）・ホク（lhog）・セル（gzer）の3つから守護せよ」と記されている。そして

第二重の輪には真言、その外側の花弁状の四輻には「疫病を殺めよ、赤い
ホクパを殺めよ、斑のニェンを殺めよ、黒い蛙を殺めよ」と記されている。
一番外側の輪に記された文字は判読しづらいが、オーン・マハー・グルか
ら始まる真言と「これを持つ者の三門（身・口・意）を、ガク・ホク・セル、
及び感染する一切の穢れから守護せよ」という祈願文が見える。

　ガク・ホク（パ）・セルは病名であり、それぞれ、扁桃腺炎など腫れを
特徴とする疾病、腫瘍や発疹を特徴とする疾病、腹痛など穿刺痛を特徴と
する疾病を指す。「斑のニェン」（gnyan khra bo）、及び「黒い蛙」（sbal pa
nag po）の正確な意味は不明であるが、『四部医典』の註釈者として名高
いクンチョク・デレク（1447-1506）の『蔵医秘訣匯集』（SGK）には、「ニェ
ンとは黄水（chu ser）の病である。黄水の病には白・赤・黒の三種がある。
白は（体内の粘液である）ベーケンの治療が必要な病であり、黒はハンセ
ン氏病、赤はニェン（病）である。黄水の病は他の病よりも兇悪（gnyan
pa）なので、（これら三種を纏めて）ニェンと呼ぶのである」（SGK: 539）と
あり、またガクに罹患した際に蛙の背中に似た腫れが生じるという記述が
ある（SGK: 557）。恐らく「斑のニェン」は白・赤・黒の３種の黄水病を、「黒
い蛙」はガクに罹患した際に生じる腫瘍の一種を指しているのだろう。

　ニェン（gnyan）は上記のように病名を指すこともあるが、人間に危害
を加える魔鬼を意味する場合もある。後者のニェンは、人間社会に疫病を
齎し、家畜に危害を加える邪悪な魔鬼として畏れられており、ニェンに起
因と信じられている疾病をニェン病（gnyan nad）と呼ぶこともある。ニェ
ンの属性に関するチベット人たちの表象は多様であり、ポン教文献の中に
は、ニェンは精霊や魔鬼の住処である天・中空・地の３つのイェンの世
界のうち「地のイェン」（sa g.yen）に棲息し、甚だ害心が強い存在として
畏れられている（smon rgyal lha sras 1999: 24; drang rje btsun pa gser mig
1991: 49）と記すものがあるが、民間信仰に於いては、ニェンは空や岩山、
或いは谷間を拠点として頻繁に移動するともされ、また山神として信仰さ

真言・事物・護符 | 331

れる場合もある。この他、『大宝伏蔵』（*rin chen gter mdzod chen mo*）所収の埋蔵教典『ニェン（病である）ガク・ホク・セルの黒い精要の輪』（*gnyan gag lhog gzer gsum gyi bcud 'khor nag po.* 以下 CKhN）には、次のような記述もある。

　　これらの病気（ガク・ホク・セル）が何処で生まれたかと言えば、ニェンの国ポマ・ヤーディン（pho ma g.yag lding）で生まれたのである。（ニェンの国で）父ニェンポ・トゥーゲ・ギャワ（gnyan po thod nge rgyal ba）と母ダムセ・ナクモ（bram ze nag mo）の間に、ニェンポ・ホクパの９兄弟（gnyan po lhog pa spun dgu）が生まれた。（中略）更にそこから分かれて 108 のニェン族、更に分かれて一千万部のニェン族が生まれた。これらのニェン族は 18 に大別される。即ち、茸のように広がり増えるもの、火花のように放散するもの、岩のように雄壮なもの、稲妻のように素早いもの、蚕のように食べるもの、矢のように刺すもの、草食動物のように逃げるもの、岩のように留まるもの、野人のように待ち伏せするもの、毒蛇のように巻き付くもの、鼠のように潜伏するもの、ヨーグルトのように発酵するもの、刺蕀蔾のように分かれるもの、疣のように大きくなるもの、法螺貝のように白いもの、珊瑚のように赤いもの、群青色のもの、紫黒色のもの、合計 18 である。更にこれを纏めたものが五大種である。五大種はそれが降りた所に依（って異なった症状を生ぜしめ）る。頭に生じれば頭のセル、首の全面に生じればガクパ、喉に生じれば喉の痞え、心臓と腎臓に生じれば上半身のセル、肺に生じれば肺炎、胃に生じれば胃のホク、足に生じれば腓脛のホク（パ）である。（CKhN: 126-128）

　このように CKhN は、ニェンの国としてポマ・ヤーディンという名称を伝えており、この国で誕生したニェンの９兄弟を祖先とする種族が繁栄

した結果、ガク・ホク・セルと呼ばれる疫病が人間の世界に広がったとしている。18種のニェン族に関する描写は、疫病の拡散や病状が進行する様子を表しているようにも見える。この他、クンチョク・デレクは『蔵医秘訣匯集』の中で、嘗て中国のドゥクシャン（dug shangs）という土地にある龍の国に、頭が9つある黒いニェンが棲んで居り、それらが短期的な穿刺痛を伴うセルトゥン（gzer thung）と呼ばれる病気を蛇に向かって吐きだした結果、蛇年になるとこの病が人間界に広がるようになったという伝説を紹介している（SGK: 390）。こうした記述からは、疫病を齎す魔鬼ニェンが棲息する国が地上のどこかに実在するというチベット人たちの観念を見て取ることができる。

　またCKhNには、18種のニェン族を「五大種」（'byung ba lnga）という観点から分類している。この場合の五大種とは、物質を構成する主要な要素としての五元素というよりは寧ろ、五元素に帰される毒性が擬人化されたものと考えられる。SGKでは次のように、腫瘍や発疹を特徴とする疾病であるホク（パ）の原因を「四大種」という観点から説明している。

　　　ホクパは四大種によって成立する。生き物には4つの族があるとされる。即ち、風の毒を持つ灰色の者、地の毒を持つ黒色の者、火の毒を持つ赤色の者、水の毒を持つ青色の者である。これらの生き物の姿は以下の通りである。風の毒を持つ者は獅子に似ており、火の毒を持つ者は鼬に似ている（中略）。大きさは猪の首の毛の先端程度であり、極めて微細である。水の毒を持つ者は沼地に棲んでおり、地の毒を持つ者は古い塀や壁、または石の下や樹木の根元に棲んでいる。風の毒を持つ者は草の根元にやってくる。火の毒を持つ者の住処は不定である。（SGK: 539）

　CKhNとSGKはともに、ニェンと五大種・四大種との関係について詳

真言・事物・護符 | 333

説しない。だがここで注目すべきは、ニェンであれ五大種であれ、人間社会に疫病を齎す主体は何らかの意志を持った存在であると表象されている点である。

　以上の記述は、疫病の原因を人格的存在に求めるものであるが、この他、『大宝伏蔵』に収められる幾つかの文献には、疫病の原因を仏教衰退の時代、即ち「劣悪な時代」(dus ngan)、「悪世」(snyigs ma'i dus) における人間の道徳的堕落という観点から説明するものがある。例えば、『兇悪な黒いホク（パ）から（人を）守護する無分別の武器の輪』（以下 TTsKh）には「悪世には悪病・兇悪なホクパが蔓延する。人々は直ちに絶命し、治療に携わる医師も自衛手段をとらなければ自らの命を失う。それ故、真実の鎧による守護の口訣という、他所に埋蔵されていた教えを、慈悲の心をもって此処に明らかに説く」(TTsKh: 172) とした上で、ホクパから身を護るためには猪を描いた護符を身につけることが有効であると記されている（後述）。また『疫病から身を護る一切の甚深なる口訣を集めたもの』（以下、ZPhD）でも以下のように、悪世における人間の道徳的堕落によって神々や魔鬼の世界に紛争が生じ、その結果として疫病が発生すると述べられている。

　　時の終わり、劣悪な時代である悪世に於いては、（中略）男たちは嫁を商品として売り、山谷には盗賊が溢れ、人々は身心両面において知恵と財産の偸盗を為す。腹が減れば娘を食べ、喉が渇けば血を飲み、食物が見えれば娘を担ぎ上げて運び（食物と交換し）、寺院の蔵を破壊する。僧侶たちは徳の高い師を殴り、悪行を為す。これを劣悪な時代という。そして、このような行為の果報として、世界の上では神と羅刹が争い、地下では龍と羅刹が争い、中空では八部衆が争う。（その結果）雨季になっても雨が降らず、凶作と飢饉が続き、様々な疫病が発生する。運気を失った人々は犬のように彷徨い、運気を失った商

品は水のように拠り所なく流れていく。父と兄弟は殺し合い、父と子供は互いを信頼せず、母と娘は調和せず、父と息子は仲違いをする。（ZPhD: 152-153）

　このように ZPhD は、悪世における人間の道徳的堕落によって神々や羅刹たちの間に紛争が生じ、その結果として凶作・飢饉・疫病といった禍難や社会秩序の混乱が発生するとしている。上記の引用文中に登場する八部衆とは、仏教が流布する以前の古代インドの神々が仏教に帰依し、護法善神となったとされるものである。その内容は典籍や伝統に依って異同があり、『法華経』では、天・龍・夜叉・乾闥婆・阿修羅・迦楼羅・緊那羅・摩睺羅伽の8つを説くが、奈良・興福寺の八部衆像の名称はこれとは異なっている。またチベットに於いてもその内容は一定ではない。トゥンカル・ロサンティンレーは八部衆について、閻魔（gshin rje）・マモ（ma mo）・羅刹（srin po）・夜叉（gnod sbyin）・人（mi）・土地神（sa bdag）・ツェン（btsan）・ドゥー（bdud）とする場合、天（lha）・龍（klu）・夜叉・乾闥婆（dri za）・阿修羅（lha min）・迦楼羅（nam mkha' lding）・緊那羅（mi'am ci）・摩睺羅伽（lho 'phye chen po）とする場合、閻魔・マモ・ドゥー・ツェン・ギェルポ（rgyal po）・龍・夜叉・サー（gza'）とする場合などがあるとしている（dung dkar 2002: 2179-2180）。

　ZPhD にはこの後、「……その時（疫病が蔓延する時代）、ウルギェンの我が法統を継承する一部の者たちが埋蔵教法を通じて私の甚深なる法を享受する。彼らには疫病が及ぶことはなく、彼らはまた有情の生命を護ることになるだろう。病の住処は空中であり、色は虹の如きであり、この病に罹患すればその徴として身体が寒さで震える。病を広めるのはサーと龍とマモである」（ZPhD: 154）という記述が続く。ここにいわれる「ウルギェンの我が法統」とはパドマサンバヴァの法統のことであり、パドマサンバヴァが八部衆を調伏し、仏教守護を誓わせたという伝説は良く知られている

（Yeshe Tsogyal 1993: 72）。ポン教の典籍『セルミク』にも「世間にいくら希望があっても，八部衆の世界が鎮まることがなければ，世間でも争いが起きる」（drang rje btsun pa gser mig 1991: 78）という一文が見えるが、こうした叙述には、人間と超越的存在の世界は連動しており、両者は互いに影響関係にあるというチベット人たちの信念が示されていて興味深い。人間界に於ける禍難の来源を八部衆の紛争に見るこうした思考は、疾病の原因を魔鬼ニェンや五大種に帰すものとは厳密には異なるものであるが、両者は疫病が人間の生活圏内か、或いは人間界と影響関係にある世界に棲む人格的存在に因って齎らされるとする点で一致している。疫病除けの護符が制作される背景には、こうした宗教的観念があることを確認しておかねばならない。

２．真言・事物・護符

　猪の姿を描く護符の制作方法やその使用法に関する記述は、ジャムグン・コントゥル・ロドゥ・タイェ（1813-1899）が編纂した埋蔵経全集『大宝伏蔵』（*rin chen gter mdzod chen mo*）所収の文献中に散見される。それらのうち、比較的纏まった記述が見られるものとしては、『疫病から身を護る一切の甚深なる口訣を集めたもの』（以下 ZPhD）、『兇悪な黒いホク（パ）から（人を）守護する無分別の武器の輪』（以下 TTsKh）、『ニェンの疫病・ホクパの治療法』（以下 NHC）、『疫病から身を護る甚深なる日々実践』（以下 RGZ）の４点を挙げることができる。以下、これらの文献の記述に依りながら、猪の護符の制作方法やその使用法について概観したい。

　先ず、猪を描いた護符がチベットへ伝えられた経緯については、ZPhDに次のような記述がある。

　　疫病から身を護るこの教説の歴史については次のような伝承がある。

阿闍梨パドマサンバヴァがチベットに向かい、テシェルカ（te shel kha）に到った時、空行母ウチェーマ（dbu bcad ma）がパドマサンバヴァに次のように語りかけた。「阿闍梨よ、汝はチベットに到った。この地には様々な病が発生している。汝は神々と魔鬼たちの紛争に因る病から身を護るこの教法を実践して、有情の利を為されよ。我が心髄の言葉を三度書き記すが良い」。空行母はそのように告げて、パドマサンバヴァに教法を授けた。その教法とは、文字を一列で環状に記し、それにサフランと商陸と鬱金を塗り、108の真言を唱えて完成儀礼を執行するというものである。この護符を下から丸め、上下を逆にしないようにして身につければ、一切の病を克服することができる。以下の真言①（文末の真言一覧参照、以下同じ）をよく覚えておくこと。男性は護符を白い紐で結んで首の右側に、女性は黒い紐で結んで首の左側につける。この実践は「疫病から身を護るウチェーマ」と呼ばれる。尚、護符を結ぶ紐については、黒い紐のみを用いるべきとされることもある。（ZPhD: 173-174）

　このように疫病除けの護符の制作方法は、空行母ウチェーマによってパドマサンバヴァに示され、その後「（チベットで）パドマサンバヴァが教示し、それを（明妃イェシェ・）ツォゲルが文字に記したものが、埋蔵教法として秘匿された」（ZPhD: 186）という。
　上の引用文には、護符を制作する際に、文字と真言、サフラン・商陸・鬱金などの生薬などが必要であると記されている。またここでは、護符を結ぶ紐とそれを付ける身体の部位について「男性は護符を白い紐で結んで首の右側に、女性は黒い紐で結んで首の左側につける」とあるが、ZPhDには他に「護符を結ぶ際には、黒犬の毛、羊毛、寅年生まれの女の髪、これら3つを紐として用い、結び目を1つ作るべきである」（ZPhD: 161）という記述もあり、その作法は一定しない。

真言・事物・護符 337

　真言・薬・護符は疫病除けに有効だと信じられている。NHC も、疫病
から身を護る為ためには、「真言」（sngags）・「事物」（rdzes）・「護符を
身につけること」（srung ba btags pa）の 3 点が重要であるとしている。
NHC に依れば、「真言」とは特定の真言②を毎日 100 回唱えることであ
り、「事物」とは安息香・九眼独活・黒烏頭・菖蒲・阿魏などの植物性生
薬、麝香などの動物性生薬、及び石黄・硫黄・黒礬などの鉱物性生薬のこ
とである。これらの生薬は、東洋医学に於いて広く薬効を有すると考えら
れているものであるが、NHC では、これらの生薬に対して真言を唱えた後、
小さな包に入れて首に掛けておくだけで疫病除けに役立つとしており、服
用や人体への塗布を前提としていない点で、その用法は通常の医学的用法
とは異なる。また NHC では「事物」は専ら生薬のことを指すが、後に触
れるように、ZPhD では護符に描かれる猪などの動物も「事物」に含まれ
るとしている。
　NHC では次に、「護符を身につけること」についての説明が続く。護符
の制作方法に関する概説部分である。先ず「守護の輪」（srung ba'i 'khor
lo）について次のように述べられる。

　　守護の輪については以下の通りである。先ず猪の姿を描き、その中に
　　四輻を有する守護の輪を作る。外周にはマハー・グル（から始まる真
　　言）を記し、（四）輻にはそれぞれ、「諸々の疫病を殺めよ、赤い疱瘡
　　を殺めよ、斑のニェンを殺めよ、黒い蛙を殺めよ」（と記す）。真言は
　　頭を外側に向けて（記し）、中央には守護すべき人物や氏族の名（を書
　　き、それら）を守護せよ（と記すことで）その効力を明記する。そして
　　完成儀礼を行った上で首に結べば、もう病を恐れる必要はない。（NHC:
　　134-135）

「守護の輪」に関する以上の記述は、民博が所蔵する護符（図 2・図 3・

338 信仰

図4）とよく対応している。図2～図4の護符の中心に守護されるべき人物や氏族名が明記されていないのは、これらの護符が未使用であるということを意味しているのかもしれない。また、図1の護符の中心には、対治すべき諸力や魔鬼を象徴する種子が記されていたが、このことから、猪の護符の中心には守護される対象の名称が記される場合と、克服すべき対象を記す場合とがあることが分かる。尚、上記の引用文には「中央には守護すべき人物や氏族の名を書き、それらを守護せよと記すことでその効力を明記する」とあり、このことから護符が人間の守護を目的としたものであることが知れるが、ZPhD には「（猪の護符を）首に付けることの一般的な効果は、人間と家畜とが一切の疫病に罹患する恐れが無くなるということである。また個別的な効果は、黒いホクパの動きを撃攘することである。また胆汁に参入して脈管の中を蠢くパルパタ虫（srin parpa ta）など（を撃退する為）にも（この護符は）最上の効果を発揮する」（ZPhD: 151）とあり、人間と家畜の両方の疫病除けに有効であるとしている。

　また、ZPhD にも「守護の輪」に関する記述がある。その構造は NHC に記されるものよりもやや複雑であり、以下のように護符に記される文言についても若干の相違が見られる。

　　　疫病から身を護る口訣の輪とは（以下の通りである）。樺の樹皮、或いは紙に恐るべき黒い猪の姿を描き、その腹に2つの輞（おおわ）を廻（めぐ）らす。そして、その中央に「この護符を持つ者をニェンの疫病（gnyan rims）、ドゥンドゥク（病名と思われる）、黒いホクパから守護せよ、ラクシャ（守護せよ）」と記す。そして2番目の輞の四輻輪の第1の輻には「ラムラム、殺めよ」、第2の輻には「赤いホクパを殺めよ」、第3の輻には「斑のニェンを殺めよ」、第4の輻には「黒い蛙を殺めよ」（と書く。そして）外側の輞には真言③と「これを持つものをニェンの疫病など（から守護せよ）と記す。（ZPhD: 150）

真言・事物・護符 | 339

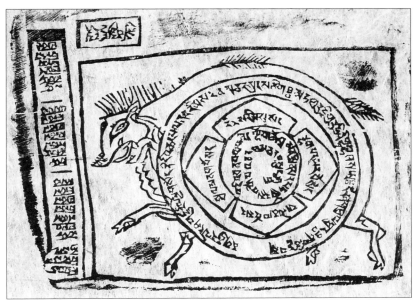

図2　猪の姿を描いた護符（民博標本番号 H79134）

図3　猪の姿を描いた護符（民博標本番号 H79440）

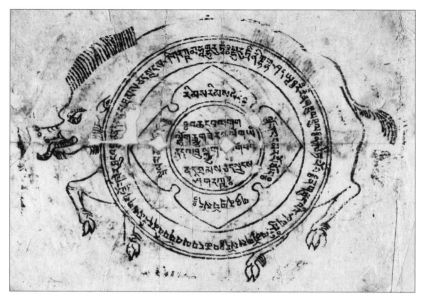

図4　猪の姿を描いた護符（民博標本番号 H79637）

　このように ZPhD では「守護の輪」を「疫病から身を護る口訣の輪」(rims nad srung ba'i man ngag tsakra) と呼んでいる。護符には「恐るべき」('jigs rung) 黒猪の姿を描き、その腹部に二重の輞を書く。そして第二重の外側には四輻輪を描き、そこに真言と病名とを記すのである。また ZPhD では、護符の素材として樺の樹皮 (gro ga) 或いは紙 (shog bu) を用いるとしているが、TTsKh には以下の様に、護符に猪や真言を記す際に用いる墨に関する言及がある。

　　無分別の武器の輪を描く為の事物は、黒烏頭・安息香・菖蒲・阿魏・雄黄・牛黄・麝香・石黄である。それらと中国の墨を混ぜ、清浄な紙に、腹に3つの輞が廻る黒猪を描く。そして、中心にトム (khroM) 字を書き、零（アヌスヴァーラ）の上から右回りに真言④を書き、更に「こ

真言・事物・護符　341

れを持つ者を一切の疫病から守護せよ」と記す。次に五輻には、上から順に（右回りに）、「真言⑤。これを持つ者を一切の疫病から守護せよ」「真言⑥。これを持つ者を一切の疫病から守護せよ」「真言⑦。これを持つ者を一切の疫病から守護せよ」「真言⑧。これを持つ者を一切の疫病から守護せよ」「真言⑨。これを持つ者を一切の疫病から守護せよ」「真言⑩。これを持つ者を一切の疫病から守護せよ」（と記す）。そして五輻の脇にも上から順に「真言⑪。これを持つ者を一切の疫病から守護せよ」「真言⑫。これを持つ者を一切の疫病から守護せよ」「真言⑬。これを持つ者を一切の疫病から守護せよ」「真言⑭。これを持つ者を一切の疫病から守護せよ」「真言⑮。これを持つ者を一切の疫病から守護せよ」と記す。そして、その外側の輞には、トム字の零の上にオーン字を置き、８つのア（'a）と１つの一垂線（を含む）イェダルマ（から始まる真言）を正しく書き記す。文字は過不足なく、消すことなく、見えないということがないようにはっきりと書くことが（無分別の武器の）輪の三昧耶である。（TTsKh: 172-174）

　TTsKh では、猪の腹部に記す「守護の輪」は「無分別の武器の輪」（rtog med mtshon cha'i 'khor lo）と呼ばれ、輞は三重、護符に記される真言も一層複雑なものとなっている。また、「８つのア（'a）と１つの一垂線（を含む）イェダルマ」とは、８つのアチュンを有し、イェダルマから始まる真言⑯を、一垂線（shad）と涅槃点（tsheg drag）を用いて正しく書くということを意味している。

　このように猪の護符の制作方法に関する記述は文献に依って相違が認められるが、何れも猪の姿を描いた後、中央に守護すべき人物の名、或いは退散すべき諸力・魔鬼を象徴する種子、及び護符の効能を記し、周囲には真言を記した輞を廻らし、輞に疫病名を記すという共通した構造を持っていることが分かる。この構造は民博が所蔵する護符（図５）にも認められる。

342 | 信仰

図5　猪の姿を描いた護符（民博標本番号 H79746）

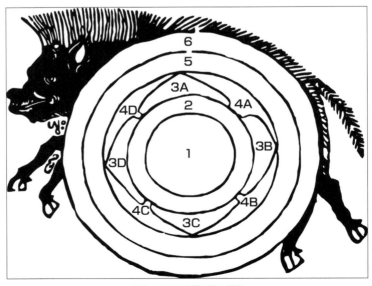

図6　図5の守護の輪の構造

図５の護符には長い鬣を持つ黒い猪と５重の輪が描かれている。中心の輪（図６：１）には人物名・氏族名は記されず、「この輪を持する者を様々なニェン病、ドゥンドゥク（病名）、ガク、ホク（パ）、ギュセル（腸の疝痛）、一切の疫病から守護せよ、ラクシャ、ラクシャ（守護せよ）」と書かれている。第二重の輪（図６：２）には右回りに真言⑰、その外側の四輻には「諸々の疫病を殺めよ」（図６：３Ａ）、「赤いホクパを殺めよ」（図６：３Ｂ）、「斑のニェンを殺めよ」（図６：３Ｃ）、「黒い蛙を殺めよ」（図６：３Ｄ）とあり、四輻の脇には「感染する病」（図６：４Ａ）、「ハンセン氏病から守護せよ」（図６：４Ｂ）、「赤痢・天然痘から守護せよ。」（図６：４Ｃ）、「ニェン病・ガクパから守護せよ」（図６：４Ｄ）とある。そして第４の輪（図６：５）にはZPhDにも説かれるマハー・グルから始まる真言⑱とほぼ一致する真言⑲、第５の輪（図６：６）にはオーン字を冒頭においたイェダルマから始まる真言とほぼ一致する真言⑳が記されている。

　護符に記される真言についてTTsKhには「文字は過不足なく、消すことなく、見えないということがないようにはっきりと書くこと」が重要であると述べられているが、実際の護符に記される真言は不完全なものも多く、文字の判別が困難な場合も少なくない。また護符の制作者や使用者がこうした真言の意味を了解しているかどうかも疑問である。

　真言が疾病から人間を守護する効力を有する理由について、ZPhDに次のような記述もある。

　この真言㉑を記憶しておけば、看護者は病に罹らず、確実に病を克服することができる。この真言には27の種子が完備している。この真言に良く親しむのが良いが、そうしなくてもその加持により確実に病魔は倒される。この真言は５・５・６・４・４・５個の種子から成り立っている。最初の５つの種子の中には、零を伴うナロ（母音記号 o）が１つ、デンブ（母音記号 e）が２つ、シャブキュ（母音記号 u）が１

つある。2番目の5つの種子の中には、シャブキュが2つとデンブが
1つある。3番目の6つの種子の中には、ギグ（母音記号 i）が2つ、
ナロが1つ、零が1つある。4番目の4つの種子の中には、ギグが1つ、
ラタ（添足字 ra）が1つ、シャブキュが1つ、デンブが1つある。5
番目の4つの種子の中には、デンブが2つある。6番目のの5つの種
子の中には、ギグが1つと（真言・陀羅尼の末尾に置かれる言葉）スヴァー
ハーが1つある。（このように、この真言には）正しい書法が完備して
いるのである。(ZPhD: 155)

　ZPhD ではこのように真言の力を正しい書法の完備によるものとしてい
る。上の記述は、真言が効力を有する根拠を書法という観点から説明した
ものに過ぎないが、こうした意見には、護符に記される真言の位置づけに
関するチベット人たちの見方が示されているようにも見える。即ち、護符
に記される真言の意味は、必ずしもその使用者によって了解される必要は
ない。寧ろ、真言の力の源泉は能記／所記の関係を超えた次元に求められ
るのであり、またその意味の意図的な秘匿は真言の神秘性を高める為に役
立つことになる。護符に記された真言が力を発揮するためには、それが正
統性を有し、それ故に効力を持つと信頼されることが重要なのである。こ
うした信頼心の重要性は、後述する護符の完成儀礼の際にも強調される。

3．完成儀礼と観想

　この他、幾つかの文献には、護符の制作後に行われる完成儀礼（rab
gnas）について記すものがある。完成儀礼の手順は文献によって異なるが、
ZPhD には「事物である牛黄と麝香の水を塗り、輅の真言によって完成儀
礼を為すべきである。」(ZPhD: 150-151) とあり、護符は「事物」を溶かし
た液体を塗布し、護符に記した真言を唱えることによってはじめて効力を

持つものになるとされている。護符に塗布される「事物」は文献に依って相違があり、NHC には「護符に描いた猪に党参と草決明を塗る」（NHC: 135）と記されている。

　紙に猪の姿や真言を描いただけの護符は紙片に過ぎない。真言の読誦や、薬効を有する様々な事物の塗布は、護符に或る種の生命を与え、護符をアクティベイトする為の象徴的行為なのだろう。だが、完成儀礼で重視されるのはこうした行為だけではない。護符が真に疫病の克服に役立つものとなる為には、もう 1 つ重要な要素がある。この点について TTsKh には次のように述べられている。

　　祭壇の上の花を敷き、護符をその上に正しく並べて次のような完成儀礼を行う。先ず、自己、守護されるべき者、焦げ茶色の毛先が焔のように燃え上がる恐るべき黒猪、（猪の）腹部に記された（守護）輪と文字とを鮮やかに観想する。そして、心臓から白い猪が上半身だけ姿を現し、それは智慧薩埵に他ならないと想念する。次に（守護）輪に記された諸々の真言を 21 回ずつ唱え、また縁起心髄（rten 'brel snying po; oṃ ye dharmā hetu-prabhavā hetuṃ teṣāṃ tathāgato hy avadat, teṣāṃ ca yo nirodha evaṃ vādī mahāśramaṇa）も 21 回唱える。その後、散華しながら三宝を讃える吉祥の言葉を唱え、（守護）輪に接吻したのち、（護符の）上下を折りたたみ、五色の紐で縛る。そして再び縁起心髄を唱えつつ散華し、（護符を）守護されるべき者の首に付ける。護符を付けられた者は、それが阿闍梨（パドマサンバヴァ）によって我が身体に結ばれたものであると確実に信頼し、称賛するべきである（中略）。信頼の心が無ければ、首に付けているものは石ころも同然。それ故、確信と信順の心を起こすべきである。（TTsKh: 174-175）

　護符が効力を発揮する為には、それがパドマサンバヴァの法統に属

346 | 信仰

するものであり、それ故に真の力を持つと信頼する心が不可欠である。TTsKh は、護符を身につけることは、護符と人間の単なる物理的接触ではなく、護符と信頼心の接触であるべきであると主張している。恐らく完成儀礼の究極的な目的は、モノに宗教的価値を付与することそのものにあるのではなく、一連の儀礼の執行を通じて、モノに宗教的価値が内在することを儀礼に参与する人々に信じさせることにあるのだろう。こうした信頼を通じて、護符はこれを携行する人々にとって真に意味あるものとなり、彼らの日常生活の中で特別な位置を占めるものとなるのである。

　尚、TTsKh には、護符は人間の首に付けられると記されているが、NHC には「家畜を病や損失から護るためには、（護符に）牛黄と麝香とを塗った上で（家畜の）角あるいは首に付ける。完成儀礼を行った後に（家の）扉の内外の上部に貼ることで確実に（家畜の）病・損失に打ち勝つことができる。」(NHC: 136) とあり、家畜の保護を目的とする場合は、家畜の首や家屋の入り口に護符を付けるべきであるとしている。

　また、TTsKh の上記の引用には、猪の護符の完成儀礼に際し、護符を授与する主体が、自己・守護される者・黒猪・心臓から半身だけ姿を現した白猪などを観想することが説かれているが、この他、猪が病魔を食べ尽くす様子を観想する実践を説くものもある。例えば ZPhD には次のようにある。

　　疫病から身を護るこの実践における事物は、上（空）の鷲、地（上）の猪、毛羽だった鼬、黒鹿の麝香の4つである。目的別に言えば、先ず他者を守護する場合は、我が身を一瞬にして藍色のパドマサンバヴァの忿怒相として観想する。パドマサンバヴァは右手に金剛杵、左手に血が満たされた頭蓋骨の椀を持ち、焦茶色の猪に跨がり、口から荒々しい真言を炎のように放出している。そして身体からその化身である無数の猪を放散し、一切の病魔を招き寄せて食べている。そのような様子

を観想しつつ、真言を唱えるのである。また自分が疫病に罹った場合は、虚空に御座す大阿闍梨パドマサンバヴァを想い、自己の意識を阿闍梨の御心に転移する。その上で、大阿闍梨の身体からその化身である無数の猪が現れ出て、猪たち自己の諸々の感覚器官の中に参入し、身体内部の一切の病魔を食べ、病魔を打ち負かす様子を観想しながら、生命の心髄たる荒々しい真言㉒を唱える。また真言を唱える時は、その荒々しい真言の光線が、鍛冶屋が熱い鉄を打つときに生じる火花のように放散し、自己と他者の一切の病魔を焼き尽くす様子を想いなさい。荒々しい十万の真言を唱えた後は、事物である鷲などを讃えよ。このように事物と真言の力によって、自己と他者の一切が（中略）兇暴な一切の病魔から解放される。(ZPhD: 158-159)

これと同様の記述が、ネパールの埋蔵教発掘者ヴァジュラ・マティ（bal yul gter ston badzra ma ti）が発掘したと伝えられる『疫病から身を護る甚深なる日々実践』（RGZ）にも見える。

疫病から身を護る甚深なる日々の実践の手順は以下の通りである。夜明け前に帰依と発菩提心・前行を行い、空の状態から一瞬にして、自分は群青色に輝くグル・パドマサンバヴァの忿怒相になったと観想する。パドマサンバヴァは、右手に金剛杵、左手に血で満ちた頭蓋骨の椀を持ち、焦茶色の恐ろしい猪に跨がり、口からは荒々しい真言が火花のように飛び散っている。そしてパドマサンバヴァの化身である無数の猪が一切の病魔を招き寄せて食べている様子を観想する。そして真言㉓を心の中で唱える。
既に自分が疫病に罹っている場合は次のようにする。前方の虚空に上述のパドマサンバヴァの姿を明白に観想し、その御心に自分の意識を転移して不二の状態に混ぜる。そしてパドマサンバヴァの身体から無

数の猪が姿を現し、自分の感覚器官に参入して、体内の一切の病魔を食べている様子を想い、真言を唱える。最後はパドマサンバヴァが自分の身体に溶け込み、自分が甚だ怒れるパドマサンバヴァの身体になったと想うのである。

他者を疫病から護る場合は、鷲・猪・鼬などの精肉と、黒鹿の麝香などを細かく砕き、それに真言など唱えて燻すか、或いは小さな包みの中に入れて首にかける。こうして匂いを携行することで確実に疫病から身を護ることができる。(RGZ: 161-162)

以上の２つの記述は、猪の姿が護符に描かれる理由について考える上で重要である。ZPhDとRGZは何れも、猪は忿怒相のパドマサンバヴァの化身であり、その身体から放出して病魔を食べ尽くす存在であるとしている。またZPhDに「事物は、上空の鷲、地上の猪、毛羽立った鼬、黒鹿の麝香との４つである」と述べられていることから、麝香などの生薬と同様に、猪が疫病除けに有効な「事物」と見做されていることも分かる。鷲・猪・鼬が疫病を克服する実践の中で言及されるのは、これらの動物が食物を啄む様子が、拡散する病魔を食べ尽くすイメージに結びついたためとも考えられるが、RGZに、こうした事物を砕いて「匂いを携行する」(dri la bsnam pa) ことによって疫病から身を護ることができるとされることを考慮すれば、これらの動物たちの匂いには疫病を退散させる特別な効力があると信じられており、護符に事物を塗布する理由もまた、こうした匂いを護符に移染することにあると考えるべきかもしれない。

おわりに

以上見てきたように、猪の護符は、適切な方法による制作と完成儀礼を経たのち、その有効性を信頼する者によって携行されることによって始め

て効力を発揮すると考えられている。そして護符は、それを身につけるという意味において身体と関わり、真言の力が援用されるという意味において言語と関わり、その完成儀礼において観想実践を伴うという意味において意識と関わっている。護符と三密（身・口・意）とのこうした関係性は、チベットに密教が定着していく過程で、次第に形作られていったものと考えられる。

　本論において見たように NHC には、真言・事物・護符の３つが疫病除けに有効であるとされているが、真言と事物はそれぞれ単独でも疫病を退散させる効果があるとされており、護符を身につけなくとも、正しい真言の読誦と適切に処理された事物を携行することによって疫病への罹患を防ぐことができると信じられている。だが、一般の信仰者たちにとって、長い真言の暗唱や適切に処理された事物の携行は必ずしも容易なことではないだろう。護符は、疫病の克服に有効であると信じられた真言と事物とを効率的に持ち運ぶことができる便利な道具であり、それは疫病の蔓延が危惧される社会において人々の不安を和らげるために大いに役立ったに違いない。

　本論で取り上げた文献の中には、護符が効力を発揮する為には、その効力そのものに対する信頼が不可欠であると説くものがあった。宗教文献の中に護符がチベットへ将来された経緯を記し、護符の来歴とその正統性を示すことは、護符の有効性に対する人々の信頼をより強固なものにする為に役立ったと考えられる。そしてこうした信頼こそが、護符と疫病の克服という二項間に因果関係の妥当性を担保しているのである。こうした因果関係には論理的な整合性が認められないように見えるが、何かを信頼するという精神の働きが身心に如何なる影響も与えないと断じることはできない。護符の使用において信頼心の重要性が強調された背景には、信頼が結果として疫病の予防や疾病の治癒に役立ち得るという経験知があったのかもしれない。

また、本論で検討した護符に描かれる猪には、常に忿怒と畏怖のイメージが付き纏っているという点も強調しておかなければならない。猪がパドマサンバヴァの忿怒相の化身とされることは本文で述べたが、文献の中にたびたび現れる「恐るべき猪」という表現は、家畜化され飼い慣らされる以前の野生の猪のイメージと重なるものであり、それはチベット人たちにとって、文字通り恐ろしい存在であったに違いない。だが、恐ろしい存在は敵にすれば厄介だが、味方に付ければこれほど頼もしいものはない。チベット仏教に於いて、忿怒相の諸尊が人々を救済する存在であると信じられているように、恐ろしい猪もまた軈て病魔を退治する頼もしい存在として位置づけられるようになったのだろう。そこには恐ろしい存在がその本質においては慈悲深い存在であるという密教的な思考の影響を看取することができる。こうして猪は恐ろしい存在であると同時に、疫病の源を自ら食して人々を救済するという両義的な存在として位置づけられるようになったと考えられる。疫病除けに有効とされる護符に猪の姿が描かれるのには、こうした背景があったのではなかろうか。

　このように護符の分析を通じて、チベット人たちの宗教的信念を様々な角度から捉え直すことができる。護符には、彼らの動物に対する見方、真言や事物の力についての考え方、人間と超越的存在の繋がりに関する観念、信頼が望ましい結果を生み出すために不可欠であることなど、チベット人たちの信仰生活を支えている重要な観念が集約されている。このように護符は、厄災を退けるための単なる道具ではなく、チベット人の信仰体系の基盤を成す重要な諸要素が一つに凝縮されたものと見做すことができるのである。

真言一覧

① oM ner seng yer rbad swA hA: oM ya ma dun rbad swA hA: oM seng yer rbad swA hA: rims nad las rak+Sha rak+Sha: ② oM ma hA gu ru tri nan: tri gu ru tri naM: g+har+b+ha shad ya: raM raM nA ga tsit+ta thul thul: nA ga tsit+ta phob phob: nA ga rbud ling shag: thum myog sod: ③ ma hA gu ru tri gu ru tri ni g+ha g+ha shad ya raM raM nA ga thul thul: nA ga tsit+ta phos: nA ga rbud ling shag ling shag myog sod: ④ oM phe khyi ma ni swA hA/ ⑤ oM oM de ba nan/ ka ru na da te sad/ ⑥ oM oM bram ze sad shog sad/ ⑦ oM oM zhu ze zhu ze zhu sad/ ⑧ shog se shog sad/ ⑨ oM oM gnam lcags rdo rje kha ya bram/ gnam lcags rdo rje du ya bram/ ⑩ oM oM gnam lcags rdo rje thib sod/ ⑪ oM ga ru DaHtsa le tsa le hU~M phaT/ ⑫ tad+ya thA/ yi kha si ba su a gi swA hA/ ⑬ tad+ya thA ma hA g+ha ma li hi hi/ ⑭ tad+ya thA bdag la a gi badz+ra ra ga na dwa hi kany+tsar/ ra med pa'ang 'dug /du ra ma hi/ ⑮ tad+ya thA/ kan d+hi hi kany+tsa du ru mi/ oM ga gi ni ra/ ⑯ ye d+harmA he tu pra b+ha bA he tun+te ShAny+ta thA ga to h+ya ba data/ te ShAny+tsa yo ni ro d+ha e waM bA dI ma hA shra ma NaH ⑰ oMA/ huM/ oMbadz+racaN/ mahAlaNahuMsaT/ khroMgaruDasahetsa lecaletrAMphaTaphaT: ⑱ ma hA gu ru tri gu ru tri ni g+ha g+ha shad ya raM raM nA ga thul thul: nA ga tsit+ta phos: nA ga rbud ling shag ling shag myog sod: ⑲ mdAshurutrigurutrinag+hag+hasha b.riri nag thul thulaH nagatsit+tapho ganagarbudalingashag brum myog sod/ ⑳ oMyad+hahatuprab+hawAderanAn+ te/ gtoh+yawadata/ teShAny+tsayonirod+haewaMpAdImahAshramaNayesrahA/ oMsarbabyidasahaH srinasparapata'inangajanabasrungasashigarak+Sharak+ShaH ㉑ oM b+he ru na khe: tsa na du he hu: b+hi sha ma hi ra hoM: dri na du khe: b+he she na ta: b+hi na ya swA hA: ㉒ oM b+hi ru na: kha tsa na du: he hu: b+hi sha ma hi hoM: kre du ke: b+hi shi na ta: b+hi na ya swA hA: ㉓ oM b+hi hu na: kha tsa na du: hi hu: b+hi sha sa hi ra hoM: kra du ke: b+hi shi na ta: b+hi na ya swA hA:

文献略号

CKhN: gnyan gag lhog gzer gsum gyi bcud 'khor nag po. In 'jam mgon kong sprul blo gros mtha' yas ed. *rin chen gter mdzod chen mo*, Vol.45（bi）, pp. 123-146.

NHC: gnyan rims lhog pa'i bcos thabs. In 'jam mgon kong sprul blo gros mtha' yas ed. *rin chen gter mdzod chen mo*, Vol.46（mi）, pp. 133-136.

RGZ: rims srung rgyun khyer zab mo. In 'jam mgon kong sprul blo gros mtha' yas ed.

rin chen gter mdzod chen mo, Volume 45（bi）, pp. 161-162.

SGK: gong smad dkon mchog bde. 2005. *mkhas pa'i man ngag kun 'dus dgos pa kun 'byung*. Pecin: mi rigs dpe skrun khang.

TTsKh: khong lhog nag po'i srung ba rtog med mtshon cha'i 'khor lo. In 'jam mgon kong sprul blo gros mtha' yas ed. *rin chen gter mdzod chen mo*, Vol.45（bi）, pp. 171-175

ZPhD: rims srung gi man ngag zab dgu phyogs gcig tu bsdus pa, In: 'jam mgon kong sprul blo gros mtha' yas ed. *rin chen gter mdzod chen mo*, Vol.45（bi）, pp. 149-170.

文　献

Dung dkar blo bzang 'phrin las. 2002. *dung dkar tshig mdzod chen mo*. Pecin: krung go'i bod rig pa dpe skrun khang.

Drang rje btsun pa gser mig ed. 1991. *mdo gzer mig*. Pecin: krung go'i bod kyi shes rig dpe skrun khang.

Gong smad dkon mchog bde. 2005. *mkhas pa'i man ngag kun 'dus dgos pa kun 'byung*. Pecin: mi rigs dpe skrun khang.

Groenen, M.A., et al. 2012. "Analyses of pig genomes provide insight into porcine demography and evolution." In *Nature* 491(7424): 393-8.

Jamgön Kongtrül Lodrö Thayé comp. 2007-2008. *rin chen gter mdzod chen mo*. Kathmandu: shechen publications（TBRC Resource ID W1KG14）.

sMon rgyal lha sras. 1999. "mdo 'dus pa rin po che'i rgyud thams cad mkhyen pa'i bka' tshad ma." In smon rgyal lha sras ed. *theg chen g.yung drung bon gyi bka' 'gyur*, vol. 30（pa）. Chengdu: si khron zhing chen par khrun lte gnas par 'debs khang, pp. 5-238.

Nebesky-Wojkowitz, René de. 2007[1976]. *Tibetan Religious Dances: Tibetan Text and Annotated Translation of the Chams Yig*. Kathmandu: Pilgrims Book House.

Yeshe Tsogyal, Erik Pema Kunsang. 1993 *The Lotus-Born: The Life Story of Padmasambhava*. Boston: Shambhala Publications.

中国農業百科全書編輯部編　1996　『中国農業百科全書・畜牧業巻・下』北京：中国農業出版社.

雪山で生まれた仏法

脇 嶋 孝 彦

はじめに

　ヒマラヤ山脈一帯は仏教文化のゆりかごだ。純白の雪を頂き朝日に照らされて白く輝くヒマラヤ山脈を、実際にその目で見たことがあるだろうか。美しく荘厳なその姿は、まるで仏教経典のなかに記述されている仏国土や浄土のようだ。ヒマラヤ山脈の北側にはチベットがあり、そこではチベット仏教とポン教が信仰され修行されている。ヒマラヤ山脈の南側にはネパールがあり、そこではネワール仏教が信仰され修行されている。ヒマラヤ山脈を挟んだ広大な地域は仏教の故郷であり、数千年に渡り多様な仏教文化を育んできた。一般的に仏教の教えといえば、顕教・密教・ゾクチェンの三本柱に分類することができる。だがヒマラヤの奥地では、これらの教えとは異なるタイプの仏法が説かれ保存されていた。

　私は1995年にネパールの首都カトマンドゥに渡ってから、たびたびポン教のティテン・ノルブッツェ僧院に滞在し続けている。その目的は、ポン教に伝承されているゾクチェンの思想と実践について調査・研究するためだ。実際に自分自身の心と身体にゾクチェンの教えを取り込む手法を用いて、在野の立場から20年以上研究を続けている。ポン教とは、仏教よりも古い来歴を持つチベット独自の宗教文化である。だからチベットの宗教文化や仏教の教えに関しては、ある程度理解しているつもりでいた。

　チベットの護符に関するフィールドワークに参加するなかで、ドルポ地域に住む在俗の密教行者たちに出会った。ドルポとは北西ネパールに広が

るチベット文化圏のことである。ドルポはヒマラヤの奥地にあるために、簡単にアクセスできる場所ではない。そのため古いチベットの文化を保存していたり、独特な習俗を伝承していたりしていることで知られている。

そのドルポに住むポン教の密教行者とチベット仏教ニンマ派の密教行者から、チベットの護符について詳細かつ具体的な話を聞き取る機会に恵まれた。彼らが守っている智慧の体系は、長年私がティテン・ノルブッツェ僧院で学んできたブッダの教えや実践と大きく異なっていた。私にとってまったく未知の世界の話だった。護符に関するフィールドワークが進み、そのユニークな智慧の姿が明らかになるにつれ、私は度々驚愕した。そして、彼らが持っている独特な知識と智慧に強烈に魅了されるようになった。

1. 荘厳な仏法

チベット、インド、ネパールには数えきれないほどのチベット僧院が存在する。チベット僧院には僧侶や尼僧が住み、仏法の習得や修行に励んでいる。彼らが身につける仏教の教えとは、顕教、密教、ゾクチェンのことだ。このように仏法にはいろいろな種類があるが、どれも生きとし生けるものを苦しみや悲しみから完全に解放することを目的としている。

顕教では、森羅万象が実体のない空性だということを論理的に理解することによって、苦しみや悲しみから解放されようとする。密教では、手足が何本もある恐ろしい姿の本尊やカラフルで幾何学的なマンダラをイメージすることによって、苦しみや悲しみから解放されようとする。ゾクチェンでは、自己解脱により思考を超えた本来の心をむき出しにすることによって、苦しみや悲しみから解放されようとする。

顕教・密教・ゾクチェンは、どれも大変高度な思想と修行方法である。そこで説かれている空性、智慧、方便、十波羅蜜といった教えは、まだ頭が柔軟な若いうちに頭脳明晰なチベット人の僧侶や尼僧だけが、10 年も

20年もかけてようやく習得できるものなのだ。広大な領土を持ちながら人口密度が低いチベット文化圏では、つい数十年前まで近代的な学校などまるでなかった。だから、多くの人々が文字の読み書きができなかったのだ。十分な教育を受けることができなかった一般のチベットの人々にとっては、ブッダの教えはありがたい一方で、難解で理解しがたい代物だったことだろう。

2．チベットの護符

　そうした一般のチベット人たちは、もっと身近なやり方でブッダの教えを生活のなかに取り入れている。その一つが護符だ。チベットの護符にはさまざまな種類のものが存在する。最も手軽なのは、チベット語で「スンドゥ」と呼ばれるお守り紐である。「スン」という言葉は加護や保護を意味している。「ドゥ」という言葉は結び目を意味している。このチベットのお守り紐には必ず一ヵ所結び目が結ばれている。この結び目に込められたブッダの加持により、ありきたりの紐はお守りの効力を発揮するのである。高僧に面会したとき、密教の灌頂を授かるときなどに、このお守り紐は誰にでも配布される。通常お守り紐は一週間ほど首や手首に巻いたあと、聖地の樹木に結びつけるか、ピュアな炎で焼いてしまう。だが、そのまま何年も身につけたままにしておく人も少なくない。カトマンドゥ市街を歩いていると、真っ黒に日焼けした首元に、擦り減って白くなったお守り紐をいくつも身につけた人とすれちがうことがある。彼らはヒマラヤの奥地からカトマンドゥに降りてきたチベット人なのだ。

　もう少し手の込んだチベットの護符が欲しくなったら、ボダナートへ足を運ぶといいだろう。カトマンドゥの中心地から、北東方向に小一時間ほど車を走らせるとボダナートに到着する。ボダナートには仏眼が描かれた巨大な仏塔が青空に向けてそびえ立ち、その仏塔を取り囲むようにして仏

具店が軒を並べている。そうした仏具店の店内に入れば、プラスチックに包まれた小さな物体が大量にケースのなかに収納されているのが目に留まるだろう。ひとつひとつは手のひらに収まるほどの大きさで、四角い板切れのような形状をしている。それは「コルロ」と呼ばれるチベットの護符なのだ。

　コルロの本体は印刷された護符で、その護符には密教の本尊やマンダラが描かれている。護符を印刷した紙に経典の記述にしたがいサフランや丸薬を溶かした溶液を塗り込むと、ブッダの加持が込められたことになる。それを丁寧に折り畳んで外側を色とりどりの糸で格子状に巻き、プラスチックのケースで包むとコルロが出来上がる。原色の糸が織りなす格子模様が印象的なため、一見すると知育玩具のようにも見えるが、れっきとしたチベットの護符なのだ。

　いくらかでもチベット仏教に接する機会がある人ならばお守り紐を高僧から頂く機会があるだろうし、コルロならばわざわざネパールに足を運ばなくても、日本にいながらインターネットの通販で購入することができる。どちらの護符もチベット人たちが実際に日常的に身につけている愛用品だ。些細な悩み事や日常的な問題ならば、お守り紐やコルロで十分対応できるだろう。だが、もっと深刻な苦しみや悲しみに直面したときには、お守り紐やコルロではいささか心もとない。

3．ヒマラヤの呪い師

　のどかに見えるヒマラヤの山奥でも、村人はさまざまな苦しみや悲しみで心を痛めている。疫病に対する恐怖、家畜を失うリスク、身に憶えのない噂話、子供を身ごもれない悲しみなど。その数を数え上げたらキリがないだろう。こうした深刻な問題に直面したら、村人は村はずれに住む呪い師のところに出かけていく。そうした呪い師の多くは、長く太い袖の付い

た "どてら" のような服を着ていて、腰のところをロープで縛り、裾を膝のところまでたくし上げている。それはチュパと呼ばれる伝統的なチベットの民族衣装なのである。呪い師たちが着ているチベット服がえんじ色に染められているのは、彼らが修行を積んだ密教行者である証拠なのだ。

　たとえばある日、村に住むひとりの娘が呪い師のところを訪れ、苦しい胸の内を打ち明けたとしよう。

　娘「年老いた私の母親の体調がいよいよ悪くなりました。もう一週間も寝たきりです。苦痛のためか食べ物もろくに摂ろうとしません。ここ数日がいよいよ山場になりそうです。母親は貧しいこの村で私たち子供を育てるために、生涯働き詰めでした。ブッダの教えを十分修行する余裕はありませんでした」。

　呪い師は黙って娘の話に耳を傾ける。訴えかけるような彼女の話が終わると、呪い師は奥の部屋に入っていく。薄暗い部屋の奥には無数の木の板が並べられていて、どれもお盆くらいの大きさをしている。そのなかから木の板を八つ選び、取り出した。それらは護符の版木だった。その版木は埃まみれで薄汚れている上、ところどころ虫食い穴がある。無数の小さな傷が全体的に広がり、どの縁も角が取れて丸みを帯びている。この版木は何十年も前に彫られ、長年使い続けられているため、まるで博物館で展示される骨董品のようにも見える。呪い師は床に座り込むと、その版木の表面に墨を塗りはじめた。

４．マティの護符

　かつてチベットの護符は木に刻まれた版木に、密教行者自身の手によって墨が塗られ刷られていた。当時は墨を用意するために手の込んだ準備が必要だった。まず時間をかけて焦げるまで鍋で米を焼いていく。米が黒焦げになったら、半カップの水を加える。また特殊な樹液を含む木を燃やす

と煤煙が昇り、上方に置いた石に煤が張りつくから、それを手で集める。そうしたら、動物の角を煮出して作った糊に、黒焦げの米と煤を加えてかき混ぜるのだ。さらに、それを指先で小さく丸め丸薬状にすると、護符を刷るための墨の出来上がり。現在は交通手段が発達し、ヒマラヤの奥地と大都市カトマンドゥを自由に行き来できるようになったおかげで、カトマンドゥに降りて来たついでにコピー機を使用して護符を複写することが増えている。だんだんと、墨を使って護符を刷ることがなくなってきている。

　版木がまんべんなく黒色に染まると、ハンドメイドの白い紙がその版木に押しつけられる。窓のない薄暗い部屋のなかで、次々と8種類の図形が白い紙に浮かび上がる。その8種類の図形とは宝傘、金魚、宝瓶、蓮華、法螺、吉祥紐、勝利幢、法輪だ（図1）。これらはチベットでおめでたい八吉祥と呼ばれている図形だ。その図形の内部には、無数のマントラが書き込まれている。なかでも一番重要なのが「マティのマントラ」だ。マティのマントラとは、"オムマティムイェサレドゥ"のマントラのこと。この"オムマティムイェサレドゥ"のマントラは、ポン教徒が最も親しんでいるマントラなのだ。チベット仏教徒が唱える"オムマニペメフーン"の観音菩薩のマントラに相当すると考えればいいだろう。

5. マティのマントラ

　「ポン教はチベット土着のシャーマニズムの宗教である」と、チベット人を含む多くの人々が今まで信じてきた。だがこれまでの調査・研究によって、ポン教はチベット仏教と見劣りしないほどの高度な宗教思想と体系を備えていることが明らかになっている。その歴史によれば、今から18000年前に神秘の国オルモルリンに王子として誕生した、ブッダ・トンパ・シェンラップが説いた教えがポン教の始まりだという。その後その教えは東漸し、チベットにたどり着いたという。

雪山で生まれた仏法 | 359

宝傘の護符

金魚の護符

宝瓶の護符

蓮華の護符

図1-1　マティの護符　その1
(Douglas 1978: 68, 69, 64, 66)

360 | 信仰

法螺の護符

吉祥紐の護符

勝利幢の護符

法輪の護符

図1-2 マティの護符 その2
(Douglas 1978: 65, 67, 63, 62)

ブッダ・トンパ・シェンラップは、生きとし生けるものを救済するためにさまざまな教えを説いた。マントラもそうした教えの一つだ。マントラはありきたりな言葉とは異なり、不思議な力を秘めている。なぜなら、ブッダがひとつひとつ選び抜いた言葉だからだ。彼は数多くのマントラを人々に説いたといわれているが、そのなかでも最も重要なマントラが、三種の真髄マントラなのである。マティのマントラはその三種の真髄マントラのなかの一つなのである。

マティのマントラとは、"オムマティムイェサレドゥ"のマントラの略称だ。このマントラには深い意味が込められている。オムは白色と結びつき、慈悲とブッダ・トンパ・シェンラップを象徴している。マは赤色と結びつき、智慧と仏母シェーラップ・ジャンマを象徴している。ティは紫色と結びつき、慈愛により怒りと嫌悪を克服し、地獄界に生まれ変わるカルマを浄化する。ムは赤色と結びつき、貪りと欲望を克服し、餓鬼界に生まれ変わるカルマを浄化する。イェは青色と結びつき、知識と智慧により愚かさと混乱を克服し、動物界に生まれ変わるカルマを浄化する。サは黄色と結びつき、寛容と柔軟性により妬みと嫉妬を克服し、人間界に生まれ変わるカルマを浄化する。レは灰色と結びつき、安らぎにより慢心と横柄さを克服し、阿修羅界に生まれ変わるカルマを浄化する。ドゥは白色と結びつき、勤勉と精進により怠惰と無精を克服し、天界に生まれ変わるカルマを浄化する。

6. 三種の真髄マントラ

その他にも、"アオムフーン・アアカルサレウアヤンオムドゥ"と、"アカルアメドゥティスナグポジジマルマルソハ"が三種の真髄マントラに含まれている。"アアカルサレウアヤンオムドゥ"のマントラに、ブッダの強力な加持が込められていることを証明するこんな逸話を、チベット人の

ポン教僧から聞いたことがある。「本当に最近のことだが、チベットにある老婆が住んでいた。あまりに年老いていたために、歯がすべて抜け落ちていたそうだ。この老婆はポン教のラマからこのマントラを授かり、来る日も来る日も唱え続けていたという。100万回このマントラを唱え終えたとき、なんと老婆の口から歯が生えてきたというのだ!」とても不思議な話だが、決して昔話や作り話ではないという。

このマントラのアカルは法身のクンツサンポを象徴している。オムは報身を象徴している。フーンは応身を象徴している。アは慈悲のシェンラウーカルを象徴している。アカルは清浄さを象徴している。サレウは輝きを象徴している。アヤンは不生の智慧を象徴している。オムは五身と五智を象徴している。ドゥは本来の境地を象徴している。

"アカルアメドゥティスナグポジジマルマルソハ"は、身内に死者が出たときに唱えるとよいとされるマントラだ。このマントラを唱えることにより、その功徳が死者の意識によい影響を与え、よりよい生まれ変わりを得る手助けになるのだという。またポン教の祭事が催される夜には、ポン教徒たちはこのマントラを唱えながら僧院の周りを左回りにねり歩き、点在する灯明を灯していく。その数えきれないほどの小さな灯明はそよ風に揺られきらめき、僧院の敷地が光の海に変わる。そのなかを"アカルアメドゥティスナグポジジマルマルソハ"のマントラの大合唱が鳴り響く。その光景はとても幻想的で、うっとりとしてしまう。

このように、三種の真髄マントラはポン教徒ならば誰でも知っているマントラなのだ。僧侶や尼僧だけでなく、俗人を含むすべてのポン教徒が暇さえあればこれらのマントラを唱えている。どのマントラも短いものなので覚えやすく、誰でもすぐに唱えることができる。だからだろう、ポン教の護符には三種の真髄マントラが書かれていることがよくある。

7．在俗の密教行者

　版木をどこからか入手することができたら、誰でも護符を刷ることができる。カトマンドゥの街まで下りてくれば、誰でも護符をコピー機で複写することが可能。だが、護符を紙に印刷するだけでは不十分なのだ。なぜなら、護符にブッダの加持を込めなければ、神秘的な力が宿らないからだ。護符にブッダの加持を込めることは、誰にでもできることではない。ブッダの教えに精通し、人生の長い時間を修行に費やしてきた呪い師にしかできない特殊な技術なのだ。呪い師は本尊の姿を目の前に思い浮かべながらしばしマントラや経文を唱え、護符のなかに加持を埋めていく。この加持により、ありきたりの紙は人知を超えたブッダの智慧が埋め込まれた護符へと変化を遂げるのだ。

　呪い師からその護符を受け取ると、娘はまた来た道をたどり村へと帰っていく。家に着いた娘はさっそく病床の母親に護符を手渡す。

　　娘「お母さん、村はずれの呪い師のところに行ってきました」

　病床の母親はやっとのことで起き上がると、娘から受け取った8枚の護符を丁寧に折り畳み、それに紐に通し、自分の首にぶら下げた。

　　母親「彼のことを呪い師と呼ぶのはおやめなさい。お前にはまだよくわからないだろうが、彼はとても功徳の高い密教行者なのですよ。お前が彼からもらってきたこの護符には、ブッダの加持が込められている。護符を首にぶら下げたままマティのマントラを唱えると、1回唱えただけで、1000回唱えたのと同じ功徳が得られるのだよ」
　　娘「呪い師、いいえ密教行者はこんなこともおっしゃっていました。

お母さんにもしものことがあったら、この護符をお母さんの頭の天辺
につけてあげなさいって」
母親「おおそうです。マティの護符には不思議な力が宿っている。死
者の頭にマティの護符をつけてあげれば、ブッダの世界に生まれ変わ
ることも不可能ではないのだよ」

8．一瞥で解脱

　チベット世界では誰か家族の者が死んだら、ラマや高僧に依頼してポワ
を施してもらうのが習慣だ。ポワというのは、死を迎えたあと身体から分
離した死者の意識をブッダの浄土へと導く修法のことだ。たとえ死者の意
識がブッダの浄土へ生まれ変わることができなかったとしても、よりよい
生まれ変わりが得られるとされている。このマティの護符には、ポワの修
法と同じ効力があるとヒマラヤの村人は信じている。だから年老いた母親
はそれ以来マティの護符を肌身離さず首にかけ、日がな一日マティのマン
トラを唱え続けたのだ。
　マティの護符はこれ以外にも人知を超えたパワーを発揮する。山の岩や
樹木にマティの護符を貼り付けたとしよう。山にはさまざまな生きものが
住んでいる。鳥や昆虫や牛や村人がその近くを通り過ぎるときに、この護
符が必ず目に入るだろう。するとマティの護符の力によって、その生きも
のは解脱を遂げることができるのである。護符を見ただけで解脱できる。
このことを「見解脱」という。また、マティの護符を家屋や部屋の入口の
上に貼り付けて、犬や羊や村人がその入口をくぐってなかに入ったとしよ
う。その場合にも、その生きものにはブッダの解脱が約束されるという。
護符の下をくぐるだけで解脱ができる。このことを「入解脱」という。
　こうした護符の使用方法は、21世紀の日本に住む私たちにとって、未
開社会の呪術とほとんど見分けがつかない。きっとチベットの原始的な迷

信にすぎないと思うかもしれない。だが、マティの護符の教えは単なる思いつきでもなければ迷信でもない。なぜなら、それはブッダの教えを集めた経典のなかで説かれているからだ。そして、密教行者たちはそうした経典に説かれているブッダの教えと実践について精通している。だから、彼らのことは呪い師と呼ぶよりは、密教行者と呼ぶ方がふさわしいのだ。マティの護符の使用方法は32種類もあり、そのどれもがポン教の経典『三十二功徳経』のなかで詳細に説かれている。

　また、マティのマントラの音にも不思議な力が宿っている。たとえば夫婦の間で子供ができない場合には、川の流れのところまで足を運び、水の精霊（龍神）に捧げる薬、乳、米などの穀物を使用して水の精霊を供養するといい。そして、子供が授かるように心を込めてマティのマントラを何度も唱えれば、間違いなく子宝に恵まれるはずだ。その他に、マティのマントラを唱えたあと、カラシの種子に息を吹きかけ、そのカラシの種子を虚空に放り投げれば、どんな問題や困難でも打ち砕くことができるといわれている。

9．密教行者の経済学

　ヒマラヤに住む密教行者たちは村の宗教活動の中心であると同時に、健康・保健の担い手でもある。つまり、伝統医療の知識を持つチベット医なのである。山奥の貧しい村には近代的な医療センターなど存在しない。だから村人が病気になったときには、チベット医である彼らが頼りになる。密教行者が住む僧院は、歩いて2時間ほどかかる村はずれの場所にある。ほとんどの病人はその道を自分で歩いて薬をもらいにやってくるが、病状が深刻な村人や年老いた病人は馬に乗せられて、家族の者がその馬を引いてくる。病人の病状は脈診で慎重に測られる。病人が伸ばした腕の手首に、密教行者は自分の両手の十本の指をあてがうのだ。まるで現代医療で使用

される精密機械のセンサーのように、その 10 本の指を器用に駆使して病状を繊細に読み取っていく。

　脈診が終わると、うしろの棚に整然と並べられた薬瓶の一つを手に取り、その薬瓶のなかから薬を取り出し病人に手渡す。それは山で採取された薬草から作られたチベット医学の薬で、ナチュラルで身体にとてもやさしく病を癒してくれる。病人や同行者が腹を空かしている場合には食事がふるまわれるし、病人を乗せてきた馬には水や牧草が惜しみなく与えられる。こうした手厚いケアにしても薬にしても、密教行者は村人に対価を求めたりしない。なぜなら、そうすることによりブッダの解脱へとつながる素晴らしい功徳を積めることを知っているからだ。

　密教行者が分け与える護符や薬には価格といったものはないが、村人は懐具合に合わせていくらかお布施を置いていく。経済的に余裕がある村人ならば、密教行者に対して多額のお布施をすることもある。なかには、日本円で 10 万円ほどのお布施をする村人もいる。また、馬やヤクといった家畜を一頭まるごとお布施する村人もいる。馬ならば 10 万円から 20 万円ほどの価値があるし、ヤクならば 10 万円ほどの価値がある。対価を金銭で払えない村人のなかには、穀物や野菜や薪を持ってくる人もいる。その他、一日額に汗をかいて密教行者のためになんらかの労役を提供する村人もいる。

　あまりの貧しさのためになにもできない村人に対しても、密教行者は護符や薬を惜しみなく与える。たとえ対価を得なくても、密教行者の生活が成り立つのには理由がある。ヒマラヤで密教行者を務める者は、たいていその仕事を父親から引き継いでいる。だから、密教行者の仕事に必要な道具、つまり経典、法具、護符の版木などははじめから揃っているのだ。つまり、開業資金はほとんど必要ない。チベット医に必要な仕事道具もすべて父親から受け継ぐことができる。

10. サソリの護符

　ヒマラヤの山奥に住む密教行者は、悪魔による障碍から村人の身を守るために護符を刷って手渡すことがある。平地に建立された大僧院に住む出家僧が携わる護符には、本尊の姿やマンダラなどが描かれている。それらはいかにも仏教色が濃厚な護符だといえる。対照的に、山奥に住む在俗の密教行者が携わる護符には、狼や猪や魚といった動物の姿が描かれている。しかも、その絵柄は驚くほど風変りで奇妙である。

　サソリの護符もそのひとつだ（図2）。この護符の中央に描かれているサソリは、まったく薄気味悪い姿をしている。口先からは鋭いハサミが伸び、そのハサミの間からは激しい火炎が吐き出されている。両前足と尻尾の先端には、鋭い目とハサミが描かれている。両前足と尻尾の付け根には4つの文字が見て取れる。その4つの文字の意味とは、「悪魔よ、来い」、「ここから離れるな」、「ここから動くな」、「もうどこにも逃げられない」。つまり、悪魔を呼び出し、拘束し、罠にかけることを意味している。

　哀れにも捉えられた悪魔の姿は、サソリの頭部の左右に描かれている。向かって頭部の左側には2人の人物が描かれている。帽子をかぶっているのが「ギャルポ」と呼ばれる悪魔の王様で、長い髪をしているのが「ディモ」と呼ばれる悪魔の女王だ。悪魔の王様と女王の間に子供が生まれることはないが、2人の手下となる悪魔がいて、子供が親のいうことにしたがうように、2人の命令になんでもしたがう。それはまるで、2人の間に生まれた子供のよう。人間の王様が臣下を自由に操り敵国に戦争を仕掛けるように、悪魔の王様と女王は手下の悪魔を自らの手足のように自由に操り、村人に危害を加えさせる。

　サソリの頭部の右側には、二頭の動物の頭部がひょっこり顔を出している。それらは水の精霊と土地神で、彼らも村人に危害を加える一種の悪魔

368 | 信仰

図2 サソリの護符

なのだ。この護符のなかで、悪魔の王様と女王、水の精霊と土地神は、自分たちよりも数倍大きな体をした凶暴なサソリの胴体に押しつぶされている。苦痛で歪んでいる彼らの表情が上手く描かれていて、その痛みや苦痛が私たちにヒシヒシと伝わってくるようだ。

11. チベットの悪魔たち

　悪魔の王様と女王、水の精霊、土地神たちは、チベット世界で最も有名な悪魔たちだ。だが、チベットには他にも数えきれないほどの種類の恐ろしい悪魔たちがうごめいている。その一つが「スィ」というタイプの悪魔だ。スィというタイプの悪魔は、さまざまな姿かたちをしてこの世界に潜んでいる。たとえば、ゲーン・スィは老人に障碍を与える悪魔。ダル・スィは青年に障碍を与える悪魔。チュン・スィは死産を繰り返させる悪魔。グ・スィは牛などの家畜に障碍を与える悪魔。ドゥル・スィは小さな子供を死に至らしめる悪魔。ケク・スィは占星術と関係した悪魔で、ある年齢に達した人に障碍をもたらす。ドゥブ・スィは修行者に襲いかかる悪魔だ。こうした悪魔たちの邪悪な仕業に、背筋が凍り、口から泡を吹いて気絶してしまいそうだ。

　だが心配はいらない。こうしたスィという悪魔に対抗するための智慧とツールが、ヒマラヤの山奥に住む密教行者たちの間で代々伝承されているからだ。それが「リンカ」と呼ばれる特殊な護符だ。このリンカの護符の中心には悪魔の姿が描かれている。その悪魔はチベット文字のマントラにより張り巡らされた結界に封じ込まれている。両足には足枷をはめられているから、悪魔はどこにも逃げだすことができない。両手を後ろ手に縛られているから、もがくことさえ許されない。もしも少しでも身動きしようものならば、頭部や肩や肘に突き刺さっている鋭い独鈷剣（プルバ）が、無残にもさらに深く悪魔の身体に食い込んでいく。あらゆる持ち物を取り上げられ、衣類も剥がされたこの悪魔の表情を見てみることだ。自分自身を待ち受けている残酷な運命を感じ取り、なんとも悲痛にくれた眼をしているではないか！　実際にこの護符を使用するときには、鎮めるべき障碍の名称を護符のなかに書き込んでおく必要がある。

図3 ヌンリーンで使用されるリンカの護符。シェーラプ・テンジン師所有：脇嶋孝彦撮影

12. 生首はどこだ

　リンカという護符には二種類の使用方法がある。それが、「セクリーン」と「ヌンリーン」だ。セクリーンとは、このリンカという護符を焼き尽くすことによって、悪魔を懲らしめるやり方だ。この場合には、護符を折り畳んだりせず広げたまま炎によって灰燼にする。リンカに閉じ込めた悪魔を焼き払ってしまえば、村人を苦しめていた障碍を浄化できるというわけだ。

リンカのもう一つの使用方法がヌンリーンだ。「これでも仏法か！」と驚くほど、ヌンリーンは奇妙な方法だ。村人を悩ませる悪魔を懲らしめるためにヌンリーンを実践するときには、密教行者ははじめに動物の首を探さなければならない。動物の首が必要だといっても、無残にも生きた動物の首を刈り、生温かい真っ赤な血が滴る生首を手に入れるなどということはしない。なんといっても、ヌンリーンは慈悲深きブッダの教えだからだ。

そこで密教行者は、病気や事故で死んだ動物の死体を探すのだ。そんなに都合よく手に入るものだろうかと疑問に思うかもしれないが心配無用だ。なぜなら、ヒマラヤの山奥の村にはたくさんの犬が棲みついているからだ。その犬たちにはだいたい飼い主がいるから、野良犬というわけではない。だが、犬がたくさん棲みついているということは、私たちが想像するよりも簡単にその死体が入手できるということだ。

犬などの動物の首が手に入ったら、次は悪魔の姿が描かれたリンカの護符を準備する。紙に刷ったリンカの護符を丁寧に三角形に折り畳み、用意した動物の頭蓋骨の首の付け根から頭蓋骨のなかへと差し込むのだ。そうしたらその頭蓋骨を持っ

図4　三角形に折り畳まれた護符。脇嶋孝彦撮影

て、人通りが絶えない村の十字路まで歩いていく。十字路に到着したら、頭蓋骨を道端に置いて、その十字路の地面を掘りだすのだ。十分な大きさの穴が開いたら、その穴のなかにリンカを収納した頭蓋骨を入れて、上から土を入れていく。そうして穴を埋めて、十字路を元通りに戻したら、あとはバターがたっぷりと入ったチベット茶でものんびり飲んでいればいい。そうしているあいだにも、村中の人々が十字路の上を行き交うだろう。村人が十字路の地面を踏みしめるたびに、頭蓋骨のなかのリンカに閉じ込められた悪魔の生命力が奪われていく。最終的に悪魔は力尽き、息絶える

372 ｜ 信仰

という寸法だ。このようにセクリーンやヌンリーンは、一見すると魔術や
呪術のように見えるかもしれない。だが、れっきとしたブッダの教えなの
だ。

13. 悪魔の出現

　護符を使用したこうした儀礼を実践しているときに、密教行者は悪魔を
目にすることがあるのだろうか。そんなことが当然疑問として湧いてくる。
実際には、密教行者の前に悪魔が姿をあらわすことはないという。しかし、
悪魔の存在を感じることがあるらしい。たとえば、村人が悪魔に取りつか
れたとき、その本人を密教行者のところに連れてくるか、その人がいつも
着ている服を密教行者のところに持ってくる。そうすると密教行者は「チュ
ウの教え」を行じるのだ。

　チュウの教えとは、人骨笛やでんでん太鼓でリズムを刻みながら、メロ
ディーにのせて経文を詠唱する修行のことで、観想のなかで行者自身の身
体を切り刻み、悪魔に捧げてしまうのだ。このチュウの教えを行じている
ときに、村人に取りついている悪魔の正体を感知することがあるという。
これは長年修行を積んできた密教行者にしかできない技で、普通の人には
無理な話だという。

　悪魔の存在を感知するだけでなく、さらにその正体を見抜けるようにな
ることは、並大抵なことではない。だが、比較的取り組みやすい方法とし
て、悪魔の姿を観想する方法がある。密教行者が大切にしている経典のな
かには、観想すべき悪魔の姿が詳細に記述されている。それはかなりのボ
リュームの経典だという。このような行を何日も続けていると、さまざま
な成就の印があらわれてくる。たとえば、どこからともなく奇妙な人が姿
をあらわしたり、不思議な雷鳴が鳴り渡ったり、雨や雪が激しく降ったり、
犬が人を咬んだりすることだ。夢のなかに悪魔があらわれてくることもあ

るという。経験を積んだ優れた密教行者ならば、こうした印から悪魔の正体を割り出すことも可能なのだ。

14. 呪い殺し

　ヌンリーンは悪魔を懲らしめるための教えだ。だが、どうやら矛先を人間に向けたものがあるらしい。それは「テの呪法」と呼ばれるもので、そのやり方はヌンリーンととてもよく似ているそうだ。密教行者たちはこのテの呪法についてほとんど知らないし、それについて説いている経典を目にしたこともないという。ただ、テの呪法にまつわる話をちょっと小耳に挟んだことがあるらしい。なんでも、テの呪法を駆使するためには、紙に魚、イノシシ、猿などの姿を描いたお札を用意する必要がある。そして、呪法の対象となる相手の身体で危害を加えたい部分と、希望する呪い具合をそのお札に描き加えるのだ。さらに呪法のパワーを宿す文字を書き込むことにより、そのお札がテの呪法の効果を発揮するようになる。

　お札が出来上がったら、村の道なり橋なりの人目につかない場所にそのお札を隠しておくのだ。そうすれば、お札の上をたくさんの村人が行き交うはずだ。すると、数か月後にはそのお札に常識を超えた変化が生まれる。お札に描かれた動物の目や口や手が勝手に動き出すというのだ！　しばらくするとそのお札はまるで生きもののように動きだし、最後には呪いがかけられた相手は死に至るといわれている。

　何代も前から村に伝承されている、テの呪法にまつわる昔話があるという。それによると、かつてムスタン王がテの呪法をかけられたことがあった。ムスタンというのは、チベットとネパールのあいだに実在した王国で、現在はネパールの中西部に組み込まれている地域だ。当時ムスタン王国に住んでいた熟練の密教行者が、ムスタン王の宮殿に出向き、進言したという。

　　密教行者「王よ、何者かがあなたにテの呪法をかけていますぞ」

374 | 信仰

　ムスタン王「なんと恐ろしいことじゃ。その呪法のお札はどこにあるのだ」
　密教行者「私の見立てでは、向うに架かる橋に仕掛けられているようでございます」

　ムスタン王は家来を連れて実際に橋に向かったそうだ。そして家来に地面を掘らせると、確かに首を切られた馬の頭が出てきたと言い伝えられている。人を呪い殺すこの呪法には、鹿、犬、馬、ねずみなどといったなんらかの動物の首が必要になるという。出てきたその馬の首をよく見ると、頭蓋骨のなかの空洞から、ムスタン王の名前や身体の特徴が書き込まれたお札が見つかったそうだ。とても興味深い話だ。

15.　悪魔の正体

　他人を呪い殺すこのテという呪法は、とてもブッダの教えだとは呼べない代物だ。だが、リンカという護符を使用したセクリーンとヌンリーンは間違えなくブッダの教えだ。なぜならそれらは、ブッダの教えを集めた経典群のなかに収められているばかりか、ブッダの教えのエッセンスと深く結合しているからだ。ブッダの教えには84000種類あるといわれるが、そのどれもが生きとし生けるものを苦しみや悲しみから完全に解放することを目的としている。そしてセクリーンとヌンリーンも、まったく同じ目的のための教えなのだ。
　人間の苦しみや悲しみには数えきれないほどの種類があり、それらはいつなんどき身の上に降りかかってくるのか予測できない。たとえば雹により農作物を台無しにされる苦しみ。夫婦の関係が上手くいかない苦しみ。事故により手足を失う苦しみ。病に子供の命を奪われる苦しみ。誹謗中傷により蔑まされる苦しみなど。ヒマラヤの奥地に住む村人には、こうした

ネガティブな思考や感情に襲われ、にっちもさっちもいかなくなり頭を抱え込むことがある。彼らはこの世には無数の悪魔が実在し、その悪魔が自分の苦しみや悲しみをもたらす原因だと信じている。

　そんなとき、密教行者たちは村人の要請を受けて、チベットの護符を使用した修法を執りおこない、村人の心の苦しみを癒そうとする。村人の心を悩ます苦しみを悪魔の姿に見立て、リンカという護符のなかに封じ込めるのだ。そして、その護符をセクリーンの行法にしたがって焼き払ったり、ヌンリーンの行法にしたがって地中に埋めたりする。

　だが実は、密教行者たちは悪魔など実在しないことは百も承知なのだ。悪魔の本当の正体とは、煩悩五毒だということを彼らは知っているのだ。煩悩五毒とは怒り、貪り、おろかさ、自尊心、嫉妬心のこと。しかし、煩悩五毒を悪魔に見立てることはまったく根拠のない空想どころか、ブッダの教えに適合している。それはどういうことだろうか。確かに悪魔は村人にネガティブな影響を与えるが、姿もなければ形もないから捕まえることはできない。同様に、煩悩五毒は深刻に人間を悩ませるが、どこを探しても存在しない。つまり、悪魔と煩悩五毒はその正体が空性だという点においてまるで双子のようにとても似通っているのだ。空性とは、目で見たり感じ取れたりできるのに、その対象がまるで幻のようにどこにも存在しないことを意味している。この空性の思想は仏教哲学の真髄であり最重要テーマなのである。

16. 仏法のエッセンス

　煩悩五毒を完全に調伏する方法は、顕教・密教・ゾクチェンといったブッダの教えのなかに揃っている。そのうちのどれかに打ち込めば、煩悩五毒を完全に消滅させ、ブッダの解脱を手に入れることができる。だが、そのどれをとっても大変高度な教えだし、目に見える成果を得るためには長い

年月と不断の努力が必要とされる。ヒマラヤの山奥に住む素朴な村人たち
は、生きていくために朝から晩まで農作業や牧畜に明け暮れなければならな
ない。そうした厳しい生活環境のなかで、十分に修行をする時間を設ける
ことは困難だ。さらに数十年前までは文字の読み書きを身につける機会が
なかったから、煩悩五毒のような基礎的な知識を理解することさえおぼつ
かなかったことだろう。

　だから、はるか昔チベットを訪れたブッダ・トンパ・シェンラップは、
村人がそれぞれの苦しみについて理解できるように、悪魔の王様の害、悪
魔の女王の害、水の精霊の害、土地神の害といった名を付けたのだ。本来
苦しみには姿もかたちもなく、つかみどころがないのだが、仮の姿と名前
が与えられたことにより、村人は苦しみについて身近に想像することがで
きるようになった。ひとまず心を落ち着かせたことだろう。こうしてチベッ
トの護符の教えは、ヒマラヤの村々で暮らす人々の心の拠り所になった。

　こうした護符の教えを守る密教行者たちは、護符を使用した儀礼を執り
おこなうことにより、村人の心のなかから煩悩という悪魔を追い払おうと
している。そうすると村人は不安から解放され、心の底からホッと安心し、
笑顔を取り戻すのだ。そのとき、まるで雨上がりのあと雲間から顔をのぞ
かせる青空のように、煩悩や思考が晴れ渡った空間が村人の心のなかに生
み出される。

　村人が体験するその心は、限界を超えてどこまでも広々として、眩いば
かりに輝いている。それは、顕教や密教やゾクチェンで説かれている、空
性や心の本性とまったく同じものなのだ。あらゆる種類のブッダの教えに
精通し、実際に修行に打ち込んできた密教行者たちはそのことを体験的に
知り抜いている。彼らは護符の教えを駆使して、村人をブッダの悟りへと
導こうとしているのだ。

　そして、雨雲が晴れ渡った青空のなかから自発的に七色の虹がキラキラ
と光り輝く姿をあらわすように、いつか煩悩が晴れ渡った村人の心のなか

からブッダの智慧が立ちあらわれてくるのを見届けようとしているのだ。最終的にはブッダの智慧を成就することによってしか、心の苦しみや悲しみを永遠に追い払うことができない。そのことを密教行者たちはよく心得ている。だからそれまでのあいだ、彼らは村人のために風変わりなチベットの護符を刷り、呪いめいた儀礼を執りおこない続けるのだ。

おわりに

チベットの護符の教えとその儀礼は、ポン教とチベット仏教ニンマ派のなかで伝承されている。本稿では、ポン教の護符に関するフィールドワークの成果を中心にまとめてみた。その後、チベット仏教ニンマ派の護符についてもフィールドワークを実施した結果、ほとんど同じ図柄の護符の存在を確認できたし、護符に関する儀礼も共通していることが多いことを突き止めることができた。両者の間にはそれほど大きなちがいはないと現段階では推察しているが、より詳細な比較や分析は、別の調査や研究を待たなければならない。

どちらの護符の教えも、仏法というよりもまるで原始社会に伝わる呪術に瓜二つ。正統的な仏教の経典を紐解いてみればわかることだが、元々の仏教ではこうした呪いめいた護符については説かれていない。それではどこから生まれてきた教えなのだろうか。ポン教徒が主張するように、この独特な宗教文化はチベット語でカワチェン、つまり雪国と呼ばれるチベットか、雪山のヒマラヤ地域で生まれたのかもしれない。チベットの出家僧が学び修行するスタンダードな仏教思想と比較すると、密教行者たちが実践する護符の教えは猥雑かつ卑俗なように見える。だがそこには間違いなく、ブッダの教えのエッセンスが宿っている。ここでいうブッダの教えとは、今から2500年前に釈尊がインドで創始したインド仏教のみならず、それを受け継ぎ洗練させたチベット仏教、さらに今から18000年前にトン

パ・シェンラッブが説いたポン教を意味する。ポン教の密教行者もチベット仏教ニンマ派の密教行者も、護符の教えがブッダの教えだということを信じて疑わない。そして、生きとし生けるものを苦しみから解き放つために、ヒマラヤで生まれたユニークな護符の教えを今も守り続けているのだ。

チベット語表記一覧

スンドゥ　srung mdud

スン　srung

ドゥ　mdud

コルロ　'khor lo

チュパ　phyu pa

マティのマントラ　ma tri

オムマティムイェサレドゥ　A+oM ma tri mu ye sa le 'du

三種の真髄マントラ　snying po rnam gsum

アオムフーン・アアカルサレウアヤンオムドゥ　a A+oM hUM A+a dkar sa le 'od a
　　yang A+oM 'du

アカルアメドゥティスナグポジジマルマルソハ　a dkar a rmad du tri su nag po zhi
　　zhi mal mal swahA

本来の境地　gnes lugs

見解脱　mthong grol

入解脱　'dzul grol

『三十二功徳経』　phen yon sum cu snyis

水の精霊に捧げる薬　klu sman

水の精霊　klu

カラシの種子　nyung dkar

ギャルポ　gyal po

ディモ　dri mo

土地神　sa dag

スィ　sri

ゲーン・スィ　rgan sri

ダル・スィ　dar sri

チュン・スィ　chung sri

グ・スィ　god sri

ドゥル・スィ　dur sri

ケク・スィ　rkeg sri

ドゥブ・スィ　sgrub sri

リンカ　ling ga

セクリーン　sreg ling
ヌンリーン　gnon ling
テの呪法　gtad

参考文献

長野泰彦　2015　「チベットの護符に息づくもの」『民博通信』151: 20-21.
脇嶋孝彦　2016　「悪魔を懲らしめるチベットの護符」『民博通信』155: 14-15.
Douglas, Nik. 1978. *Tibetan Tantric Charms and Amulets: 230 Examples Reproduced from Original Woodblocks*. New York: Dover Publications.
Geshe Nyima Dakpa Rinpoche. 2005. *Opening the door to Bön*. Ithaca, New York, Boulder, Colorado: Snow Lion.

あとがき

　本書は国立民族学博物館の共同研究『チベット仏教古派及びポン教の護符に関する記述研究』（2015〜2018年度）の成果の一部である。

　1979年に国立民族学博物館は「チベット仏画コレクション」を購入した。しかし精査してみると、その内容は一般に理解されるタンカやマンダラなどを中心とするいわゆる仏画ではなく、殆どが宗派を問わず広く使われる白描の木版による宗教図像や仏教古派及びポン教に広く流布している魔除け・厄除けの護符である。チベット仏教とポン教は独自の教義・哲学・論理体系を作り上げ、東洋人の思惟方法を語る上で主要な柱の一つになっている一方で、民間の習俗をも貪欲に受け入れ、独特の「行」を発展させてきた。チベットの宗教実践の有り様と宗教文化基層を解明するためには、従前の研究方法とともに、新たな視点からのモノの記述が求められる。このような発想のもとに、我々は本共同研究を通じて1385点全ての宗教図像（白描）の精確な記述を行った。このコレクションには購入時に売り主が提供したデータがある。それは国立民族学博物館の旧「情報カード」プロジェクトによって整理が続けられ、現在では公開されている。このデータは購入当時の状況を知る上ではある程度の意味があるが、図像の内容に関する記述（主尊、用途、使用法、など）はなく、付随する写真データも精細度が極端に低いため、研究上も一般公衆への公開という観点からも推奨できる状況にない。また、ニック・ダグラス（Nik Douglas）による研究書 *Tibetan Tantric Charms and Amulets*（1978）が上梓され、偶然にも本資料群の3分の1と同じ資料を扱ってはいるが、残念ながら売り主データと同様の物足りなさがある。

　このような状況に鑑み、我々の共同研究会ではあらためてタイトル（標

本名）、ジャンル、図像の概説（主尊、脇侍などを含む）、用途・使用法、書かれている文字列の翻刻、文献学的根拠、レファランス、等を記述し直した。また、研究資料として共同利用に耐える高精細写真を新たに撮影し、記述データと紐付けを行った。これらは 2019 年度中に『みんぱくデータベース』（http://htq.minpaku.ac.jp/menu/database.html）「チベット宗教図像（白描画）データベース［仮題］」として公開される予定である。本共同研究を遂行するにあたり、国立民族学博物館の三尾稔教授と同企画課標本資料係の西澤昌樹係長に格別のご配慮をいただいた。また、データベース作成には同情報管理施設情報課の今中弘幸課長と山口けい係長に大変お世話になった。記して心からの感謝を申し上げたい。

　この記述研究の過程で共同研究員が各人の関心に従い、幾つかの図像について詳細な検討を行った結果を論考にまとめた。チベット宗教図像群に関する概説、仏教学を踏まえた図像解析、チベット護符におけるマントラとヤントラの意義、宗教学・文化人類学・文献学に立脚した習俗と宗教実践に関する参与観察記録・民族誌などが 9 件の論考として示されている。今後のチベット基層文化研究に資するものと自負する次第である。

　最後になったが、出版事情が厳しい折、本論文集の意義を理解され、出版を決断して下さった風響社社長　石井雅氏と同編集部　古口順子氏に対し深甚の謝意を表する。

2019 年 8 月

長 野 泰 彦

索　引

あ

アーシャー・アーカイブス　269, 282
アーナンダ　111, 112
アーナンダ寺院　111, 112
アヴァダーナ　117, 153-178, 180-193
アヴァダーナ・カルパラター　153, 154,
　　156-169, 171-178, 180-187, 189,
　　190, 192, 193
アウエハント　12
青木文教　89
アカル　361, 362, 379
悪趣清浄タントラ　204
アサン　131
阿闍梨　270, 282, 336, 345, 347
アジャンタ　110, 115, 116, 118, 122,
　　124, 147, 193
阿閦　206, 207
阿修羅　107, 114, 115, 126, 334, 361
アスターナ　145
アスラ　65, 66, 115
アティーシャ　88, 89, 118
阿弥陀　42, 206, 207, 277, 278
安産　25, 42-44, 71, 81, 206

い

イーシャーナ　65
一切智毘盧遮那　206
犬　27, 114, 214, 218-220, 223, 224,
　　226, 231, 232, 333, 336, 364, 371,
　　372, 374

犬除け　27
猪　25, 45, 50, 51, 114, 147, 328, 329,
　　332, 333, 335, 337, 338, 340, 341,
　　343, 345-348, 350, 367, 373
イラン　113
印刷技術　11, 14-16
インドネシア　105, 193
陰陽天地符　28, 81

う

ヴァイシャ　301
ヴァジュラーヴァリー　204
ヴァジュラヴァーラーヒー　28, 83
ヴァジュラバイラヴァ　87, 89
ヴァジュラパンジャラ・タントラ　204,
　　205
ヴァジュラ・マティ　347
ヴァルナ　65, 157, 270
ヴィシュヴァンタラ　157, 175, 178,
　　180-189, 193
ヴィシュヌ　48, 50, 143, 251
ヴィマラプラバー　66
ヴェーダ　66, 135
兎　45, 213, 219, 220, 224
ウチェーマ　336
ウチェン　20
ウメ　20
ウロボロス　134, 145

え

永楽版　15, 16
エローラ　110
閻魔　110, 118, 261, 334

お

狼　26, 53, 54, 223, 226, 367
恐ろしき法王　110
オルモルリン　358
オンコル　302, 324, 325

か

ガーウ（ガウ）　268, 276–279, 281
カースト　264, 282
カーダム派　124
カーダム・レクパム　118, 125
カーラ　66, 87, 105, 278
カーラチャクラ　66, 278
開眼　24, 206, 208, 209, 211, 221, 228, 281
蚕　331
蛙　209, 210, 220, 223, 330, 337, 338, 343
餓鬼　107, 114, 126, 270, 361
カギュ派　91, 93, 95, 96, 171
加持　24, 292, 304, 317, 323, 324, 343, 355, 356, 361, 363
カシュミール　159
風の馬　57, 58
ガターンムガ・チャーレ　271, 280, 282, 283
羯磨杵　27, 28, 53, 70, 72, 81, 82, 84, 207, 253–259

カディラ　211, 212, 215
火天　41, 42
カトマンドゥ　23, 64, 105, 110, 114, 119, 120, 124, 126, 128, 129, 131, 142, 251, 264, 270, 274, 282, 283, 353, 355, 358, 363
カパーラ　95
竈　41, 217, 309, 324, 325
カマラシーラ　98
カム　154, 172
ガムポパ　95
亀　28, 33, 81, 83, 142–144, 147, 296, 300, 323
ガリ　324
ガルダ　25, 29, 48, 49, 58, 59, 61, 67, 134–136, 147
カルマ派　88
カルマパ　95
Karmay　35, 36, 326
迦楼羅　48, 334
夏魯寺　119
カワウソ　61, 62
河口慧海　13, 54, 67, 86, 89, 91
カンギュル　15, 16, 64
観経変相図　41
灌頂　39, 41, 270, 355
完成儀礼　336, 337, 344–346, 348, 349
観想　72, 205, 253, 255, 256, 259, 344–347, 349, 372
観想法　72, 205, 255, 256
カンドーマ（空行母）　88, 336
観音　26, 27, 29, 42, 59, 62, 67, 69, 70, 74, 87, 89–91, 95, 129–131,

索引 385

279, 296, 306, 323, 358

カンボジア　105, 134

観無量寿経　41

き

キールティムカ　109-120, 122, 123, 125, 127-129, 131, 132, 134, 136, 137, 145, 147, 296, 323

ギェルポ　38, 334

祈願旗　26

儀軌　204, 263, 281

鬼女　25, 36-38, 45, 55

義浄　115-118, 120-124, 149, 150

吉祥　17, 24, 28, 29, 41, 60, 62, 64, 66, 67, 74, 79, 81, 84, 125, 127, 128, 208, 213, 230, 233, 245, 251, 278, 304, 305, 316, 319, 320, 325, 345, 358

キメラ　60

ギャンツェ　120, 294, 304, 305

九宮　28, 83, 85, 293, 296, 300, 323, 368

旧ナルタン大蔵経　15, 16

行者　65, 72, 93, 98, 283, 292, 301, 305, 323, 353, 354, 357, 363, 365-367, 369, 371-377, 378

行タントラ　204

ギリシア神話　327

く

空海　244

空性　354, 375, 376

孔雀　51, 81, 220, 268, 274-276, 284

クシャ草　275, 276, 284

クシャトリヤ　301

グヒヤサマージャ・タントラ　283

グミ　294-296, 320

供養　36, 39-42, 89, 250, 251, 365

クリシュナヤマーリ・タントラ　253, 254, 256, 261

クルクッラー　27, 70, 81

クルキゴンポ　87

グルリンポチェ　292

グルン　264

黒魔術　253

クンチョク・デレク　330, 332

クンツサンポ　362

け

敬愛　81, 253

経血　216, 227, 317

穢れ　223, 293, 311, 317, 330

ゲクン　314, 315

ケサル王　27, 88

外成就法王　88

化身　88, 187, 311, 323, 346-348, 350

橛　27, 28, 32, 36, 38, 72, 76, 84, 209, 215, 223

結界　72, 73, 76, 265, 267, 274-276, 306, 369

結跏趺坐　90, 93, 174

ゲルク派　89

ゲルワ・シェンラプ　88

羂索　29, 30, 87, 91

乾闥婆　231, 334

ケンツェ　172

ゲンテー　317, 318

元版　15

こ

康熙帝　16

降普　55

鉤召　253

降伏　32, 149, 253, 260

牛黄　214, 249, 340, 344, 346

ゴールデン・テンプル　270, 283

故宮博物院　170, 171, 192

五行　296, 300, 301, 323

虚空蔵　107

極楽浄土　41, 89

コスモロジー　66, 291

コズロフ　50

ゴスン　292, 296

子宝　25, 42-44, 81, 365

五百尊図像集　21, 86

護符　11-15, 17-34, 36-39, 42-58, 67,
　　69-72, 75, 76, 78, 79, 81, 83-86,
　　89, 91, 99, 136-138, 147, 148,
　　154, 158, 197-199, 202, 204-233,
　　245, 249, 253, 254, 256, 260, 263,
　　265, 267, 268, 270-283, 289-292,
　　296, 299, 300, 304, 305, 308, 309,
　　312, 317-319, 321-325, 327-329,
　　333, 335-338, 340, 341, 343-346,
　　348-350, 353-358, 362-372, 374-378

五輻輪　27

五仏　28, 204, 206, 267

護摩　29, 32, 253, 263, 267

子安貝　211, 294

コルロ　110, 356, 379

コンカルドルジェデン　120

金剛界　28, 30, 83, 206, 207

金剛橛　27, 28, 84

金剛薩埵　26, 70, 87, 206

金剛手　27, 45, 59, 62, 67, 87, 89, 91,
　　98, 306

金剛杵　27, 42, 43, 57, 75, 95, 207,
　　253, 346, 347

金剛乗　264

金剛頂経　72

金剛般若波羅蜜多経　15

金剛ヘールカ　27, 74

金翅鳥　48

根本説一切有部毘奈耶　108, 115-117,
　　193

さ

財宝神　76

境　175, 291, 302

魚　25, 41-43, 61, 62, 125, 126, 145,
　　146, 358, 367, 373

蠍　25, 27, 34, 44-47, 50, 74, 75,
　　77, 99, 147, 217, 220, 291, 305,
　　308-312, 320, 324, 325, 367, 368

サチェン・ラーフラ　88

サムイェー寺　27, 70, 245

サラスヴァティー　251

猿　25, 51, 52, 123, 124, 214, 218, 220,
　　221, 373

サンヴァラ　26, 87, 89, 91, 92

傘蓋　26, 41, 62, 64, 67, 69, 293

サンゴ　277, 278, 331

索　引 | 387

三十五懺悔仏　87

三十二功徳経　365, 379

三毒　106, 117, 121, 125, 327

三百尊図像集　21, 86

三部主尊　26, 59, 62, 67, 69, 91, 290,
　291, 296, 305, 306, 308, 324

三昧耶形　27, 72, 207

サンユッタ・ニカーヤ　65

し

シーパフー　83

シヴァ　66, 110, 251

シェーラップ・ジャムマ　361

シェルパ　120, 264

シェンラウーカル　362

シガツェ　304

獅噛み　111

子宮　294

持金剛　87, 95

獅子　28, 29, 58, 59, 61, 67, 81, 83,
　87, 91, 95, 98, 107, 110, 111, 113,
　114, 138, 147, 148, 332

獅子吼観音　87, 91

死者　25, 36, 39-42, 89, 209, 362, 364

死者供養　36, 39, 40-42, 89

死者の書　39, 42

死主　110

四摂菩薩　30

地震　289, 290, 322, 323

死生観　39

四聖獣　26, 28, 29, 58

四川省　17, 154, 289, 328

シッキム　23

四天王　27, 88, 89, 119

シトゥ・パンチェン・チューキ・ジュン
　ネー　171

シパ　110

シバホ　291, 296, 298-303, 305, 308,
　318, 320, 323, 324

四部医典　330

四輻輪　27, 33, 38, 50, 51, 72, 74, 75,
　338, 340

四仏　72, 207

四魔　253, 258, 260

四明　30, 45

シャーキャ　191, 264, 280

シャーキャ・サンポ　191

シャーンタラクシタ　98

釈迦　26, 60, 65, 67, 69, 87, 89, 90,
　95, 107, 174, 204, 206, 292

麝香　208, 209, 211, 216, 217, 224,
　225, 232, 337, 340, 344, 346, 348

邪視除け　293, 294, 324

ジャナ・バハ　129, 131

娑婆　105, 147

ジャムグン・コントゥル・ロドゥ・タイェ
　335

舎利弗　89

ジャンタラ　269, 274, 279-281

ジャントラ　269-271, 274, 279, 282

ジャンバラ　26-28, 70, 76, 78-80, 137

ジャン版　16

シャンラ　313

十一面観音　87, 90, 91

シュードラ　301

十二因縁　106, 116, 117, 121-123, 125,

149, 150

十二支　28, 29, 83, 85, 122, 123, 125, 127, 128, 134, 142, 143, 296

十忿怒　27, 48, 72, 73, 76, 79, 202, 204, 205, 244

十万懺悔経　324

十万守護の金剛鬘　198, 199, 205, 207

十六羅漢　88-90

守護尊　87, 91, 260

守護輪（守護の輪）　72, 337, 338, 340, 341

種子マントラ　30, 38, 42, 53

呪術師　17, 215, 218, 219, 221, 317

十輻輪　27, 54, 72, 74, 76, 79, 197, 198, 202, 205, 206

須弥山　28, 79, 84, 255, 259

巡礼者　26, 70, 172, 189

定印　278

成就法　88, 99

浄土教　41

樟脳　208, 211, 232

四葉蓮華　27

ジョカン寺　289, 292, 299, 308, 324

除災　24, 27, 50, 70, 249, 283

所作タントラ　204

女性器　43, 294

シリア　111, 113, 114

屍林　255

時輪タントラ　296

死霊　211, 213, 214, 216, 220, 222-225, 227, 228, 230, 231, 245

白ターラー　93

シンジェチューゲル　110

真実摂経　72

清朝　16

す

スィ　294, 295, 369, 379

スヴァヤンブー　283

スコルプスキー　13

図像学　21, 117, 244, 319, 323

スンク　292-294

スンコル　292

せ

西夏　50

聖なるもの　148

製版印刷　14, 21

セルミク　335

セレウコス朝　114

栴檀　208, 211, 214, 222, 227

センドンマ　88

そ

象　17, 28, 81, 82, 139, 147-149, 182-184

蔵外文献　16

創世記　327

増長天　111

宋版　15

増益　252, 253

ゾクチェン　353, 354, 375, 376

祖師　11, 16, 29, 84, 88, 89, 91, 93, 95, 96, 98, 100, 174

蘇悉地経　204

ソラ　313

索引 | 389

ソロ・クンブ　23
ソンツェンガンポ　88

た

ダーキニー　28, 83, 88, 91, 98, 216,
　230
ダージリン　23
ターラー　27, 69, 70, 73, 74, 88, 93, 94
大威徳明王　110
帝釈天　65, 66
大昭寺　172
大乗仏教　264
大随求　28, 70, 79, 80
大蔵経　15-17, 19, 64, 99, 116, 159,
　191, 193, 204
胎蔵マンダラ　105, 131, 204
大足　121, 122
大地の龍　45
大日経　204
大宝伏蔵　331, 333, 335
タクポラジェ　95
ダグラス　12, 22-24, 54, 75, 198, 200,
　201, 204, 244
タシチョーレンマ　95
多田等観　193
立川武蔵　105, 281
田中公明　13, 191
ダマル　268
タマン　48, 51, 54, 120, 264
タムチェン・ガルワナクポ　88
ダムチェン・ドルレク　218, 245
ダラ　313
ダライラマ5世　34, 36

ダライラマ13世　16
ダライラマ14世　170
陀羅尼　14, 15, 21, 24-27, 34, 54, 59,
　60, 62-67, 69, 70, 74, 79, 84, 99,
　204, 260, 263, 344
ダラムサラ　170, 192
タルチョ　27, 57-59, 60, 62, 64, 66-70,
　79, 81, 313, 318, 320
男性器　43
タンソンラミシャルルン　118
タントゥン・ギェルポ　88
タントリズム　252

ち

智慧　205, 232, 345, 354, 361-363, 369,
　377
チェカルチューデ　119
チェチョクヘールカ　87
チダクシンジェ　110
チベット動乱　23
チベットの死者の書　39, 42
チベットハウス　171, 175, 178, 179,
　193
チミグディ　293, 294, 320
チャクラ　42, 50, 66, 89, 91, 278
チャター祭り　273
チャム　32, 38, 99
チャンダマハーローシャナ　54, 271,
　283
チュウの教え　372
鳥葬　299
調伏　98, 136, 245, 253, 255, 258, 309,
　323, 334, 375

チョカン　119

チョネ版　16

チョネ・ラマ・ロサンギャツォ　191

鎮煞符　25, 30

つ

ツァン　88, 154, 172, 294, 304–306,
　　318, 319

ツァンパ・カルポ　88

追善　39

ツェルパ本　16

ツェン　45, 308, 334

ツォクシン　88

ツォティク　124

ツォンカパ　88, 89, 98

剣　27, 72, 207, 209, 212–214, 218,
　　220, 225, 369

て

ディヴヤ・アヴァダーナ　117

ティソンデツェン　98

ディッパラツァ　308, 309, 325

ティティパティ　88

ティテンノルプ　124

ディモ　38, 367, 379

ティローパ　91, 95

ティンリー　306, 307

ティンレー・ゲルポ　88

デーヴァダッタ　181, 188

テーラヴァーダ仏教　264, 265

手形　26, 55, 56

テの呪法　373, 380

デプン　120

デルゲ　16, 17, 19, 20, 81, 99, 116,
　　117, 153–156, 159, 191, 244

テンギュル　16

伝染病　48–50, 69, 208, 215

天然痘　225, 343

転法輪　156

と

幢頂荘厳陀羅尼　26, 62–67, 69

幢幡　41, 62, 65

トーラナ　111, 131, 134, 147

髑髏　27, 75, 77

土地神　296, 300, 301, 313, 314, 324,
　　334, 367–369, 376, 379

独鈷剣　369

トルコ石　278

ドルポ　23, 154, 353, 354

トルマ　311

ドルマユンドゥ　57

敦煌　15, 41, 193

トンパ・シェンラップ　358, 361, 376,
　　377

な

ナーガ　48, 53, 58

ナーマサンギーティ　204

ナーローパ　91, 95

内服　29

ナクチュ　294

ナムチュワンデン　26, 62, 64, 66–68,
　　278, 296

ナルタン　15, 16, 154, 157, 159,
　　170–174, 177, 189, 190, 193

索引 391

ナローカチェマ 88
ナンダ 301
ナンパヤー寺院 111

に

ニェモ 119
ニェン 45, 50, 88, 301, 308, 330-333,
　335, 337, 338, 343
ニェンチェン・タンラ 88
二十八宿 300
日月 28, 134, 245, 300, 318, 320
ニャーサ・タエグ 273, 281
入魂儀礼 267, 273, 280, 281, 283
ニンマ派 32, 36, 48, 50, 71, 83, 98,
　132, 133, 137, 265, 317, 354, 377,
　378

ね

ネパール 20, 23, 48, 64, 66, 79, 87,
　93, 105, 109, 122, 130, 131, 134,
　154, 159, 244, 249-251, 260-265,
　269-271, 276, 279, 282, 283, 306,
　307, 347, 353, 354, 356, 373
涅槃 149, 156, 341
ネワール 110, 118, 120, 129, 131, 132,
　263-265, 267, 269, 270, 273, 274,
　276, 279-284, 353

の

ノルブツェリン 197, 245, 265, 281
ノルブリンカ 308

は

パーラ朝 90
パールヴァティー 66
バイラヴァ 87, 89, 110
バガン 111, 112, 122
パクサム・ティシン 159
パクパ 191
パクモドゥ派 95
端食 19
破傷風 53
バスンダラー 28
パタン 111, 270
八吉祥 17, 28, 29, 41, 60, 62, 64, 67,
　74, 79, 81, 84, 125, 127, 128, 278,
　358
八大霊塔 29
八難救済ターラー 93, 94
八輻輪 27, 50, 72
八卦 28, 81, 83, 85, 142, 143, 293,
　296, 300, 301, 323
馬頭（尊） 28, 84, 129, 130-133, 293
パドマサンバヴァ 26, 45, 48, 59, 60,
　67, 69, 70, 87-89, 95, 97, 98, 100,
　245, 309, 323, 334, 336, 345-348,
　350
パドマサンバヴァの八変化身 88
パドマ・チューペル 161
波羅蜜 15, 354
バラモン 135, 147, 185-187, 188, 301
パルカン 17, 19-21, 81, 99, 154
バルド 39, 42
パレスティナ 113
版木 11, 15, 17-20, 22, 23, 36, 51, 69,

74, 84, 86, 91, 99, 120, 158, 159,
174, 177, 197, 261, 357, 358, 363,
366
バンコク　122
ハンセン（氏）病　48, 49, 210, 213,
330, 343
パンチェンラマ　21, 89
パンチャラートラ　143
バンデー・イェシェ　118
パンテオン　308
般若波羅蜜　15

ひ

毘沙門天　88, 111
ヒマラヤ　18, 23, 87, 353, 354-356,
358, 364-367, 369, 371, 374,
376-378
秘密集会タントラ　72, 204, 205, 207
白傘蓋仏母　293
百字真言　70
百八観音　129, 131
百万塔陀羅尼　14
ヒラニャヴァルナ寺院　270
毘盧遮那　206
ヒンドゥー教　48, 109, 110, 122, 125,
249, 264, 269, 282, 283

ふ

ブータン　20, 119, 198, 310
不空羂索観音　29, 87, 91
不空成就　72, 206, 207
福禄寿　84
普賢　27, 28, 73, 74, 87

豚　219, 224, 327, 328
仏眼　355
仏頂転輪　204, 205
仏伝図　87, 89, 153-156, 193
仏塔　29, 53, 67, 84, 120, 206, 221,
273, 283, 355
不動　54, 232, 271, 283
プトゥン　64, 159
プナカ　119
ブラーフマナ　65
プラジャーパティ　65
プラティシュター　206, 267, 281
フランク　12
フリーヒ　132, 255, 256
ブリハッド・アーラニヤカ・ウパニシャッ
ド　115
プリプクモチェ　198
プルパ（プルブ）　32, 88, 369

へ

平和四兄弟　29
ヘーヴァジュラ　87, 204
ベーケン　330
ヘールカ　27, 74, 87
ペカル　218, 245
蛇　48, 53, 111, 112, 114, 134, 136,
145-147, 208, 217, 220, 327, 331,
332
ペルデンラモ　88
弁財天　251
変相　41

ほ

法界語自在曼荼羅　204

宝珠　26, 42, 43, 57, 58, 62, 64, 67, 69, 76, 95, 207, 229, 230, 233

宝生　206, 207

紡錘　55

方便　354

ボーディサットヴァ・アヴァダーナ・カルパラター　153, 159

母神　313

ボダナート　355

ポタラ宮　172, 192, 311

法身偈　27, 206, 244

法身普賢　27, 28, 73, 74, 87

ほら貝　41, 61, 125, 126, 331

ボロブドゥール　122, 193

ポワ　364

ボン教　24, 25, 28, 29, 32, 42, 49, 88, 124, 140, 304, 308, 317, 330, 335, 353, 354, 358, 362, 365, 377, 378, 381

ボン教四神　88

梵天　149

ま

埋蔵経　28, 50, 71, 83, 335

マカラ　61

マティのマントラ　358, 361, 363–365, 379

マニコル　24, 69, 74

マハーカーラ　87

マハープラティサラー　79

マモ　309, 334

魔除け　24, 50, 62, 71, 75, 245, 275, 276, 289, 291–294, 304, 305, 308, 318–322, 324

マルパ　88, 89, 91, 95, 98

マングース　224

卍　28, 43, 290, 304, 320, 323

マントラ　13, 17, 21, 22, 24–34, 36, 38, 41–45, 48, 50, 51, 53–55, 58–60, 66, 67, 69, 70, 72–84, 91, 99, 134–136, 138, 145, 146, 197, 202–206, 245, 358, 361–363, 364, 365, 369, 379

万福閣　170

万暦版　16

み

ミカ　294, 323

三日月　43

身代わり　26, 38, 39, 55–57

緑ターラー　93

ミパン　98

ミャンマー　105, 111, 112, 122, 264

ミラレパ　88, 89, 91, 93, 95, 96, 98

弥勒　89

明版　15

む

無垢浄光大陀羅尼経　14

無宗派運動　98

無常大鬼　105–110, 113, 116–118, 122, 148–150

無上瑜伽タントラ　204

ムスタン　199, 306, 373, 374

無能勝幡王如来荘厳陀羅尼経　64

無明　123, 149

無量寿　26, 27, 41, 60, 69, 73-75, 87, 89, 140, 174

め

迷信　290, 322, 364, 365

メソポタミア　113

メドゥーサ　111

瑪瑙　294

メロン　293, 295

も

木版画　11, 13, 14, 17, 20-22, 41, 83, 84, 86, 87, 89, 95, 100, 153, 154, 156, 189, 190

目連　89

文字鬘　203, 256

母タントラ　28, 83, 204

母天　210, 245

モンゴル　192

文殊　59, 62, 87, 91, 296, 306

門の護符　44

や

山羊　57, 60, 210, 217-219

ヤク　60, 114, 210, 289, 293, 299, 305, 317, 322-325, 366

薬師　87

夜叉　38, 210, 334

ヤショダラ寺院　270, 283

宿り神　313, 314, 317, 325

ヤマーリ　253, 254, 256, 261

ヤマーンタカ　26, 48, 70, 110

ヤントラ　132, 134, 139-141, 145, 147, 148, 249-256, 259, 260, 263, 265, 267-273, 275, 276, 278-283

ゆ

瑜伽タントラ　204

よ

雍正帝　16

雍和宮　170, 192

ヨルダン　113

ら

ラーフ　26, 53, 54, 88, 134, 135

ライオン　113, 114

ラクシャ　45, 338, 343

ラクシュミー　191, 251

羅睺　213, 245, 296

ラサ　16, 18, 89, 91, 119, 157, 172, 289-294, 296, 299, 302-306, 308, 309, 311, 314, 322-324

ラサ版　16, 18

羅利　38, 149, 150, 208, 210, 217, 245, 270, 333, 334

ラフラ　296, 300

ラマゴンドゥー　197, 198, 207, 244

ランダルマ　311

り

リーメ　98

リクスムゴンボ　88, 318, 320

六道輪廻　29, 33, 84, 122, 327, 328

索　引 │ 395

リタン版　16
律分別語句解説　117
龍王　301
龍神　296, 301, 308, 311, 365
リンカ（リンガ）　36, 308, 329,
　　369–371, 374, 375, 379
リンチェンテルズー　198, 199, 202, 207
輪廻　29, 33, 39, 42, 84, 105–108,
　　110–122, 124–126, 131, 134, 136,
　　143, 147, 148, 327, 328

る

ルービンコレクション　192
ルロワ＝グーラン　12
ルン　42
ルンタ　26, 57–64, 66, 67, 229, 230

れ

レーチェンパ　91, 95

歴代パンチェンラマ　21
蓮華　26–28, 41, 57, 59, 74, 78, 79,
　　81, 83, 90, 125, 126, 143, 174, 202,
　　206, 207, 358
蓮華仏頂　26

ろ

六字観音　90
六字真言　59, 74, 277, 279
六字マントラ　26, 27
六処　123, 149
ロクタ紙　265, 267, 268, 271, 282, 283
六道輪廻　29, 33, 84, 122, 327, 328
六葉蓮華　27
ロルペー・ドルジェ　21, 192
ロンチェン・ラブジャムパ　88

編者・著者紹介 | 397

● 編者・執筆者 [掲載順]

長野 泰彦 （ながの やすひこ）

国立民族学博物館・総合研究大学院大学名誉教授 （専門分野）チベット語、嘉戎 (ギャロン) 語等を中心とするチベット・ビルマ系諸語の歴史研究、及びチベット学
『現代チベット語分類辞典』汲古書院、1990 年。*A Lexicon of Zhangzhung and Bonpo Terms* (共編著) 2008 年、国立民族学博物館。『嘉戎語文法研究』汲古書院、2018 年など。

森 雅秀 （もり まさひで）

金沢大学人間社会研究域教授 （専門分野）仏教学、比較文化学
『チベットの仏教美術とマンダラ』名古屋大学出版会、2011 年。『エロスとグロテスクの仏教美術』春秋社、2011 年。『高僧たちの奇蹟の物語』朱鷺書房、2016 年。『仏教の女神たち』春秋社、2017 年など。

立川 武蔵 （たちかわ むさし）

国立民族学博物館名誉教授 （専門分野）インド哲学、仏教学
『空の思想史』講談社、2003 年。『中論サンスクリット索引』法蔵館、2007 年。『マンダラ観想と密教思想』春秋社、2015 年。『仏教原論』角川書店、2019 年など。

大羽 恵美 （おおば えみ）

金沢大学国際文化資源学研究センター客員研究員 （専門分野）仏教美術史・図像学
「『ボーディサットヴァ・アヴァダーナ・カルパラター』にみられる龍王の図像」『密教図像』第 34 号、2015 年。Identification and Analysis of the First and the Last paintings of dPag bsam 'khri shing: Part 1, *Journal of the International Center for Cultural Resource Studies* (vol. 2)、2016 年、26-46 頁。「チベットにおける舎衛城の神変における図像学的考察──賢愚経を所依とする絵画を中心にして──」『密教図像』（第 37 号）、2018 年、66-88 頁など。

川﨑 一洋 （かわさき かずひろ）

高野山大学講師 （専門分野）密教学、図像学
「『真実摂経』後期密教の源流」『インド後期密教』春秋社、2005 年、13-36 頁。『弘法大師空海と出会う』岩波新書、2016 年。「『理趣経』の曼荼羅」『空海とインド中期密教』春秋社、2016 年、253-271 頁。「シャル寺の曼荼羅壁画について」『アジア仏教美術論集・中央アジア II』中央公論美術出版、2018 年、233-258 頁など。

倉西 憲一 （くらにし けんいち）

大正大学綜合佛教研究所主任 （専門分野）インド仏教
「事実と虚構──インド後期密教のある聖人伝を巡って──」藤巻和宏編『聖地と聖人の東西──起源はいかに語られるか──』勉誠出版、2011 年、183-202 頁。

Yantras in the Buddhist Tantras —— Yamāritantras and Related Literature ——,
*Puṣpikā Proceedings of the International Indology Graduate Research
Symposium*（vol.1）, 2014 年, 265-281 頁．"A Study on Scholarly Activities in
the Last Period of the Vikramaśīla Monastery: Quotations in Ratnarakṣita,"『東
洋文化』96 号 , 2016 年, 49-61 頁など。

スダン・シャキャ （Sudan SHAKYA）

種智院大学人文学部教授 （専門分野）インド・チベット・ネパール仏教
「『ナーマサンギーティ』と「法界語自在にマンダラ」について」『密教学研究』
第 40 号、2008 年、61-76 頁。「Vasudhārā と Vasundharā」『印度学仏教学』第
59 号、2011 年、995-990 頁。「ネパール仏教における三宝帰依と三種のマンダラ」
『密教学』第 51 号、2015 年、211-227 頁。A Study on the Tibetan Manuscript
Transliterated in Devanāgarī Existing in Nepal, *Journal of World Buddhist
Cultures* Vol. 2, 2019 年, 141-159 頁など。

村上 大輔 （むらかみ だいすけ）

駿河台大学経済経営学部准教授 （専門分野）社会人類学
*National Imaginings and Ethnic Tourism in Lhasa, Tibet —— Postcolonial
Identities amongst Contemporary Tibetans ——*, Kathmandu: Vajra Publications,
2011 年. The Trapchi Lhamo Cult in Lhasa, *Revue d'Etudes Tibétaines* 27
（Octobre）, 2013 年, 21-54 頁.『チベット 聖地の路地裏〜八年のラサ滞在記〜』
法藏館、2016 年（第 2 回斎藤茂太賞・審査員特別賞受賞）。「「魂」(bla) を呼び
戻すチベットの儀軌「ラグツェグ」(bla 'gugs tshe 'gugs) 〜ニンマ派伝承の祈
祷書の訳注と儀軌の記述〜」『国立民族学博物館研究報告』2019 年, 43(3)：485-
548 頁など。

津曲 真一 （つまがり しんいち）

大東文化大学文学部准教授 （専門分野）宗教学
*Meaningful to Behold: A Critical Edition and Annotated Translation of
Longchen-pa's Biography*, CreateSpace Independent Publishing Platform, 2016。
「"良き死"の諸相：アジアの伝統宗教の立場から」『死生学年報 2016 生と死に寄
り添う』LITHON、2016 年、7-26 頁。「チベットのネーチュン：国家神と神託官」
『霊と交流する人びと（下）』LITHON、2018 年、289-316 頁など。

脇嶋 孝彦 （わきしま たかひこ）

ポン教ゾクチェン研究所 （専門分野）ポン教の思想と実践
『ゾクチェン瞑想修行記：チベット虹の身体を悟るひみつの体験』ムゲンブックス、
2018 年。(訳書)『智恵のエッセンス』春秋社、2007 年。『光明の入口：カルマを
浄化する古代チベットの 9 瞑想』ムゲンブックス、2018 年。

チベットの宗教図像と信仰の世界

2019 年 10 月 18 日　初版
2020 年 3 月 31 日　再版

編　者　長野泰彦
　　　　森　雅秀

発行者　石井　雅
発行所　株式会社　風響社

東京都北区田端 4-14-9（〒114-0014）
TEL 03(3828)9249　振替 00110-0-553554
印刷　モリモト印刷

Printed in Japan 2020 ©　　　　　ISBN978-4-89489-278-1 C3039